Kulturtransfer und auswärtige Kulturpolitik
Akteure und Faktoren polnisch-deutscher Beziehungen 1949–1990

D1735877

Veröffentlichungen des
Deutschen Polen-Instituts Darmstadt

Begründet von Karl Dedecius
Herausgegeben von
Peter Oliver Loew und Agnieszka Łada-Konefał

Band 38

2023
Harrassowitz Verlag · Wiesbaden

Kulturtransfer und auswärtige Kulturpolitik
Akteure und Faktoren polnisch-deutscher Beziehungen 1949–1990

Herausgegeben von
Julia Röttjer, Regina Wenninger und Paweł Zajas

2023

Harrassowitz Verlag · Wiesbaden

Umschlagabbildung: Plakat der Westdeutschen Kurzfilmtage in Oberhausen von 1985
© Archiv der Kurzfilmtage Oberhausen

Redaktion: Julia Röttjer, Regina Wenninger, Paweł Zajas
Übersetzung des polnischen Beitrags von Gabriela Świtek: Peter Oliver Loew
Übersetzung des englischen Beitrags von Anna G. Piotrowska: David Swierzy, Julia Röttjer

Diese Publikation ist entstanden als Ergebnis der Tagung »Kulturtransfer und auswärtige Kultur-
politik. Akteure und Faktoren polnisch-deutscher Beziehungen 1949–1990«, gefördert durch die
Deutsche Forschungsgemeinschaft, das Generalkonsulat der Republik Polen in München und die
Carl Friedrich von Siemens Stiftung.
Publiziert mit Unterstützung des Schroubek-Fonds Östliches Europa

Bibliografische Information der Deutschen Nationalbibliothek
Die Deutsche Nationalbibliothek verzeichnet diese Publikation in der Deutschen
Nationalbibliografie; detaillierte bibliografische Daten sind im Internet
über https://dnb.de abrufbar.

Bibliographic information published by the Deutsche Nationalbibliothek
The Deutsche Nationalbibliothek lists this publication in the Deutsche
Nationalbibliografie; detailed bibliographic data are available on the internet
at https://dnb.de.

Informationen zum Verlagsprogramm finden Sie unter
https://www.harrassowitz-verlag.de
© Otto Harrassowitz GmbH & Co. KG, Wiesbaden 2023
Gedruckt auf alterungsbeständigem Papier.
Satz: Wydawnictwo JAK, buchsatz-krakow.eu
Druck und Verarbeitung: Memminger MedienCentrum AG
Printed in Germany
ISSN 0945-5515   eISSN 2748-6656
ISBN 978-3-447-11914-6   eISBN 978-3-447-39343-0

Inhalt

Regina Wenninger, Paweł Zajas

Einführung

Das Thema auswärtige Kulturpolitik führt innerhalb der historischen Forschung nach wie vor ein Nischendasein. Das gilt auch für Untersuchungen zur deutsch-polnischen Beziehungsgeschichte nach 1945. In der Fülle an Fachliteratur zu den politischen Beziehungen zwischen der Bundesrepublik bzw. der DDR und Polen spielen Kultur und Kulturpolitik eine allenfalls marginale Rolle. Umgekehrt stehen politische Quellen selten im Zentrum von Studien zum deutsch-polnischen Kulturtransfer. Zugespitzt könnte man sagen, die Politikgeschichte interessiere sich zu wenig für Kultur, die Kunst- und Kulturgeschichte zu wenig für Politik. Dadurch entsteht eine eklatante Forschungslücke, denn über deutsch-polnische Kulturbeziehungen im 20. Jahrhundert lässt sich kaum sprechen, ohne auch die auswärtige Kulturpolitik auf beiden Seiten des Eisernen Vorhangs in den Blick zu nehmen.

Die Tagung, aus der die vorliegende Publikation hervorgegangen ist, hat daher ganz gezielt die Außenkulturpolitik zum zentralen Gegenstand gewählt. Die hier versammelten Beiträge beleuchten den Themenkomplex Kulturtransfer und auswärtige Kulturpolitik unter verschiedenen Gesichtspunkten und anhand unterschiedlichster Fallbeispiele aus Literatur, Musik, bildender Kunst und Film. Dabei wird die Außenkulturpolitik aller drei Staaten – Polens, der DDR und der Bundesrepublik Deutschland – berücksichtigt. Die folgende Einführung stellt zunächst einige historisch-methodologische Überlegungen zum Spannungsverhältnis zwischen kultureller Praxis und auswärtiger Kulturpolitik an und wirft anschließend exemplarisch einige Schlaglichter auf einen besonderen Fall: die bundesdeutsche Außenkulturpolitik gegenüber Polen in den Jahren um 1960, einer für die polnisch-westdeutsche Beziehungsgeschichte ebenso dynamischen wie prekären und spannungsreichen Phase.

I.

Die staatliche auswärtige Kulturpolitik entstand in Europa vor allem in Reaktion auf Erfahrungen im Ersten und Zweiten Weltkrieg. In Deutschland befasst sich seit 1920 eine eigene Abteilung im Auswärtigen Amt (AA) mit auswärtiger Kulturpolitik. Deren grundlegender Ansatz gleicht dem der anderen europäischen Staaten und bleibt von Anfang an, trotz aller gesellschaftlichen und politischen

Brüche, weitgehend erhalten: Mit Kultur soll eine Vorstellung von nationaler Identität, Mentalität oder Gesellschaftsform vermittelt werden. Zugleich geht es auch um die Herstellung und das Offenhalten von Dialog- und Begegnungsräumen, die Vermittlung von Denkmodellen und gesellschaftlichen Selbstorganisationsformen. Die auswärtige Kulturpolitik wird also nicht in zweckfreier Autonomie betrieben, sondern dient übergeordneten außenpolitischen Interessen. Zwar wird sie in offiziellen Verlautbarungen aus funktionalen politischen Vorgaben herausgelöst, doch steht die Frage des *cui bono* immer an, wenn öffentliche Gelder in großem Umfang zum Einsatz kommen.

Die öffentliche Selbstbeschreibung auswärtiger Kulturpolitik und die wissenschaftlich-analytische Fremdbeschreibung klaffen immer wieder auseinander. Dazu bleibt die Forschungslage dünn. Nimmt man etwa das Beispiel der Literaturwissenschaften, dann stellt man fest, dass der staatlichen Kulturpolitik kaum Bedeutung beigemessen wird, selbst in literatursoziologischen Studien, die im Titel gesellschaftliche und politische Aspekte besonders hervorheben. Exemplarisch hierfür ist das Kapitel »Literatur und Politische Kultur« in einer Publikation von Andreas Dörner und Ludgera Vogt, in dem die Verbindung zwischen literarischem und politischem Feld thematisiert wird. Dörner und Vogt nennen Schulen und Universitäten als Institutionen, die »in starkem Maße Einfluss nehmen auf das Literatursystem«.[1] Auch über diese Institutionen hinaus gebe es wichtige Schnittstellen zwischen Literatursystem und Politik, die das politisch-kulturelle Klima in einer Gesellschaft nachhaltig prägten. Behandelt werden unterschiedliche Formen der Bezuschussung, doch den Begriff »Kulturpolitik« verwenden die Autoren nicht. Ausführlicher widmen sie sich einigen politisierten »Extremfällen«, etwa den von Hofkünstlern ausgeführten Auftragswerken oder den aus der Staatskasse finanzierten Flugschriften und Abhandlungen von Ernst Moritz Arndt und August von Kotzebue, mit denen gegen Napoleon und die französischen Truppen Stimmung gemacht wurde. Als Paradebeispiel für Heteronomie im literarischen Feld gelten ihnen »zahlreiche privilegierte Staatskünstler« in der DDR und anderen realsozialistischen Ländern, deren »Produktion sich nach den Vorgaben der politischen Führung richtete«.[2] Sehr ähnlich verfährt auch Heinz Ludwig Arnold in einigen von ihm herausgegebenen Sammelbänden, in denen der heteronome Kontext der Literaturproduktion fast gänzlich außer Acht gelassen und nur dann erwähnt wird, wenn die (angenommene) Autonomie des Literatursystems sich gegen äußere Einflüsse zu wehren hat.[3]

---

1 Andreas Dörner; Ludgera Vogt: Literatursoziologie. Literatur, Gesellschaft, politische Kultur. Darmstadt 1994, S. 182.
2 Ebenda, S. 184.
3 Heinz-Ludwig Arnold: Literaturbetrieb in Deutschland. Stuttgart 1971; ders.: Literaturbetrieb in der Bundesrepublik Deutschland. Ein kritisches Handbuch. München 1981.

Diese Defizite zeugen auf allgemeiner Ebene von einer althergebrachten Bindung der Literaturwissenschaft an die binäre Vorstellung, dass im literarischen Feld Selbst- und Fremdbestimmung miteinander konkurrieren. Unternimmt man eine Stichprobe im Katalog der Deutschen Nationalbibliothek, weist keiner der fast 4.000 Treffer zum Suchbegriff »Kulturpolitik« literaturwissenschaftliche Bezüge auf. Das an sich nicht unbedingt propagandistisch vorbelastete Stichwort »Literaturpolitik« wird dagegen in über 170 Treffern fast ausschließlich in Verbindung gebracht mit Themenbereichen wie Militärgewalt, Nationalsozialismus oder SED-Diktatur.

Diese begriffliche Beschränkung führt uns in die unmittelbare Nähe der literatursoziologischen Theorie Pierre Bourdieus, mit ihren »einander entgegengesetzten Positionen des Feldes der Kulturproduktion«. Bourdieu zufolge kann die heteronome Macht sich innerhalb des kulturellen/literarischen Feldes zwar »einnisten«, wird dann aber zum »Trojanischen Pferd«.[4] Auf diese entschieden negativ aufgefassten und mit kriegerischer Rhetorik beschriebenen heteronomen Kräfte geht Bourdieu analytisch jedoch nicht ein und zeigt sich auch nicht bereit, ihre mitunter unterstützende Funktion anzuerkennen.

Die Tatsache, dass das Verhältnis von Literatur und Politik einer intersystemischen Analyse kaum unterzogen wird, mutet bereits auf den ersten Blick verwunderlich an. Im Entstehungskontext staatlicher auswärtiger Kulturpolitik in Deutschland in den 1910er Jahren sowie im Kontext des Ersten Weltkriegs wurde Literatur – nicht zum ersten Mal, aber in signifikant veränderter Weise – als Medium der kritischen Reflexion des Politischen und als Instrument der sozialen Veränderung betrachtet. Als Auftakt der Politisierung der Literatur gilt der 1911 erschienene Essay Heinrich Manns *Geist und Tat*, in dem der Autor den Wunsch äußerte, auch in Deutschland sollten, wie schon früher in Frankreich, die Literaten zu »Agitatoren« werden, »sich dem Volk verbünden« und im Namen des Geistes in den Kampf mit der Macht oder um die Macht eintreten.[5]

In einem 1912 veröffentlichten Aufsatz stellte auch Ludwig Rubiner den exklusiven Bezug des literarischen Wortes zur Politik her: »Der Dichter greift in die Politik ein, dieses heißt: Er reißt auf, er legt bloß. Er glaubt an seine Intensität, an seine Sprengungskraft. […] Der politische Dichter soll nicht seine Situation in Erkenntnissen aufbrauchen, sondern er soll Hemmungen wegschieben.«[6] Die Grenzziehung zwischen Politik und Literatur wurde damit in Frage gestellt. Das Neue

---

4 Pierre Bourdieu: Die Regeln der Kunst. Genese und Struktur des literarischen Feldes. Übers. von Bernd Schwibs und Achim Russer. Frankfurt am Main 1999, S. 350, 354.

5 Heinrich Mann: Geist und Tat. In: Pan. Wochenzeitschrift 1 (1911), S. 137–143, hier S. 143.

6 Ludwig Rubiner: Der Dichter greift in die Politik. In: Die Aktion. Wochenschrift für die Politik, Literatur und Kunst 23 (1912), S. 710–715, hier S. 715.

an dem Konzept bestand darin, dass es nicht einfach darum ging, den Literaten für die gesellschaftlichen Probleme zu interessieren, damit er sie alsdann im Fiktionalitätsmodus bearbeite – was bereits die Forderung zahlreicher Strömungen im 19. Jahrhundert seit Vormärz und Jungem Deutschland gewesen war. Die Literatur müsse vielmehr, so postulierte unter anderem Kurt Hiller, in lebensweltliches Handeln umgesetzt werden: Man solle sie als etwas auffassen, »was an Würdigkeit die Parlamentspolitik bei weitem übertrifft«; sie solle »Partei ergreifen, Gruppierungen sichten, Parteien bilden« und vor allem jene »Passivität« überwinden, »kraft dere[r] der Mensch sich zum Objekt der Erscheinungen, zum Opfer der Ordnungen, zu einem nur noch der Impression offenen und dem Regieren sich hingebenden Wesen macht«.[7]

Hillers Vorüberlegungen zur Politisierung der Literatur mündeten nach dem Ausbruch des Ersten Weltkriegs in einen programmatischen Aktivismus. 1916 brachte er mit siebzehn Gleichgesinnten (unter anderen Heinrich Mann, Max Brod, Franz Werfel, Ludwig Rubiner) bei Georg Müller die Schrift *Das Ziel. Aufrufe zum tätigen Geist* heraus. Den Abschluss des Buches bildete Hillers Artikel »Philosophie des Ziels«, in dem er seinen damaligen Standpunkt zur Politik der Literaten ausführlich erläuterte:

> »So vernachlässigte man masslos das Problem der menschlichen Koexistenz. In seinem Elfenbeinturm stak man – und draussen blieb alles beim alten. Man war benervt, kompliziert und feinsinnig, furchtbar feinsinnig, – schliesslich ließ man den Weltkrieg zu. (Nicht Minister, nicht Militärs, nicht Grossfürsten: L'art pour l'art hat ihn verschuldet.).«[8]

Demnach sei »Geist«, der sich keine politischen Ziele setze, nichts mehr als »onanistischer Unfug«. Das »Streben der Verantwortung, die Andern mitzureissen, sie mitverantwortlich zu machen«, sei die Aufgabe des postulierten Künstlerbundes: »Der Bund, den wir meinen, ist offensiv. Er hat sein Gedankenbild von deutscher, von europäischer Koexistenz [...].«[9] Das Literatursystem, dessen Akteure sich auf das eigengesetzlich Literarische konzentrierten, verbannte Hiller in die Vergangenheit:

> »Nie hat es eine Kultur gegeben, so rasend unpolitisch wie diese. Aber der Geistige von morgen muss ein Eingreifender sein, kein Ausgeschlossener mehr und bloss formulierend Danebenstehender; nicht länger Statist, sondern Held.

---

7 Kurt Hiller: Literaturpolitik. In: Ders.: Die Weisheit der Langeweile. Eine Zeit- und Streitgeschichte. Leipzig 1913, S. 90–93, hier S. 90, 92.
8 Kurt Hiller: Philosophie des Ziels. In: Ders.: Das Ziel. Aufrufe zu tätigem Geist. München, Berlin 1916, S. 187–217, hier S. 201.
9 Ebenda, S. 209–211.

Das psychologische Zeitalter ist vorüber, und das politische begann. Untätiger Tiefsinn sank im Kurse; der Fadian der Nur-Innerlichkeit, der niemals zeugende, blasse Ritter hat ausgespielt. […]

Ihr, die ich meine, pfeift auf ein ›musisches‹ Reich neben der Wirklichkeit; euer Geist ist kein Luxusartikel, kein Exsudat enger Egozentriker; euer Geist ist Geist, der das Dasein lenkt. Redner, Lehrer, Aufklärer, Aufwiegler, Bündegründer, Gesetzgeber, Propheten seid ihr; ihr wollt nicht betrachten, ihr wollt bewirken. Geist ist Ziel, man höre auf, euch ›Intellektuelle‹ zu schelten; fortab soll ›Willentliche‹ euer Ehrenname sein.«[10]

Im Rahmen des im Ersten Weltkrieg entwickelten Konzepts der »Kunst- und Kulturpropaganda« ist die Perspektive umgedreht worden: Literatur wurde aus der Position der Politik beobachtet. Im Rahmen der Zensur gab es diese Beobachtung des literarischen durch das politische System in negativer Weise schon lange; nun aber wurde eine neue, positive Beobachtungsposition geschaffen, die Literatur aus der Eigenlogik der Politik und gemäß ihren ureigenen Interessen beobachtete. Die politischen Akteure, die nicht selten selbst aus dem Kultursystem kamen (beziehungsweise gleichzeitig als Akteure sowohl des politischen als auch des kulturellen Systems operierten), stellten sich die Frage, in welcher Weise die Literatur und andere Künste in ein funktionales Verhältnis zur Politik gesetzt werden könnten. Der Kunsthistoriker Wilhelm Hausenstein – der sich seit 1916 in der Politischen Abteilung des belgischen Generalgouvernements kulturpolitisch betätigte und die Herausgeberschaft des BELFRIED, eines offiziösen Organs der deutschen Flamenpolitik übernahm – schieb über die »Politisierung des Unpolitischen« das Folgende:

»Die ästhetische Weltanschauung ist ein besonders miserabler Gründerschwindel. Das Politische wohnt, einerlei ob es bewußt wird oder nicht, dem Leben des Menschen inne. Ob sie es weiß oder nicht: auch die Kunst ist eine Verzweigung des Politischen. […] Es handelt sich nicht darum, da Politik zu treiben, wo das Politische aufregend wird und also verzückte Anschauung herausfordert. Es handelt sich um eine schwerere Aufgabe: darum nämlich, das Politische da auszulösen, wo es heimlich und unscheinbar ist.«[11]

Natürlich stellte die Kulturpropaganda nur einen schmalen Ausschnitt aus dem weiten Spektrum der propagandistischen Aktivitäten des Deutschen Reichs dar. Die politische Nutzbarmachung und die damit zusammenhängende staatliche Unterstützung von literarischen Übersetzungen, Konzerten, Ausstellungen, Theatertourneen

---

10 Ebenda, S. 202f.
11 Wilhelm Hausenstein: Die Politisierung des Unpolitischen. In: DER NEUE MERKUR 2 (1915), S. 174–188, hier S. 175f.

im In- wie im (neutralen) Ausland sollte man in ihrer Wirkung auch nicht über-
schätzen. Dennoch bleibt zu beachten, dass Kunst und Literatur innerhalb des
Systems der Politik im Kontext des Ersten Weltkriegs ein nicht unbedeutendes
Gewicht beigemessen wurde. Seither blieb dieses von Seiten der Politik betriebene
Beobachtungsfeld Kunst/Literatur jedenfalls offen. Richtig ist, dass sich auswärtige Kulturpolitik eigentlich nur in Friedenszeiten entwickeln kann, in denen sie
ihre eigenen Ziele setzt (beziehungsweise wahrt) und sich nicht von Formen der
Kriegspropaganda erst absetzen (oder sich dieser bedienen) muss.[12] Und dennoch
fand und findet sie im 20. und 21. Jahrhundert im Kontext von »heißen« und »kalten« Kriegen statt, von weltpolitischen Systemauseinandersetzungen und ständig
wechselnden Interessenkonflikten.

II.

In einem solchen spannungsreichen Kontext stand nach 1945 die auswärtige Kulturpolitik der jungen Bundesrepublik gegenüber Polen. Exemplarisch beleuchten lässt
sich dies für die Jahre um 1960. Zugleich lässt sich an diesen spezifischen historischen Fall eine Reihe allgemeiner historiografischer und begrifflicher Fragen
knüpfen, die sich mit Bezug auf auswärtige Kulturpolitik diesseits und jenseits des
Eisernen Vorhangs gleichermaßen stellen.

Der Liberalisierungsschub des Polnischen Oktobers 1956 bescherte Polen nicht
nur eine im damaligen »Ostblock« beispiellose kulturelle Blüte. Er ließ dem Land
auch die »Herzen des Westens zufliegen«[13] und setzte im westdeutschen Kulturbetrieb eine regelrechte, bereits damals sprichwörtliche »Polnische Welle« in Gang.
Doch während die kulturellen Kontakte auf allen Gebieten florierten, ob im Bereich
von Literatur, Kunstausstellungen, Musik, Theater oder Film, kam die politische
Annäherung zwischen den beiden Ländern weiterhin kaum voran; dazwischen la-
vierte die Bonner auswärtige Kulturpolitik.

Was die bundesdeutsche Außenkulturpolitik im Allgemeinen und gegenüber
Polen im Besonderen betrifft, gelten gemeinhin die Jahre um 1970 als Zäsur. Zum
einen lieferten die im Auftrag der neuen sozialliberalen Bundesregierung unter
Kanzler Willy Brandt erarbeiteten *Leitsätze für die auswärtige Kulturpolitik* der Bonner Außenkulturpolitik eine neue konzeptionelle Grundlage;[14] nach Ansicht einiger

---

12 Vgl. Kurt Düwell: Deutschlands auswärtige Kulturpolitik 1918–1932. Grundlinien und
   Dokumente. Köln, Wien 1976, S. IX.
13 Gösta von Uexküll: Wunder in Polen. In: DIE ZEIT vom 25. Oktober 1956.
14 Die im Dezember 1970 vorgelegten *Leitsätze* wurden im Wesentlichen von Ralf Dahren-
   dorf, damals Parlamentarischer Staatssekretär im Auswärtigen Amt, erstellt. Zu ihren

Historiker kann man überhaupt erst ab diesem Zeitpunkt von einer systematischen auswärtigen Kulturpolitik sprechen, die diese Bezeichnung verdient.[15] Zum anderen stellten der im Zuge der Neuen Ostpolitik 1970 geschlossene, zwei Jahre später ratifizierte Warschauer Vertrag und die Aufnahme diplomatischer Beziehungen das polnisch-bundesdeutsche Verhältnis unter neue politische Vorzeichen. Dies ebnete auch offiziellen Kulturbeziehungen den Weg, was schließlich 1976 durch ein Kulturabkommen besiegelt wurde.

Zweifellos gaben diese Einschnitte Anfang der 1970er Jahre – die konzeptionelle Neuausrichtung der Bonner Außenkulturpolitik und die Normalisierung des polnisch-bundesdeutschen Verhältnisses – auch den Kulturkontakten zwischen den beiden Ländern neue Impulse. Dies bedeutet jedoch nicht, dass Kultur zuvor keine Rolle als Instrument der Bonner Politik gegenüber Polen gespielt hätte. Im Gegenteil, es gab gewissermaßen eine auswärtige Kulturpolitik vor der auswärtigen Kulturpolitik. Nicht nur die polnisch-westdeutschen Kulturkontakte selbst entwickelten sich seit dem Polnischen Oktober 1956 überaus dynamisch, ob mit oder ohne behördliches Zutun. Auch im Auswärtigen Amt in Bonn geriet um 1960 kulturpolitisch Einiges in Bewegung. 1955 hatte die Bundesrepublik mit der Aufhebung des Besatzungsstatuts weitgehende Souveränität über die Gestaltung ihrer Außenpolitik erhalten. Zugleich wich auf dem Gebiet der auswärtigen Kulturpolitik die »Haltung der Zurückhaltung«, die man sich nach dem Ende der NS-Herrschaft wohlweislich auferlegt hatte, allmählich einem neuen Selbstbewusstsein.[16] 1959 erklärte

---

Kerngedanken gehörten »die Anerkennung der Auswärtigen Kulturpolitik als einem tragenden Pfeiler der Außenpolitik, die Definition eines ›erweiterten Kulturbegriffs‹, der die ganze Bandbreite der geistigen Werte des deutschen Volkes umfassen sollte, das Handlungsprinzip des echten Kulturaustauschs anstelle einer bloßen Selbstdarstellung und – angesichts der damals zwei deutschen Staaten – das Prinzip der Einheit der deutschen Nation, Sprache und Kultur« (Kurt-Jürgen Maaß: Überblick. Ziele und Instrumente der Auswärtigen Kulturpolitik. In: Kultur und Außenpolitik. Handbuch für Studium und Praxis. Hrsg. von dems. Baden-Baden 2005, S. 23–30, hier S. 24).

15 Vgl. ebenda, bes. S. 24. Frank Trommler: Kulturmacht ohne Kompass. Deutsche auswärtige Kulturbeziehungen im 20. Jahrhundert. Köln 2014, S. 575f., 599; ähnlich bereits Stanisław Cholewiak; Mieczysław Suchocki: Die kulturelle und wissenschaftliche Zusammenarbeit zwischen der Volksrepublik Polen und der Bundesrepublik Deutschland von 1949–1976. In: Bundesrepublik Deutschland, Volksrepublik Polen: Bilanz der Beziehungen, Probleme und Perspektiven ihrer Normalisierung. Hrsg. von Hans-Adolf Jacobsen et al. Frankfurt am Main 1979, S. 314–327, hier S. 320.

16 Vgl. Johannes Paulmann: Auswärtige Repräsentationen nach 1945. Zur Geschichte der deutschen Selbstdarstellung im Ausland. In: Auswärtige Repräsentationen. Deutsche Kulturdiplomatie nach 1945. Hrsg. von dems. Köln 2005, S. 1–32, hier S. 31; Eckard Michels: Zwischen Zurückhaltung, Tradition und Reform. Anfänge westdeutscher auswärtiger Kulturpolitik in den 1950er Jahren am Beispiel der Kulturinstitute. In: Ebenda, S. 242–258; hier bes. S. 247f.

der frisch berufene Leiter der Kulturabteilung im Auswärtigen Amt Dieter Sattler die auswärtige Kulturpolitik zur »Dritten Bühne« der Außenpolitik und sorgte für ihre Aufwertung.[17] Zur selben Zeit häuften sich im Auswärtigen Amt wie in der Öffentlichkeit die Positionspapiere, Memoranden und Gesprächsrunden, in denen intensiv über Form und Funktion auswärtiger Kulturpolitik nachgedacht und diskutiert wurde.[18] Dies geschah auch mit Bezug auf Polen: Obwohl, oder vielmehr gerade weil, keine offiziellen Beziehungen zwischen den beiden Ländern bestanden, beschäftigte sich das Auswärtige Amt bereits seit Mitte der 1950er Jahre immer wieder mit eigenen und externen Vorschlägen, wie der kulturelle Austausch mit Polen auf inoffizieller Ebene intensiviert, gestaltet, gesteuert und politisch nutzbar gemacht werden könne. Vor allem die Ostabteilung des Auswärtigen Amts plädierte wiederholt mit Nachdruck für die »Nutzung aller Möglichkeiten, die sich für den kulturellen Austausch mit Polen ergeben«,[19] und empfahl, »kulturelle Kontakte […] im Rahmen des Möglichen [zu fördern]«[20].

Dennoch ist die Frage berechtigt, inwieweit zu dieser Zeit bereits von einer systematischen, konstruktiven und aktiven auswärtigen Kulturpolitik in einem substanziellen Sinn die Rede sein kann und inwieweit entsprechende Vorstöße in der Praxis tatsächlich wirksam wurden. Die Frage führt zu einem differenzierten Blick auf die frühe Bonner Außenkulturpolitik gegenüber Polen, an deren Beispiel sich umgekehrt allgemeine Fragen nach dem Begriff der Außenkulturpolitik und dem Verhältnis von Kultur und Politik präzisieren lassen. Die Außenkulturpolitik der jungen Bundesrepublik gegenüber Polen war vor 1970 in ihren Handlungsmöglichkeiten

---

17 Das Bild wurde später in ähnlicher Form auch von Willy Brandt (»Dritte Säule«) und Hildegard Hamm-Brücher (»Dritte Dimension«) aufgegriffen. Dieter Sattler gilt generell als derjenige, der frischen Wind in die kulturelle Außenpolitik der jungen Bundesrepublik brachte. Unter seiner Ägide legte die Kulturabteilung 1964 erstmals einen Tätigkeitsbericht vor, zudem konnte er den Etat der Kulturabteilung aufstocken, auch wenn die Klage über die unzureichende finanzielle und personelle Ausstattung auf der Tagesordnung blieb. Zu Sattler vgl. Ulrike Stoll: Kulturpolitik als Beruf. Dieter Sattler (1906–1968) in München, Bonn und Rom. Paderborn 2005; Eckard Michels: Von der Deutschen Akademie zum Goethe-Institut. München 2005, S. 154f.

18 Vgl. z. B. die Dokumentation in Dieter Braun (Hrsg.): Deutsche Kulturpolitik im Ausland. 1955 bis heute. Dokumente, Kommentare, Tendenzen. München 1966. Nicht nur Politikvertreter, auch führende Intellektuelle und eine breite Medienöffentlichkeit beteiligten sich an dieser Debatte. Vgl. auch die Korrespondenz von Dieter Sattler im Nachlass Dieter Sattler im Archiv des Instituts für Zeitgeschichte in München, die zahlreiche Entwürfe und Vorschläge zur Außenkulturpolitik von und für Dieter Sattler enthält.

19 Hoffmann, AA, Ref. 705, an Ref. 601, 13.11.1958. Politisches Archiv des Auswärtigen Amts Berlin (im Folgenden PA AA), B 12, Bd. 611.

20 Krafft v. Dellmensingen, AA, Ref. 705, an Ref. 403, 30.6.1959. PA AA, B 12, Bd. 601.

in hohem Maß abhängig von den allgemeinen politischen Rahmenbedingungen und spiegelt in ihren Zielen und Interessen vielfältige außen- wie innenpolitische Herausforderungen. Diese lieferten dem Auswärtigen Amt eine ganze Reihe guter politischer Gründe, sich des Kulturaustauschs mit Polen anzunehmen.

Zum einen galt der Kulturaustausch als vergleichsweise unverfängliches Mittel, um Symbolpolitik zu betreiben. Angesichts des belasteten deutsch-polnischen Verhältnisses sollte er vor allem kompensatorische Funktionen erfüllen. Kulturelle Kontakte sollten das »›moralische Klima‹ zwischen den beiden Nachbarvölkern […] verbessern«,[21] der »Vorfeldbereinigung für eine spätere Normalisierung« der Beziehungen dienen[22] und tagespolitische Verstimmungen kompensieren – gemäß der Einsicht, »dass der kulturelle Austausch gerade dann von Wichtigkeit« sei, »wenn die politischen und wirtschaftlichen Beziehungen auch einmal nicht so gut funktionieren«, wie es der Leiter der Kulturabteilung des Auswärtigen Amts Dieter Sattler ausdrückte.[23]

Zum anderen und vor allem aber stand das Auswärtige Amt unter Zugzwang, und dies gleich aus mehreren Richtungen. Erstens musste man mit der alarmierenden »Kulturoffensive« der DDR konkurrieren. Zweitens wollte man dem eifrigen Kulturexport Polens in die Bundesrepublik nicht tatenlos zusehen und der eklatanten Asymmetrie im polnisch-westdeutschen Kulturaustausch entgegenwirken: Schließlich stand den zahllosen Veranstaltungen zu polnischer Kunst und Kultur in der Bundesrepublik der 1960er Jahre nur eine verschwindend geringe Zahl an entsprechenden westdeutschen Veranstaltungen in Polen gegenüber. (Allerdings waren die Bemühungen des Auswärtigen Amts um größere Reziprozität kaum erfolgreich.[24]) Drittens, und damit eng verknüpft, sollte mittels Kultur der »offiziellen Propaganda [in Polen] gegen die Bundesrepublik« entgegengewirkt werden, wobei man vor allem auf die »Aufgeschlossenheit intellektueller Kreise in Polen für

---

21 Knoke, AA, Abt. 3, an die Botschaft der Bundesrepublik Deutschland Rom, 4.12.1956. PA AA, B 12, Bd. 611.

22 Eickhoff, AA, Ref. 705, Aufzeichnung, 13.1.1960. PA AA, B 12, Bd. 611.

23 Zitiert nach dem Bericht des Bonner Krupp-Bevollmächtigten Günter Lück an den Krupp-Generalbevollmächtigten Berthold Beitz, 6.2.1963. Archiv des Nationalmuseums in Warschau, Ausstellungsakte 2356, Essen – Polnische Malerei vom Ausgang des 19. Jahrhunderts bis zur Gegenwart, 15.XII.1962–3.II.1963.

24 Vgl. auch die Kulturpolitischen Jahresberichte der 1963 eröffneten Handelsvertretung der Bundesrepublik in Warschau, in denen dies bis in die 1970er Jahre hinein immer wieder aufs Neue beklagt wird. Vgl. z. B. Kulturpolitische Jahresberichte der Handelsvertretung der Bundesrepublik in Warschau, 1963–1966. PA AA, AV Neues Amt, 2.617. Noch 1972 resümierte das Auswärtige Amt in seiner Auswertung des Kulturpolitischen Jahresberichts 1970, die kulturellen Beziehungen mit Polen hätten sich zwar verbessert, aber »[n]ach wie vor« sei »keine Reziprozität gegeben« (AA, Die Bewertung der Kulturarbeit aus der Sicht der Auslandsvertretungen, 19.1.1972. PA AA, AV Neues Amt, 2.619).

Kontakte zum Westen« setzte.[25] In diesem Bestreben, Kultur als Vehikel im Konkur-
renzkampf um Herzen und Köpfe einzusetzen, standen die Bonner den Warschauer Behörden kaum nach. Auf Gegenseitigkeit beruhte dementsprechend auch der
Vorwurf, die Kulturpolitik der jeweils anderen Seite sei lediglich »ein Deckmantel
für Diversions-, Subversions- und Spionagetätigkeit«.[26] Viertens und nicht zuletzt
wollte man im Bonn der Adenauer- und Erhard-Zeit den Kulturaustausch mit Polen nicht unbequemen linken Kreisen innerhalb der Bundesrepublik überlassen,
die hier zum Teil sehr aktiv waren. Für »stärkste Bedenken«[27] sorgte insbesondere
die KPD-nahe »Deutsche Gesellschaft für Kultur- und Wirtschaftsaustausch mit
Polen« mit Sitz in Düsseldorf.[28] Diese hielt mit ihrer Umtriebigkeit nicht nur die
Vertriebenenverbände, sondern auch die Bonner Behörden auf Trab, die den Verein
als »kommunistische Tarnorganisation« und »Propagandaagenten des Ostblocks«
betrachteten,[29] ohne jedoch eine rechtliche Handhabe gegen ihn zu haben. In den
1950er Jahren war die »Deutsche Gesellschaft für Kultur- und Wirtschaftsaustausch mit Polen« praktisch die einzige Organisation in der Bundesrepublik, die
kulturelle Kontakte von und nach Polen vermittelte. Aus Sicht des besorgten Auswärtigen Amts war es ihr dementsprechend ein Leichtes, sich den »guten Willen
schlecht informierter deutscher Staatsbürger« und deren »wohlgemeint[e] und an
sich politisch unbedenklich[e] Bestrebungen« zunutze zu machen.[30] Umso dring-
licher geboten schien es, Bonn-konforme Vermittlungskanäle zu schaffen, um den
Kulturaustausch mit Polen in gewünschte Bahnen zu lenken und der Monopolstel-
lung der Düsseldorfer Gesellschaft etwas entgegenzusetzen. Die Angst vor deren
Einfluss ging sogar so weit, dass das Auswärtige Amt eigens zu jenem Zweck eine

---

25 Krafft v. Dellmensingen, AA, Ref. 705, an Ref. 403, 30.6.1959. PA AA, B 12, Bd. 601.
26 Handelsvertretung der Bundesrepublik Deutschland, Warschau, 18.9.1967. PA AA, B 42,
   Bd. 189.
27 AA, Ref. 705 an Ref. 605, 13.9.1960. PA AA, B 95, Bd. 861.
28 Der Verein war 1950 in Düsseldorf als westdeutscher Ableger der Ostberliner Helmut-
   von-Gerlach-Gesellschaft gegründet worden und firmierte zunächst ebenfalls unter
   diesem Namen; 1953 benannte er sich um in »Deutsche Gesellschaft für Kultur- und
   Wirtschaftsaustausch mit Polen«. Zur Geschichte der ost- wie westdeutschen Gesellschaft siehe ausführlich: Christian Lotz: Die Deutung des Verlusts. Erinnerungspoliti-
   sche Kontroversen im geteilten Deutschland um Flucht, Vertreibung und die Ostgebiete
   (1948–1972). Köln u. a. 2007; ders.: Zwischen verordneter und ernsthafter Freundschaft.
   Die Bemühungen der Helmut-von-Gerlach-Gesellschaft um eine deutsch-polnische Annäherung in der DDR und in der Bundesrepublik (1948–1972). In: Erinnerungskultur
   und Versöhnungskitsch. Hrsg. von Hans Henning Hahn, Heidi Hein-Kircher und Anna
   Kochanowska-Nieborak. Marburg 2008, S. 201–218; ferner: Krzysztof Ruchniewicz:
   Warszawa – Berlin – Bonn: Stosunki polityczne 1949–1958. Wrocław 2003, S. 129–158.
29 Eickhoff, AA, Ref. 705, Aufzeichnung, 13.1.1960. PA AA, B 12, Bd. 611.
30 Ebenda.

»politisch unbedenkliche Vereinigung« zur Pflege und Koordination des polnisch-westdeutschen Kulturaustauschs ins Leben rufen wollte.[31]

Für Nervosität sorgte noch ein weiteres heikles Thema. Anfang der 1960er Jahre, als man von einer offiziellen Anerkennung der Oder-Neiße-Grenze noch weit entfernt war, waren insbesondere Hinweise auf ein polnisches Kulturleben in den »unter polnischer Verwaltung stehenden« ehemaligen deutschen Ostgebieten durchaus nicht erwünscht. Einen beträchtlichen Teil ihres Engagements im deutsch-polnischen Kulturaustausch verwandten die Bonner Behörden dementsprechend darauf, auf die Wahrung deutschlandpolitischer Tabus zu achten und gegebenenfalls zu intervenieren. Als beispielsweise 1961 das den Namen seiner Heimatstadt Breslau (Wrocław) im Namen tragende »Wrocławer Pantomimetheater« auf Tournee durch die Bundesrepublik gehen wollte, bestand das Auswärtige Amt darauf, dass der Name der Stadt auf den Ankündigungen und Aushängen nicht auftauchte. Das Ensemble musste sich für die Tournee kurzerhand umbenennen.[32] Als ein Jahr später, 1962, die Stadt Schleswig eine Ausstellung polnischer Theaterplakate und Bühnenbildentwürfe plante und man in Bonn erfuhr, dass diese auch polnisches Theaterleben in den Oder-Neiße-Gebieten dokumentieren würden, legte man den Organisatoren unmissverständlich nahe, die Auswahl der Exponate doch noch einmal zu überdenken.[33] Und wer als Musikstudentin oder -student aus Westdeutschland Anfang der 1960er Jahre an einem Studienaustausch mit Polen teilnehmen wollte, erhielt vom Auswärtigen Amt die Mahnung mit auf den Weg, »darauf vorbereitet [zu] sein, […] unsere Auffassung in der Frage der deutschen Ostgrenze überzeugend vorbringen zu können«, sollte sich das Thema nicht vermeiden lassen.[34] Die Liste der Beispiele ließe sich fortsetzen.

Umgekehrt wurden politisch unverfängliche Kulturkontakte und »opportun erscheinende Vorhaben«[35] umso beflissener durch das Auswärtige Amt gefördert – freilich nur inoffiziell und stets diskret. Sehr gern gesehen und großzügig finanziell unterstützt wurden beispielsweise die guten institutionellen wie persönlichen

---

31 Vgl. ebenda. In die Tat umgesetzt wurden diese Überlegungen nicht. Völlig unabhängig von ihnen war die Initiative Karl Dedecius', die erst sehr viel später zur Gründung des Deutschen Polen-Instituts in Darmstadt 1980 führte (vgl. dazu den Beitrag von Andreas Lawaty in diesem Band).

32 Das Ensemble trat dann unter dem Namen seines Leiters Henryk Tomaszewski auf. Als dennoch einige Aushänge mit dem Namen der Stadt in Umlauf kamen, sorgte dies für erhebliche Irritationen im Auswärtigen Amt und zog einen immensen Schriftverkehr nach sich. Vgl. die zahlreichen Dokumente zu diesem Vorgang in PA AA, B 95, Bd. 861.

33 Der Bundesminister für gesamtdeutsche Fragen an den Kultusminister des Landes Schleswig-Holstein, 2.3.1962. PA AA, B 95, Bd. 861.

34 Mikesch, AA, Ref. 705, an Ref. 604, 28.2.1962. PA AA, B 42, Bd. 57.

35 Holger R. Stunz: Darsteller auf internationalen Bühnen. Festspiele als Repräsentationsobjekte bundesdeutscher Kulturpolitik. In: Paulmann (wie Anm. 16), S. 63–84, hier S. 68.

Beziehungen des Museums Folkwang in Essen oder der Bayerischen Staatsgemälde-
sammlungen in München zum Nationalmuseum in Warschau, insbesondere, wenn
dabei einflussreiche Persönlichkeiten wie der Krupp-Generalbevollmächtigte Berthold Beitz als Vermittler und Türöffner fungierten. Gegen ihre Ausstellungskoope-
rationen bestünden nicht nur »keinerlei Bedenken«, sie seien »sogar sehr erwünscht«,
ließ das Auswärtige Amt beispielsweise 1961 wissen.[36] Auch Gastspielreisen wie
die der Hamburger Philharmoniker nach Warschau förderte das Auswärtige Amt,
zumal dabei endlich auch einmal westdeutsche Kulturerfolge in Polen präsentiert
werden konnten. Generell waren Aktivitäten auf dem Gebiet der klassischen Musik
besonders willkommen, was nicht nur am traditionalistischen Kulturverständnis der
Bonner Behörden lag, sondern auch daran, dass man sich damit noch am ehesten
auf politisch neutralem Terrain bewegte.

Die obigen Beispiele sind nicht nur aufschlussreich für Bonner Befindlichkeiten
und Empfindlichkeiten, für die engen Verflechtungen innen- und außenpolitischer
Erwägungen und für die politisch-inhaltliche Ausrichtung der damaligen Außenkulturpolitik gegenüber Polen. Sie machen auch deutlich, dass Versuche, den
Kulturaustausch politisch zu regulieren und zu steuern, durchaus nicht nur auf
sozialistischer Seite zu finden waren. Darüber hinaus sind die Beispiele aber auch
bezeichnend für die Struktur der damaligen Bonner Außenkulturpolitik bezüglich
Polen, war diese in der Praxis doch im Wesentlichen darauf beschränkt, punktuell
und fallbezogen Einzelvorhaben zu fördern bzw. Bedenken anzumelden. Zwar gab
es seitens des Auswärtigen Amts immer wieder Vorstöße, den deutsch-polnischen
Kulturaustausch selbst aktiv zu gestalten, ihn zu systematisieren und zu institu-
tionalisieren, doch über unverbindliche Empfehlungen und Erwägungen kamen
diese Ansätze in der Regel nicht hinaus. Allerdings waren die Voraussetzungen
auch denkbar ungünstig, um systematische und langfristige Strategien und Perspektiven zu entwickeln und umzusetzen. Ganz allgemein stand in der späten
Adenauer-Ära die Ostpolitik auch auf kulturellem Gebiet weiterhin im Schatten
der Westintegration. Vor allem aber waren dem Auswärtigen Amt aufgrund der
fehlenden offiziellen Beziehungen zu Polen weitgehend die Hände gebunden, und
alle Versuche, dennoch von amtlicher Seite aktiv zu werden, scheiterten immer
wieder an der mangelnden Kooperationsbereitschaft der polnischen Seite – so jedenfalls lautete die sich regelmäßig wiederholende Klage im Auswärtigen Amt.[37]

---

36 So berichtete der PR-Chef und Kulturbeauftragte bei Krupp Carl Hundhausen nach
   seinem Besuch im Auswärtigen Amt an Berthold Beitz. Hundhausen an Beitz, 20.6.1961.
   Archiv Museum Folkwang Essen, Ausstellungsakte Polnische Malerei 1962–63.
37 Daran änderte sich auch nichts, als 1963 mit der westdeutschen Handelsvertretung in
   Warschau die erste amtliche Vertretung der Bundesrepublik in Polen die Arbeit aufnahm,
   die nebenher auch die Kulturpolitik Polens im Blick behalten und kulturelle Kontakte
   anbahnen sollte. Vgl. Anm. 24.

Alternative Wege waren daher gefragt, und auch aus diesem Grunde setzte man auf einzelne, »politisch unbedenkliche« Persönlichkeiten als private Mittlerfiguren: »[N]ach außen hin nicht gesteuerte Einzelkontakte« lautete die Devise.[38] Das Kalkül dahinter war, »streng vertraulich« an geeignete Persönlichkeiten des westdeutschen Kulturlebens heranzutreten, wobei der Anschein gewahrt bleiben solle, die betreffenden Aktivitäten gingen auf »rein private Initiative und nicht auf offizielle Inspiration« zurück.[39] Anspruch und Wirklichkeit, Theorie und Praxis klafften allerdings auch bei dieser Strategie auseinander. Denn *de facto* wurden Vorschläge auch weiterhin vor allem von außen durch Dritte an das Auswärtige Amt herangetragen, nicht umgekehrt.

Insgesamt ergibt sich somit ein ambivalentes Bild der Bonner Kulturpolitik gegenüber Polen vor 1970. Zwar war man sich der politischen Bedeutung der kulturellen Beziehungen bewusst, schätzte die Kulturkontakte als eine Art Ersatzdiplomatie und Mittel der Annäherung und war bemüht, sie zu fördern, soweit dies politisch zweckmäßig schien. Andererseits kann von einer konstruktiven, aktiven und systematischen Außenkulturpolitik kaum die Rede sein. Die Haltung der Bonner Behörden war mehr von Misstrauen als von Dialogbereitschaft geprägt. Zudem beschränkte sich das Engagement weitgehend darauf, Vorhaben Dritter fallweise zu unterstützen bzw. darüber zu wachen, dass keine deutschlandpolitischen Dogmen in Frage gestellt wurden. Sofern sich überhaupt Grundsätze oder Leitlinien ausmachen lassen, so findet man sie vor allem hier: weniger auf kulturpolitischer denn auf deutschlandpolitischer Ebene.

Diese Befunde beleuchten nicht nur die spezifische Situation im Bonner Auswärtigen Amt in den 1960er Jahren. Gerade in ihren Widersprüchen, Unschärfen und komplizierten Rahmenbedingungen wirft die damalige Außenkulturpolitik gegenüber Polen exemplarisch auch eine Reihe allgemeiner historischer, begrifflicher und methodischer Fragen zum Themenfeld Kulturtransfer – Kulturpolitik auf. Zum einen stellt sich die Frage nach dem Begriff auswärtiger Kulturpolitik. Ab wann und unter welchen Umständen kann man von einer systematischen Politik sprechen? Wie unterscheidet sich offizielle auswärtige Kulturpolitik von einer inoffiziellen, die nicht im Rahmen von diplomatischen Beziehungen und Kulturabkommen praktiziert wird? Und wo liegen angesichts der politischen Spannungsverhältnisse die Grenzen zwischen Kulturpolitik oder Kulturdiplomatie und Kultur als Mittel der Propaganda oder der psychologischen Kriegsführung?

Zum anderen stellen sich Fragen nach dem Verhältnis von Kultur und Politik. Wie instrumentalisiert die Politik die Kultur? Aber auch umgekehrt: Wie macht

---

38 Krafft von Dellmensingen, AA, Ref. II 5 (705), Aufzeichnung, 12.3.1963. PA AA, B 42, Bd. 59.
39 Eickhoff, AA, Ref. 705, Aufzeichnung, 13.1.1960. PA AA B 12, Bd. 611.

sich die Kultur die Politik zunutze? Zu fragen ist zudem nach den Diskrepanzen
zwischen politischen Steuerungsversuchen einerseits und Eigendynamik der kulturellen Kontakte andererseits, und damit auch nach Grauzonen und Handlungsspielräumen und nach den Grenzen politischer Kontrolle. Das gilt auch und gerade
für Polen und die DDR. Und schließlich ist den vielfältigen Überschneidungen
und Verflechtungen zwischen kultureller und politischer Sphäre, offizieller und
inoffizieller Ebene, privatem und öffentlichem Engagement nachzugehen. Dass
auch private Kontakte Teil einer politischen Strategie sein konnten – wie die Pläne
des Auswärtigen Amts zu »nach außen hin nicht gesteuerte[n] Einzelkontakte[n]«
illustrieren –, macht deutlich, dass man hier besonders genau hinsehen muss.
Dies bedeutet insbesondere auch, dass die in der Literatur häufig gezogene strik-
te Trennung zwischen einem zivilgesellschaftlichen Engagement »von unten«
und einer Kulturpolitik »von oben« in dieser Schärfe in vielen Fällen nicht
haltbar ist.

Diese Verflechtungen gilt es nicht nur historisch-empirisch zu rekonstruieren. Zu
diskutieren ist auch, mit welchem begrifflichen und methodischen Instrumentari-
um sie sich analysieren lassen. Das betrifft insbesondere die mit ihnen verbundenen
Ambivalenzen und scheinbaren Paradoxien, wie sie das Schlagwort von der »Politik
des Apolitischen« auf den Punkt bringt.[40] Anders gesagt, wieviel tatsächliche oder
vorgebliche kulturelle Autonomie gibt es in der Heteronomie, oder umgekehrt?
Und wie lässt sich dieses dialektische Verhältnis konzeptuell fassen? Wo beginnt
die Politik und endet die Kultur? Und inwieweit sind solche Grenzziehungen überhaupt sinnvoll und möglich?

Gerade die politisch-moralisch so komplizierte und kulturell so fruchtbare
deutsch-polnische Beziehungsgeschichte nach 1945 bietet für solche Fragen ein
besonders ergiebiges Untersuchungsfeld. Im vorliegenden Band werden diese Fragen unter verschiedenen Gesichtspunkten beleuchtet – mit Blick auf politische
Rahmenbedingungen, auf Institutionen und einzelne Akteure, Interessen und
Strategien sowie im Hinblick darauf, wie Austausch und Transfer im Einzelnen
praktiziert wurden.

Eine weitere, ganz anders gelagerte methodische Herausforderung stellt das
Quellenmaterial dar. Auch dies lässt sich an den oben aufgeführten Beispielen ver-
deutlichen. Hat man es doch zu tun mit einer Fundgrube für allerlei teils kuriose
Episoden von oftmals hohem anekdotischem Wert. Wie aber entzieht man sich dem
Reiz des Anekdotischen und wie gelangt man von der mikrohistorischen Detailfülle

---

40 Vgl. dazu den Beitrag von Andreas Lawaty in diesem Band. Auch das Auswärtige Amt
   selbst sprach ausdrücklich von einem »politische[n] Interesse« an möglichst »unpolitischen« deutsch-polnischen Kulturveranstaltungen, siehe z. B. AA, Ref. 705 an Abt. 6,
   5.1.1960. PA AA, B 12, Bd. 611.

zu allgemeinen Schlüssen, wie lassen sich die Quellenfunde systematisieren und ihre Relevanz für übergeordnete Fragestellungen bestimmen? Diese Fragen stellen sich fächerübergreifend allen, die sich mit dem entsprechenden Archivmaterial auseinandersetzen. Auch aus diesem Grund ist der vorliegende Band interdisziplinär angelegt und versammelt Beiträge u. a. aus Literatur-, Kunst-, Musik- und Filmgeschichte. Inwieweit sich aus der interdisziplinären Zusammenstellung eine transdisziplinäre Synthese ziehen lässt, wäre bei anderer Gelegenheit zu diskutieren.

Kurt-Jürgen Maass

Trennung, Traumata, Tabus. Die schwierige Rolle der Bonner Außenkulturpolitik gegenüber Polen nach dem Zweiten Weltkrieg

Dieser Band beschäftigt sich mit einem ungewöhnlichen und schwierigen Thema: mit der Wiederanknüpfung der Kulturbeziehungen zwischen Polen und der Bundesrepublik Deutschland nach dem Ende des Zweiten Weltkriegs. Dabei muss man zwangsläufig zunächst den Blick auf die Zeit davor richten, denn es gab in den bisher 100 Jahren deutscher Außenkulturpolitik – von Israel abgesehen – kein anderes Land mit so schwierigen Voraussetzungen für den Aufbau von Kulturaustausch wie das damalige Polen. Wir finden 1945 ein Land vor, das zwischen der Sowjetunion und Hitler-Deutschland zerrieben, ja, fast vernichtet worden war, und das mit vollem politischem Willen von beiden Seiten.

Stalin hatte schon 1937 im Zusammenhang mit seiner »polnischen Operation« klar gesagt: »Die Polen müssen vollständig vernichtet werden«,[1] und hatte dies bis 1939 durch einen Massenmord in Gang gebracht, der Polen mehr Opfer gekostet hat als die zwei Jahre danach. Es folgten Okkupation und Annexion Ostpolens, der Hitler-Stalin-Pakt mit der Aufteilung Gesamtpolens zwischen der Sowjetunion und Deutschland mit den Hekatomben von polnischen Opfern durch die systematische Vernichtung der Armee, der Eliten, der Missliebigen, durch massenweise Selbstmorde, durch Deportationen, Massenumsiedlungen, Vertreibungen, Internierungen, Verurteilungen und Lagerterror. Während des Warschauer Aufstands 1944, als die russische Armee schon an der Weichsel stand, half Stalin den kämpfenden Polen in keiner Weise, wollte vielmehr, dass Deutsche und Polen sich gegenseitig vernichten.

Hitler hatte am 22. August 1939 von seinen Generälen verlangt, Polen zu vernichten und die Überlebenden als »Sklaven« zu nutzen.[2] Wenige Tage später überfiel Deutschland das Nachbarland, ermordete in den folgenden Jahren sechs Millionen Polen (die Hälfte von ihnen Juden), darunter viele mit dem politischen Ziel einer »völkischen Flurbereinigung«, entführte zwei Millionen Polen als Zwangsarbeiter ins Deutsche Reich, siedelte eine Million unter Zwang um, liquidierte einen

---

1 Włodzimierz Borodziej: Geschichte Polens im 20. Jahrhundert. München 2010, S. 185.
2 Ebenda, S. 190.

großen Teil der Führungsschicht und reagierte auf den Warschauer Aufstand vom 31. Juli 1944 mit einer der größten Vernichtungsaktionen des Zweiten Weltkriegs.

Nach Kriegsende und der fast vollständigen Besetzung Polens durch die Rote Armee wurde das Land neu aufgeteilt und nach Westen verschoben, Polen wurde ein »Satellitenstaat« der Sowjetunion. Unmittelbarer Nachbar im Westen war nun die DDR, die Bundesrepublik Deutschland wurde zum Gegner im Ost-West-Konflikt. Millionen Deutsche flohen vor der heranrückenden Roten Armee oder wurden später vertrieben bzw. »ausgesiedelt«.

Wie sollte die 1949 gegründete Bundesrepublik Deutschland auf den desaströsen Trümmern des Zweiten Weltkriegs zu diesem neuen Polen Kulturbeziehungen aufbauen? Die Antwort lautete damals: zunächst gar nicht. Deutsche Außenkulturpolitik konzentrierte sich in den ersten Jahren auf den Vertrauensaufbau im Westen und die Versöhnungsarbeit mit Israel. Man bemühte sich, an das kulturelle Positivbild Deutschlands der Weimarer Republik anzuknüpfen. Das neue Polen – amputiert im Osten, erweitert im Westen, mit einer von Moskau abhängigen Regierung und dem neuen Staatsziel Sozialismus – musste sich erst finden. Die geografischen und menschlichen Trennungen, die überhaupt noch nicht aufgearbeiteten Traumata der Horrorjahre, die neue Nachbarschaft zur sich ebenfalls sozialistisch definierenden DDR ließen die Frage nach Kulturbeziehungen mit Westdeutschland noch nicht aufkommen. Die DDR legte überdies Wert auf die Behauptung, sie verkörpere das »bessere Deutschland« und die Täter und Mittäter der Massaker des Kriegs lebten alle im Westen. Eine staatliche Zensur aller Medien tat auch in Polen ein Übriges. Ein Abkommen der DDR mit Polen von 1952 ermöglichte erstmals »Wochen der fortschrittlichen deutschen Kultur in Polen«, in deren Rahmen u. a. auch die Dresdner Staatsoper, der Dresdner Kreuzchor und das Berliner Ensemble, Bertolt Brecht und Albrecht Kantorowicz in Polen zu Gast waren; eine Historikerkommission untersuchte »Traditionen der Freundschaft und Zusammenarbeit der fortschrittlichen Kräfte«.[3]

Derweil baute die Bundesrepublik Deutschland ein neues Netz internationaler Beziehungen auf, von dem die Außenkulturpolitik des Auswärtigen Amts nur ein Teil war. Austauschangebote in Literatur, Musik, Theater, Film, Ausstellungen sollten dem Ausland ein Bild von Deutschland geben, das nichts mehr mit der Nazizeit zu tun hatte. Eine aktive, innovative und engagierte Zivilgesellschaft ermöglichte ab Mitte der 1950er Jahre erste kulturelle Kontakte mit Polen (Stanisław Stomma nannte dies nach dem »Schwebezustand« der ersten elf Nachkriegsjahre

---

3   Polnisches Informationsbüro bei der Presseabteilung der Militär-Mission der Volksrepublik Polen in Berlin (Hrsg.): Kulturprobleme des neuen Polen (Feb. 1956) Nr. 2, S. 3, 5.

die »Orientierungssuche«[4]. Über inoffizielle wie auch halboffizielle Ebenen gab es bis 1970 fast 50 Theatergastspiele polnischer Ensembles in Westdeutschland, 1.400 Konzerte, 870 Ausstellungen und fast 300 Filme aus Polen, aber auch fast 1.000 Übersetzungen aus dem Polnischen ins Deutsche.[5] Das sinnsuchende Westdeutschland war begeistert von vielen sehr kritischen polnischen Kulturangeboten und vor allem von den Filmen von Krzysztof Kieślowski, Andrzej Wajda und Roman Polański. Man sprach damals von der »polnischen Welle« im Kino.

Von der Bundesrepublik in Richtung Polen geschah in dieser Hinsicht eher wenig, obwohl das Interesse in Polen vorhanden war. Das Hauptinteresse seit den 1950er Jahren allerdings war, so beschrieb es Andreas Lawaty: Wie hat die Kultur der Bundesrepublik Deutschland den moralischen Zusammenbruch in der NS-Zeit verarbeitet? Welche neuen Perspektiven gibt es? Wie wird das deutsche Unrecht aufgearbeitet?[6] Die »offiziellen« Beziehungen waren überdies überschattet von den Auseinandersetzungen um Revanchismus/Kommunismus, den Status von West-Berlin, die Oder-Neiße-Grenze und die Aktivitäten der deutschen Vertriebenen-organisationen. Die Literatur war ein gewisser Vorreiter für den Kulturtransfer in Richtung Polen, wenn auch zunächst nur »antifaschistische Texte« rezipiert wurden und die Auswahl der polnischen Staatsverlage ideologisch geprägt war, auch auf die Zensur Rücksicht nehmen musste.[7]

Erst mit dem Warschauer Vertrag von 1970 ergaben sich neue Perspektiven. Am 7. Dezember 1970 unterzeichneten der polnische Ministerpräsident Józef Cyran-kiewicz, ein Überlebender des Konzentrationslagers Auschwitz, und Bundeskanzler Willy Brandt in Warschau den »Vertrag zwischen der Bundesrepublik Deutschland und der Volksrepublik Polen über die Grundlagen der Normalisierung ihrer

---

4 Stanisław Stomma: In der Phase der Normalisierung. Bekenntnisse eines Beobachters und Mitakteurs. In: Initiativen kultureller Zusammenarbeit Bundesrepublik Deutschland – Volksrepublik Polen 1982–1988. Hrsg. von Albrecht Lempp. Darmstadt 1989, S. 363–379, hier S. 363.

5 Andreas Lawaty: Die kulturellen Beziehungen zwischen der Bundesrepublik Deutschland und der Volksrepublik Polen bis 1975. In: Die Beziehungen zwischen der Bundesrepublik Deutschland und der Volksrepublik Polen bis zur Konferenz über Sicherheit und Zusammenarbeit in Europa (Helsinki 1975). Hrsg. von Wolfgang Jacobmeyer. Braunschweig 1987, S. 179–189, hier S. 180. Vgl. auch Andreas Lawaty: Chance zur Verständigung. Die Geschichte der deutsch-polnischen Kulturbeziehungen. In: Annä-herungen – Zbliżenia. Deutsche und Polen 1945–1995. Begleitbuch zur Ausstellung im Haus der Geschichte der Bundesrepublik Deutschland in Bonn. Hrsg. von Eva Rom-merskirchen. Düsseldorf 1996, S. 127–139.

6 Lawaty: Die kulturellen Beziehungen (wie Anm. 5).

7 Daniela Reimann: Die Literaturvermittlung in der Auswärtigen Kulturpolitik Deutsch-lands. Eine Betrachtung ihrer Entwicklung, Instrumente und Tendenzen. Würzburg 2017, S. 174–176.

gegenseitigen Beziehungen«, der die Oder-Neiße-Linie zwischen Deutschland und
Polen anerkannte. Wenige Stunden zuvor hatte Brandt am Ehrenmal für die Toten
des Warschauer Ghettos einen Kranz niedergelegt, sank dann in die Knie und ver-
harrte so etwa eine halbe Minute. Das Foto ging um die ganze Welt als Symbol der
Versöhnung zwischen Deutschland und Polen. Brandt selbst schrieb dazu in seinen
»Erinnerungen« 1989: »Am Abgrund der deutschen Geschichte und unter der Last
der Millionen Ermordeten tat ich, was Menschen tun, wenn die Sprache versagt.«[8]
    Aus der Rückschau ist erstaunlich, dass diese Geste eines Bundeskanzlers, der
die auswärtige Kulturpolitik selbst als »dritte Säule der Außenpolitik« bezeichnet
hatte, fast keine Auswirkungen auf die in den folgenden Jahren vollständig über-
arbeiteten Konzeptionen für die deutsche Außenkulturpolitik hatte. Dies lag zum
Teil an unterschiedlichen Vorstellungen beider Staaten zur Verwirklichung des Vertrags, aber auch an innerdeutschen Diskussionen und Spannungen um die Neue
Ostpolitik. Ich zähle einige wichtige Daten und Publikationen der 1970er Jahre
kurz auf, zeige dabei auch, dass Polen überhaupt kein Thema war:

– Obwohl in den *Leitsätzen für die auswärtige Kulturpolitik* des Auswärtigen Amts
  von 1970 »Gemeinsamkeiten in Geschichte und Kultur« zwischen West- und
  Osteuropa gesehen werden, wurde für die Folgerungen für die westdeutsche
  Außenkulturpolitik nur vom »Wettbewerb der Systeme« gesprochen.
– In der Enquete-Kommission des Deutschen Bundestags, die über Jahre Ent-
  wicklung und Stand der auswärtigen Kulturpolitik aufgearbeitet hatte, hieß
  es im Abschlussbericht von 1975 in Punkt 93 lediglich, die kommunistischen
  Staaten beanspruchten eine zentrale Steuerung und Kontrolle aller kulturellen
  Aktivitäten, weshalb man »spezifische Abkommenstypen, auf diese Staaten zu-
  geschnittene Austauschverfahren und angemessene Methoden der Kulturarbeit«
  entwickeln müsse.[9] Die überfällige Aussöhnung mit Polen wurde mit keinem
  Wort erwähnt.
– In der Schlussakte von Helsinki von 1975 wurde die Bedeutung des Kulturaustauschs mit Osteuropa ins allgemeine Bewusstsein gerückt. In einer Stellungnahme der Bundesregierung hieß es dazu: »Die Bundesregierung hofft, daß sich
  die noch bestehenden Schwierigkeiten allmählich überwinden lassen […] Bisher
  ist es nicht gelungen, die kulturellen Verbindungen zu den Staaten Osteuropas
  und der Sowjetunion im gewünschten Maße zu erweitern.«[10]

---

8 Willy Brandt: Erinnerungen. Frankfurt am Main 1989, S. 214.
9 Bundestag-Drucksache 7/4121 vom 7. Oktober 1975.
10 Abgedruckt in: Hansgert Peisert: Die auswärtige Kulturpolitik der Bundesrepublik
   Deutschland. Sozialwissenschaftliche Analysen und Planungsmodelle. Stuttgart 1978,
   Anhang, S. 370.

– Für die deutsch-polnischen Beziehungen enttäuschend war damals auch der außenkulturpolitische Denkansatz von Hans Arnold, 1972 bis 1977 Abteilungsleiter der Kulturabteilung des Auswärtigen Amts und ein enger Vertrauter Willy Brandts. Arnold schrieb in einem Aufsatz von 1976 unter dem Titel »Kulturexport als Politik?« über die »neue Auswärtige Kulturpolitik« nach 1945, dass aufgrund einer »intensivierten beschleunigten internationalen Kommunikation« die kulturellen Außenbeziehungen »stärkere Bedeutung« gewönnen.[11] Polen oder andere Länder des sogenannten Ostblocks wurden mit keinem Wort erwähnt. Arnold ging es vor allem um »Kulturexport«, der »zum Verständnis der Völker untereinander und damit zu deren friedlichen Zusammenleben« beitragen solle. Die dringend notwendige Aufarbeitung der Unrechtsjahre verschwand hinter einer kühlen Diplomatensprache, die einen heute noch frösteln lässt.

– Auch das damals sehr gelobte Gutachten von Hansgert Peisert von 1978 über die »auswärtige Kulturpolitik der Bundesrepublik Deutschland«[12] erkannte das besondere Problem mit Polen nicht und stufte Polen gar in einer Liste der prioritären Länder für die deutsche Außenkulturpolitik nur auf Platz 27 ein.

– In ihrer Stellungnahme zum Enquete-Bericht des Bundestags bedauerte die Bundesregierung 1977, dass es bis dahin nicht gelungen sei, »die kulturellen Verbindungen zu den Staaten Osteuropas und der Sowjetunion im gewünschten Maße zu erweitern« – und griff damit wieder die Formulierung in Bezug auf die Helsinki-Akte auf. Mehr nicht.[13]

– Ein Symposium der Vereinigung für Internationale Zusammenarbeit[14] und des Auswärtigen Amts im Mai 1980 mit 400 Teilnehmenden aus 54 Ländern zog unter dem Titel »Internationale Kulturbeziehungen – Brücke über Grenzen« eine Bilanz der internationalen Kulturbeziehungen und diskutierte deren Beitrag »zur Vertrauensbildung und zur Friedenssicherung«[15] – ohne einen einzigen Vertreter aus Polen.

Man darf allerdings nicht vergessen, dass die 1970er Jahre in Deutschland noch stark geprägt waren von der Erinnerung an Traumata und Trennungen durch Vertreibung und Flucht von Millionen Deutschen nach dem Ende des Weltkriegs

---

11 Hans Arnold: Kulturexport als Politik? In: POLITIK UND KULTUR 3 (1976) Nr. 2, S. 38.
12 Peisert (wie Anm. 10).
13 Bundestag-Drucksache 8/927 vom 23. September 1977, Punkt 74, S. 17.
14 Ein Zusammenschluss von acht Organisationen der Außenkultur- und der Entwicklungspolitik.
15 So Staatsministerin im Auswärtigen Amt Hildegard Hamm-Brücher, zitiert in: Internationale Kulturbeziehungen – Brücke über Grenzen. Bonn, 26.–30. Mai 1980. Dokumentation. Hrsg. von der Vereinigung für Internationale Zusammenarbeit. Baden-Baden 1980, S. 8.

und dem damit verbundenen Verlust der Heimat. Aus dieser Gruppe speiste sich weiterhin viel Widerstand gegen die Neue Ostpolitik der Bundesregierung. Die Bundesregierung wie auch die CDU/CSU-Opposition wollte erreichen, dass mehr Deutsche aus Polen ausreisen durften. Die polnische Regierung wollte dies nur gegen deutsche Wirtschaftshilfe zulassen. Ein Kompromissansatz wurden die von Bundesaußenminister Hans-Dietrich Genscher mit seinem polnischen Amtskollegen Stefan Olszowski 1975 unterzeichneten zwei Abkommen (Renten- und Unfallversicherungsleistungen für Aussiedler gegen einen Finanzkredit von einer Milliarde DM). Genscher, für den die Aussöhnung mit Polen auf derselben Stufe stand wie die Annäherung zwischen Deutschen und Franzosen,[16] plädierte im Bundestag leidenschaftlich für die Billigung der Verträge: »Wer sich ernstlich mit der moralischen Dimension, mit dem geschichtlichen Hintergrund auseinandersetzt, der wird sich der Frage, die heute beantwortet werden muß, nur mit Bescheidenheit nähern können.«[17] Nach einer dramatischen Debatte akzeptierte der Bundestag die Abkommen. Sie drohten dann allerdings im Bundesrat zu scheitern. Erst intensive geheime Verhandlungen Genschers mit den Ministerpräsidenten des Saarlandes und Niedersachsens, Franz-Josef Röder und Ernst Albrecht, verbunden mit einer Rücktrittsdrohung Genschers,[18] brachten den Durchbruch. Man muss diese Auseinandersetzungen mitberücksichtigen, wenn man sich aus der Rückschau über die damals nicht existente Außenkulturpolitik des deutschen Außenministeriums gegenüber Polen wundert.

Auch nach dem Regierungswechsel 1982 von der SPD-FDP-Regierung zur CDU/CSU-Koalition mit der FDP (Genscher blieb Außenminister) waren die politischen Beziehungen zu Polen immer wieder von Spannungen geprägt. Genscher beschwor 1983 im Bundestag die geschichtliche Bedeutung des deutsch-polnischen Versöhnungsvertrags von 1970. Er gehöre »zu den kostbarsten Ergebnissen deutscher Nachkriegspolitik«[19] und dürfe nicht infrage gestellt werden.

Interessant ist, dass im damaligen Klima des »Wettkampfs der Systeme« Beobachter aus Polen die westdeutschen Diskussionen zur Konzeption der Außenkulturpolitik gegenüber Osteuropa und der Sowjetunion sehr kritisch sahen. Deutsche offizielle Außenkulturpolitik wurde als Instrument des Kalten Kriegs angesehen. So wurde 1973 auf einer Tagung der Karl-Marx-Universität Leipzig zum Thema »Kulturaustausch zwischen Staaten unterschiedlicher Gesellschaftsordnung« von zwei Vertretern der Universität Posen deutlich formuliert: »Eines der wichtigsten Ziele, die sich […] abzeichnen, ist die Suche nach der Ebene, auf der eine Übertragung

---

16 Hans-Dieter Heumann: Hans-Dietrich Genscher. Die Biografie. Paderborn 2012, S. 167.
17 Hans-Dietrich Genscher: Erinnerungen. Berlin 1995, S. 262.
18 Heumann (wie Anm. 16), S. 167; Genscher (wie Anm. 17), S. 265.
19 Genscher (wie Anm. 17), S. 269.

der westlichen Ideologie auf die sozialistischen Länder über kulturelle Einflüsse möglich wäre.«[20]

Während also die außenkulturpolitische Ebene der Bundesrepublik keine signifikanten Initiativen für eine Annäherung an Polen zustande brachte und eine Aufarbeitung der Geschichte verweigerte, setzten sich die Zivilgesellschaften Polens und Deutschlands über all diese Schwierigkeiten hinweg und schafften einen Neuanfang. So gab es Deutsch-Polnische Gesellschaften ab 1972, Städtepartnerschaften ab 1976 (zögerlich zwar, aber immerhin fast 30 bis 1989)[21] und ab 1980 das Deutsche Polen-Institut in Darmstadt mit dem auch zuvor schon sehr aktiven Gründer Karl Dedecius. Ab 1982 gab das Institut die von der Robert Bosch Stiftung finanzierte »Polnische Bibliothek« im Suhrkamp-Verlag heraus, eine Reihe von 50 aus dem Polnischen ins Deutsche übersetzten Büchern, ein »in der Geschichte der europäischen Literatur beispielloses Projekt«.[22] Die Robert Bosch Stiftung finanzierte überdies unter anderem Studienreisen, Fortbildungsveranstaltungen und Doktoranden- und Professorenaustausch.[23] Es gab eine Vielzahl zivilgesellschaftlicher Kulturaustauschinitiativen in beide Richtungen, »polnische Kulturtage« in der Bundesrepublik wie auch einen zunehmenden Reiseverkehr zwischen beiden Ländern.[24] Die Alexander von Humboldt-Stiftung förderte in den 1970er und 1980er Jahren rund 300 junge polnische Wissenschaftlerinnen und Wissenschaftler mit Forschungsstipendien und vergab 79 wissenschaftliche Gerätespenden und 115 Buchspenden nach Polen.[25] Viele dieser »Humboldtianer« fanden sich später in führenden Stellungen in Regierung, Wissenschaft und Forschung in Polen wieder.

Die 1972 von den nationalen UNESCO-Kommissionen eingesetzte Gemeinsame Deutsch-Polnische Schulbuchkommission hatte in den Kulturbeziehungen eine Art »ersatzpolitischen Charakter« und wurde zu einer Schlüsselinitiative.

---

20 Mieczysław Suchocki; Zbigniew Jaśkiewicz: Konzeptionen der auswärtigen Kulturpolitik der BRD, insbesondere gegenüber der Volksrepublik Polen. In: Probleme der Zusammenarbeit und des Kulturaustausches zwischen Staaten unterschiedlicher Gesellschaftsordnung. Leipzig 1974, S. 31–51, hier S. 49.

21 Veronika Walter: Schritte zur Normalität. Die deutsch-polnischen Kulturbeziehungen. Bestandsaufnahme und Empfehlungen. Hrsg. vom Institut für Auslandsbeziehungen e.V. (ifa). Stuttgart 2003, S. 118.

22 So der Geschäftführer der Robert Bosch Stiftung Ulrich Bopp, zitiert nach Walter (wie Anm. 21), S. 47f.

23 Vgl. die exzellente Übersicht der Robert Bosch Stiftung in Deutsch-polnische Beziehungen – Stosunki niemiecko-polskie 1974–2000. Hrsg. von der Robert Bosch Stiftung. Stuttgart 2000.

24 Ludwik Gelberg: Die Normalisierung der Beziehungen zwischen der Volksrepublik Polen und der Bundesrepublik Deutschland. Hamburg 1977, S. 133.

25 Alexander von Humboldt-Stiftung. Tätigkeitsbericht 1953–1978. Bad Godesberg 1978, S. 15f., 75f.

Gerade diese Schulbuchkommission setzte mit ihrem Pragmatismus Beispiele in den deutsch-polnischen Beziehungen.[26] Sie sensibilisierte die Menschen in beiden Ländern, schuf Vertrauen und Anknüpfungspunkte für Kommunikation und Austausch und überzeugte durch Respekt und Sachlichkeit, gerade auch durch ihren Verzicht auf Polemik und Streit.[27] Dies wird noch heute als »Pionierleistung« bei den Bemühungen um »Entfeindung« gesehen.[28] Die Schulbuchkommission nahm aber auch immer wieder Rücksicht auf polnische Tabuthemen, wie beispielsweise das geheime Zusatzprotokoll des Hitler-Stalin-Pakts, die Abkommen von Teheran und Jalta oder die Verbrechen der Sowjetunion gegen Polen.[29] Auch mit dem Thema »Vertreibung« tat sich die Kommission schwer, behandelte es aber dennoch adäquat. Insgesamt haben die Empfehlungen der Kommission »die ganze Tragik dieser leider nur selten friedlichen Nachbarschaft« sehr anschaulich und kompakt aufgezeigt.[30]

Die 1980er Jahre waren geprägt von der im Sommer 1980 gegründeten Gewerkschaftsbewegung Solidarność, aber auch von Gorbatschows Glasnost und Perestroika. Aus der liberal-konservativen Bundesregierung soll damals verlautet sein, die Beziehungen zu Polen müssten für Deutschland denselben Rang bekommen wie die zu Frankreich.[31] Fakt ist, dass die Kohl-Regierung sehr kritisch gegenüber Polens Umgang mit der Oppositionsbewegung war. Sie profitierte aber indirekt von dem »Kriegsrecht-Winter« 1981/82, der zu einer sehr schwierigen Versorgungslage der polnischen Bevölkerung geführt und in dem die damals noch sozial-liberale Bundesregierung die westdeutsche Bevölkerung zu humanitärer Hilfe aufgerufen hatte. Daraufhin »setzte eine vorher unvorstellbare Sympathiewelle ein, die dazu beitrug, dass Millionen von Lebensmittelpaketen und Hilfsgütern in beinahe jeden Winkel Polens gelangten. Die materielle Hilfe organisierte sich in kirchlichen und karitativen Kreisen sowie den deutsch-polnischen Gesellschaften. Die Pakethilfe trug dazu bei, dass die Ängste vor dem Westdeutschen sich langsam verringerten.

---

26 Thomas Strobel: Transnationale Wissenschafts- und Verhandlungskultur. Die Gemeinsame Deutsch-Polnische Schulbuchkommission 1972–1990. Göttingen 2015, S. 325.

27 Ebenda, S. 318–324.

28 Christoph Royen: Deutsch-Polnische Beziehungen 1945–1990. In: Polen und wir. Deutsch-polnische Beziehungen gestern, heute, morgen. Tagung in der Evangelischen Akademie Bad Boll, 19.–21.3.1999. Bad Boll 1999, S. 46–56, hier S. 52.

29 Strobel (wie Anm. 26), S. 310.

30 Władysław Markiewicz: Erziehung zur Verständigung. Die deutsch-polnischen Schulbuchempfehlungen. In: Feinde werden Freunde. Von den Schwierigkeiten der deutsch-polnischen Nachbarschaft. Hrsg. von Friedbert Pflüger und Winfried Lipscher. Bonn 1993, S. 182–192, hier S. 185.

31 Ich habe dafür allerdings für die 1980er Jahre kein entsprechendes Zitat gefunden; Heumann zitiert Genscher nur für die früheren 1970er Jahre – vgl. Heumann (wie Anm. 16), S. 167.

Zudem leistete diese Welle der Hilfsbereitschaft in außerordentlichem Maße einen Beitrag zur deutsch-polnischen Aussöhnung.«[32]

Hunderttausende Westdeutsche besuchten Polen und ihre ehemalige Heimat. Zugleich setzte sich der Kulturaustausch der Zivilgesellschaft in noch größerer Intensität fort, das Interesse an der Kultur des jeweils anderen Landes war immens. Und nie war die Begeisterung für den deutschen Film (Werner Herzog, Wim Wenders, Rainer Werner Fassbinder, Volker Schlöndorff) in Polen größer als in diesem Jahrzehnt, so dass man für diese Zeit von einer »deutschen Welle« im polnischen Kino sprechen kann.[33]

Weitgehend vernachlässigt blieb bis 1989 das Thema der deutsch-polnisch-jüdischen Beziehungen. Hierzu schrieb Veronika Walter in einer Studie des Instituts für Auslandsbeziehungen von 2003: »In Polen verursachte die kommunistische Herrschaft ein Loch in der Geschichtsvermittlung. Von der Nachkriegszeit bis zum Zusammenbruch des Kommunismus wurde das Thema Holocaust kaum aufgearbeitet, das Wissen über Geschichte sehr geringgehalten.«[34] Die Aufarbeitung der deutschen Verbrechen an den europäischen Juden im Zweiten Weltkrieg kam in der Bundesrepublik ebenfalls nur schleppend und konfliktreich in Gang. Das Verhältnis zu Polen, auf dessen Boden ein großer Teil des Völkermords von den Deutschen begangen worden war, spielte in diesem Zusammenhang kaum eine Rolle. Dennoch gelang es der Aktion Sühnezeichen Friedensdienste e.V., ab Mitte der 1960er Jahre deutsche Jugendliche zu Sommercamps mit Konservierungsarbeiten in den Gedenkstätten der ehemaligen nationalsozialistischen Konzentrationslager Auschwitz und Majdanek zu entsenden.[35] Hieraus entstand 1986 u.a. mit Unterstützung der Aktion Sühnezeichen die Internationale Jugendbegegnungsstätte in Oświęcim/Auschwitz.[36]

Erst mit dem Deutsch-Polnischen Nachbarschaftsvertrag von 1991 änderte sich der Stellenwert Polens in der deutschen Außenkulturpolitik, mehr als 45 Jahre nach dem Ende deutscher Brutalität und deutschen Mordens in Polen. Doch auch danach, in den 1990er Jahren, waren die Fortschritte langsam. Es bleibt festzuhalten, dass die Wiederaufnahme und der Erfolg des Kulturaustauschs zwischen Polen und der

---

32 Felicitas Söhner: Der Wandel der deutsch-polnischen Beziehungen im geschichtlichen Rückblick. In: GlobKult Magazin vom 7. Oktober 2010, https://www.globkult.de/geschichte/entwicklungen/595-der-wandel-der-deutsch-polnischen-beziehungen-im-geschichtlichen-rueckblick (20.4.2020).

33 Walter (wie Anm. 21), S. 65.

34 Ebenda, S. 42.

35 Ebenda, S. 110.

36 Vgl. Judith Höhne; Olga Onyszkiewicz: Auschwitz verändert. In: Lernen aus der Geschichte vom 24. Juni 2015, http://lernen-aus-der-geschichte.de/Lernen-und-Lehren/content/12486 (9.7.2020).

Bundesrepublik Deutschland nach 1949 nicht die Leistung der Bundesregierung gewesen ist. Der Selbstanspruch der Außenkulturpolitik aus den 1970er Jahren hat hier komplett versagt. Der Austauschimpuls ging vielmehr fast ausschließlich von der Zivilgesellschaft aus. In seinem Nachruf auf Helmut Kohl nennt es der Warschauer Journalist und Publizist Adam Krzemiński 2017 eine »Bewegung von unten«: »Der grandiose Wandel in den deutsch-polnischen Beziehungen war kein Geschenk des Himmels, sondern das Werk vieler Deutschen und Polen, die jahrzehntelang gegen die Klischees der Erbfeindschaft, die Kriegs- und Nachkriegstraumata ankämpften, sich für die Anerkennung der Oder-Neiße-Grenze und für Empathie mit dem ›asymmetrischen‹ Nachbarn einsetzten und schließlich in den 1970er und vor allem den 1980er Jahren in beiden Ländern eine Bewegung von unten zugunsten einer deutsch-polnischen Solidarität zustande brachten.«[37] Treffender kann man es nicht zusammenfassen.

---

37 Adam Krzemiński: Helmut Kohl und die deutsch-polnischen Beziehungen. Nachruf, 19.7.2017, https://www.kreisau.de/aktuell/helmut-kohl-und-die-deutsch-polnischen-beziehungen/ (20.4.2020).

Gabriela Świtek

Die Grenzen des Tauwetters.
Grafik aus der Bundesrepublik in der Warschauer »Ausstellungsfabrik« (1956–1957)

Am 25. Februar 1956 wurde im Zentralbüro für Kunstausstellungen (Centralne Biuro Wystaw Artystycznych, CBWA) – der wichtigsten staatlichen Kunstgalerie Polens, befindlich im Warschauer Zachęta-Gebäude – die *Ausstellung der Arbeiten von Grafikern aus der Bundesrepublik Deutschland* eröffnet (Abb. 1).[1] Am selben Tag hielt Nikita Chruschtschow im Rahmen des XX. Parteitags der Kommunistischen Partei der Sowjetunion in Moskau sein berühmtes »Geheimreferat«, in dem er den stalinistischen Personenkult verurteilte.[2] Als am 21. März 1956 im CBWA die Ausstellung mit Grafiken westdeutscher Künstler zu Ende ging, hatte sich das Parteiaktiv der Polnischen Vereinigten Arbeiterpartei (PVAP) bereits mit Chruschtschows Referat vertraut gemacht, zumal dieser am Vortag Gast der VI. Vollversammlung des Zentralkomitees (ZK) der PVAP gewesen war und einige Tage früher, am 16. März, bei der Beerdigung von Bolesław Bierut in Warschau die Trauerrede gehalten hatte.[3]

Historiker:innen sehen das Jahr 1956 – so wie auch die Jahre 1968 oder 1989 – als wesentliche Zäsur, als Umbruchjahr in der globalen Politik- und Gesellschaftsgeschichte.[4] 1956 kam es zur Verschärfung der kolonialen Konflikte in Nordafrika, aber auch der Rassenkonflikte in den Vereinigten Staaten. Im Jahresverlauf kam es zum Posener Juni und zum Polnischen Oktober, zur Suez-Krise und zum von der Roten Armee blutig niedergeschlagenen Ungarischen Aufstand. Die Gleichzeitigkeit der Ereignisse im künstlerischen Leben Polens und in der globalen Politikgeschichte

---

1   Rocznik C.B.W.A. 1956. Warszawa [1957], S. 20. Siehe auch: Andrzej Pieńkos: Wystawa prac grafików z Niemieckiej Republiki Federalnej, https://zacheta.art.pl/pl/wystawy/wystawa-prac-grafikow-niemieckiej-republiki-federalnej (7.4.2019).
2   Andrzej Skrzypek: Od tajnego referatu do autonomii – zmiana zależności Polski od ZSRR w 1956 r. In: Przełom Października '56. Hrsg. von Paweł Dybicz. Warszawa 2016, S. 57f.; Sheila Fitzpatrick: Zespół Stalina. Niebezpieczne lata radzieckiej polityki. Wołowiec 2017, S. 288f.
3   Marta Fik: Kultura polska po Jałcie. Kronika lat 1944–1981. London 1989, S. 230–232. Siehe auch: Przemówienie N. S. Chruszczowa. In: Słowo Powszechne vom 17./18. März 1956, S. 2, 4.
4   Simon Hall: 1956: The World in Revolt. London 2016.

WYSTAWA PRAC GRAFIKÓW
Z NIEMIECKIEJ REPUBLIKI FEDERALNEJ

Abb. 1: Katalog zur *Ausstellung der Arbeiten von Grafikern aus der Bundesrepublik Deutschland*, Warschau (1956). Bild: Zachęta – Staatliche Kunstgalerie, Warschau.

kann die kunsthistorische Forschung dazu inspirieren, die Kunst-Präsentation aus der Bundesrepublik in der Volksrepublik Polen im Februar und März 1956 als eines der Symptome des Tauwetters in den Ländern hinter dem Eisernen Vorhang anzusehen.

In der Geschichte der modernen polnischen Kunst wird 1956 auch als ein Jahr gesehen, das entscheidende Veränderungen für das künstlerische Leben brachte, selbst wenn die Anfänge dieses Umbruchs immer häufiger früher angesetzt werden.[5] Das Ereignis, das das Tauwetter ankündigte, war Stalins Tod im März 1953, der die Möglichkeit zur Kritik des sozialistischen Realismus eröffnete.[6] Zwar wurde das wesentliche Symbol der sowjetischen Dominanz, der nach Josef Stalin benannte Palast der Kultur und der Wissenschaft in Warschau, erst am 22. Juli 1955 eröffnet, doch zugleich war er Attraktion der V. Weltfestspiele der Jugend und Studenten

---

5 Anna Markowska: Dwa przełomy. Sztuka polska po 1955 i 1989 roku. Toruń 2012.
6 Jolanta Studzińska: Socrealizm w malarstwie polskim. Warszawa 2014, S. 371.

(31. Juli bis 15. August 1955), eines Ereignisses, das über 26.000 junge Leute aus 114 Ländern der Welt nach Warschau führte.[7] Mit Bezug auf das gesellschaftliche und künstlerische Leben in Polen zwischen 1953 und 1956 werden dieses Jugendfestival und die parallel stattfindende Allpolnische Ausstellung Junger Bildender Kunst *Gegen den Krieg – gegen den Faschismus*, die am 21. Juli 1955 im Warschauer Arsenal eröffnet wurde, dem Tauwetter zugeschrieben. Ein polnischer Künstler hat das folgendermaßen beschrieben:

> »Der heiße Sommer 1955 erwies sich als Zeit des Tauwetters. Ilja Erenburgs *Tauwetter* war die Lektüre der Stunde. Der Roman war den Malern besonders nahe, weil sein Protagonist ein Maler ist. In Warschau wurden die V. Weltfestspiele der Jugend und Studenten vorbereitet. Fast bis zum letzten Augenblick war unklar, ob die Behörden die Eröffnung der Allpolnischen Ausstellung Junger Bildender Kunst erlauben würden.«[8]

Der Liste bedeutsamer Daten sei noch eines hinzugefügt: Im April 1956 wurde Włodzimierz Sokorski, der Hauptideologe des sozialistischen Realismus in Polen, vom Posten des Ministers für Kultur und Kunst abberufen.[9]

In meinen folgenden Überlegungen zu Ausstellungen westdeutscher Kunst in Warschau 1956 und 1957 berücksichtige ich einige theoretische Ansätze, die Kunstgeschichte als Ausstellungsgeschichte verstehen, nicht als Geschichte des künstlerischen Schaffens, einzelner Werke oder von Sequenzen unterschiedlicher künstlerischer Strömungen.[10] Die hier vorgeschlagene Neuakzentuierung der Forschungsperspektiven auf die Ausstellungsgeschichte betrifft u. a. die grundlegende Neubewertung des Begriffs »Kon-Text«, also des Status textlicher historischer Quellen (etwa der politisch bedingten Rhetorik von Zeitungskritiken), um Phänomene einzuordnen, die dem Bereich der visuellen Rezeption angehören. Dieser letzteren rechne ich u. a. die Reproduktionen von Arbeiten zu, welche kritische Texte begleiteten, die grafische Gestaltung der Ausstellungen (Plakate, Typografie der Kataloge) oder auch die erhaltene fotografische Dokumentation der Ausstellungsarrangements. Ziel ist es, den politischen und künstlerischen Kontext zweier Warschauer Ausstellungen zu skizzieren: der bereits erwähnten *Ausstellung der*

---

7 Andrzej Krzywicki: Poststalinowski karnawał radości. V. Światowy Festiwal Młodzieży i Studentów o Pokój i Przyjaźń, Warszawa 1955 rok: przygotowania, przebieg, znaczenie. Warszawa 2009.

8 Jacek Antoni Zieliński: Czym jest Krąg Arsenału. In: Krąg »Arsenału 1955«. Malarstwo, grafika, rysunek z Muzeum Okręgowego w Gorzowie, Galeria Zachęta. Warszawa 1992, S. 8.

9 Fik (wie Anm. 3), S. 237.

10 Siehe z. B. Curating ›Eastern Europe‹ and Beyond: Art Histories through the Exhibition. Hrsg. von Mária Orišková. Frankfurt am Main 2013.

Arbeiten von Grafikern aus der Bundesrepublik Deutschland sowie von *Das Plakat der BRD* (21. November bis 5. Dezember 1957). Welche Bedeutung hatten diese Ausstellungen für den Austausch von Ausstellungen zwischen Polen und der Bundesrepublik? Wie wurden sie in Warschau vor dem Hintergrund anderer ausländischer Ausstellungen wahrgenommen, die in den 1950er Jahren im CBWA stattfanden?[11] Welches Bild von deutscher Kunst wurde seinerzeit der polnischen Öffentlichkeit präsentiert? Welche künstlerischen Aspekte dieser Ausstellungen lassen sich vor dem Hintergrund der damaligen politischen Lage als symptomatisch für das polnische Tauwetter ansehen? Das sind nur einige von vielen Fragen, die sich im Laufe der Interpretation stellen lassen.

Der Austausch von Ausstellungen zwischen der Volksrepublik Polen und der Bundesrepublik in den Jahren 1956 und 1957

Die *Ausstellung der Arbeiten von Grafikern aus der Bundesrepublik Deutschland* (1956) und *Das Plakat der BRD* (1957) wurden im CBWA gezeigt, einer 1949 entstandenen Einrichtung, die vom Ministerium für Kultur und Kunst sowie anderen politischen Instanzen der Volksrepublik Polen abhängig war. Erst am 7. Dezember 1970 sollte der Warschauer Vertrag unterschrieben werden, eine Vereinbarung zwischen der Volksrepublik Polen und der Bundesrepublik Deutschland über die Grundlagen der Normalisierung der beiderseitigen Beziehungen, doch fand – wie der Veranstaltungskalender des CBWA zeigt – ein Austausch von Ausstellungen zwischen den beiden Staaten bereits erheblich früher statt.

Als sich 1956 das Warschauer Publikum mit den grafischen Arbeiten aus der Bundesrepublik Deutschland bekannt machte, konnten gleichzeitig westdeutsche Kunstinteressierte Arbeiten polnischer Künstlerinnen und Künstler in zwei Ausstellungen betrachten, die in den Jahresberichten des CBWA erwähnt werden. Die erste war die *Internationale Ausstellung – Malerei, Grafik, Plastik »Roter Reiter«* (Traunstein, Juli und August 1956). An ihr beteiligten sich neun polnische Künstlerinnen und Künstler, es wurden 60 Arbeiten gezeigt, und Kommissar der polnischen Abteilung war der Grafiker Józef Mroszczak, ein Vertreter der sogenannten Polnischen Plakatschule.[12]

---

11 Zu den ausländischen Ausstellungen im CBWA, darunter auch zu DDR-Ausstellungen, siehe: Gabriela Świtek: Heartfield im Zentralbüro für Kunstausstellungen (Centralne Biuro Wystaw Artystycznych) in Warschau (1964). In: Verflechtung und Abgrenzung. Polnisch-deutsche Perspektiven in der Kunstgeschichte seit 1945. Hrsg. von Regina Wenninger und Annika Wienert, kunsttexte.de/ostblick, Nr. 4, 2018, www.kunsttexte.de/ostblick.

12 ROCZNIK C.B.W.A. 1956 (wie Anm. 1), S. 24. An der Ausstellung in Traunstein beteiligten sich u. a. Roman Artymowski, Halina Chrostowska, Tadeusz Dominik, Tomasz Gleb, Maria Hiszpańska-Neumann und Mieczysław Wejman.

Als Ausstellungskommissar war er für die organisatorische Betreuung des polnischen Beitrags zuständig (zur Funktion der Ausstellungskommissare des CBWA s. u., Abschnitt *Die Ausstellung der Arbeiten von Grafikern aus der Bundesrepublik Deutschland*). Die zweite war eine Ausstellung von Grafiken, Buchillustrationen und Plakaten (Juli bis November 1956), die u. a. in West-Berlin, Hamburg und Köln gezeigt wurde. Hier waren 484 Arbeiten von 90 Künstlern zu sehen, betreut von dem Grafiker Andrzej Rudziński von der Warschauer Akademie der Schönen Künste.[13] Als 1957 in Warschau die Ausstellung *Das Plakat der BRD* zu sehen war, war die einzige polnische Präsenz in Westdeutschland, die im Jahresbericht des CBWA verzeichnet wurde, die Beteiligung von sieben polnischen Künstlerinnen und Künstlern (u. a. Maria Jarema, Tadeusz Kantor, Tadeusz Mikulski, Jonasz Stern und Alina Szapocznikow, insgesamt 28 Arbeiten) an einer internationalen Ausstellung zeitgenössischer Malerei der Gruppe »Der Rote Reiter« in München (Januar 1957).[14]

Vor dem Hintergrund der Aktivitäten des CBWA im In- und Ausland sind die Ausstellungen westdeutscher Kunst in den 1950er Jahren als Randerscheinung zu betrachten. Es gab nur zwei derartige Ausstellungen unter den 35 internationalen und insgesamt mehr als 400 Ausstellungen, die bis 1960 im Gebäude der Zachęta stattfanden. An dieser Stelle seien einige Aspekte der Tätigkeit des CBWA – der zentralen »Ausstellungsfabrik« der Volksrepublik Polen – näher betrachtet, um die politischen und institutionellen Probleme hinsichtlich der Organisation von Auslandsausstellungen hervorzuheben.

Schon im ersten Jahrzehnt seiner Tätigkeit unter der strengen Kontrolle des Ministeriums für Kultur und Kunst monopolisierte das CBWA – mit seinem inländischen Netz von Büros für Kunstausstellungen – polenweit die Organisation von Ausstellungen zeitgenössischer Kunst.[15] Zu den satzungsmäßigen Hauptaufgaben des CBWA gehörte u. a. die Durchführung von Ausstellungen polnischer Kunst im Inland, die Organisation von ausländischen Ausstellungen in Polen und polnischen Ausstellungen im Ausland, die Veranstaltung künstlerischer Wettbewerbe sowie der Ankauf von zeitgenössischen Kunstwerken aus Mitteln, die hierfür vom Ministerium zur Verfügung gestellt wurden. Bis 1957 entstanden elf Zweigstellen

---

13 Ebenda, S. 24.
14 Rocznik C.B.W.A. 1957. Warszawa [1958], S. 60; Plastycy polscy wystawiają w Monachium. In: Życie Literackie (1957) Nr. 4, S. 12. Wegen Raumproblemen in München wurde die Ausstellung allerdings kurzfristig abgesagt, so dass die Werke nicht gezeigt werden konnten. Siehe dazu Regina Wenninger: Die Kunst der Stunde. Polnische Kunstausstellungen in der BRD 1956–1970. Köln 2021, S. 79–83.
15 Joanna Krzymuska: Centralne Biuro Wystaw Artystycznych. In: Polskie życie artystyczne w latach 1945–1960. Hrsg. von Aleksander Wojciechowski. Wrocław 1992, S. 253–257; Joanna Mansfeld[-Krzymuska]: Centralne Biuro Wystaw Artystycznych. In: Zachęta 1860–2000. Hrsg. von Gabriela Świtek. Warszawa 2003, S. 179–182.

des CBWA – in Bromberg (Bydgoszcz), Danzig, Kattowitz, Krakau, Lublin, Lodz, Posen, Zoppot, Stettin, Breslau und Zakopane. In den Außenstellen konzentrierte man sich in der Regel darauf, die Werke lokaler Künstlerinnen und Künstler zu zeigen. Manchmal wurden auch ausländische Ausstellungen hierhin geschickt, wie etwa 1957 die *Ausstellung zeitgenössischer jugoslawischer Kunst* oder auch die *Ausstellung zeitgenössischer belgischer Malerei* in Danzig.[16]

Die Verwirklichung einer der satzungsgemäßen Aufgaben des CBWA – die Organisation ausländischer Ausstellungen in Polen – war in der ersten Hälfte der 1950er Jahre abhängig von den politischen Entscheidungen des Komitees für die Kulturelle Zusammenarbeit mit dem Ausland (Komitet Współpracy Kulturalnej z Zagranicą, KWKZ), das von 1950 bis 1956 existierte.[17] Kunstausstellungen waren eines von vielen Gebieten des kulturellen Austauschs, die zum Zuständigkeitsbereich des Komitees gehörten, das die Aufgaben der Zusammenarbeit mit dem Ausland im Ministerium für Kultur und Kunst sowie im Bildungsministerium übernahm. In der 1952 festgelegten Struktur entsprachen drei Abteilungen den wichtigsten »politisch-geografischen« Bereichen: die Abteilung für die Kulturelle Zusammenarbeit mit der UdSSR, die Abteilung für die Kulturelle Zusammenarbeit mit den Ländern der Volksdemokratien und die Abteilung für die Kulturelle Zusammenarbeit mit anderen Ländern.

Der Kalender der ausländischen Ausstellungen, die bis 1956 im CBWA gezeigt wurden, spiegelt die damaligen Prioritäten der Kulturpolitik wider, wie sie auch in der Struktur des KWKZ berücksichtigt wurden.[18] 1951 organisierte das CBWA im Gebäude der Zachęta drei Ausstellungen nichtpolnischer Kunst, darunter zwei aus der UdSSR sowie eine aus der DDR: *Käthe Kollwitz (1867–1945).*[19]

---

16 Rocznik C.B.W.A. 1957 (wie Anm. 14), S. 28.

17 Zur Tätigkeit des KWKZ insgesamt siehe Anna Lisiecka: Działalność Komitetu Współpracy Kulturalnej z Zagranicą w latach 1950–1956. In: Przebudować człowieka. Komunistyczne wysiłki zmiany mentalności. Hrsg. von Marcin Kula. Warszawa 2001, S. 203–260. Zu den Ausstellungen, die im Rahmen der Tätigkeit des KWKZ organisiert wurden, siehe Karolina Zychowicz: The Exhibition-Organizing Activity of the Committee for Cultural Cooperation with Foreign Countries (1950–1956) Based on the Example of Selected Exhibitions at the Zachęta Central Bureau of Art Exhibitions. In: Ikonotheka (2016) Nr. 26, S. 63–94.

18 Zur Kunstgeografie im Ausstellungsprogramm des CBWA siehe Gabriela Świtek: »Envisaging Exhibitions« Behind the Iron Curtain: The Warsaw Central Office of Art Exhibitions (1949–1955), unveröffentlichtes Referat beim Symposium Radiations. European Art and its Debates during the Cold War, 1944–1955, Museo Nacional Centro de Arte Reina Sofia, Madrid, 30.4.2015, https://www.museoreinasofia.es/en/multimedia/envisaging-exhibitions-behind-iron-curtain-central-office-art-exhibitions-warsaw-1949 (23.8.2020).

19 Galeria Zachęta. Kalendarium wystaw 1950–2000. In: Zachęta 1860–2000 (wie Anm. 15), S. 329–331.

1952 konnte man die *Ausstellung zeitgenössischer bildender Kunst aus Frankreich* sehen (die vor allem Werke von Kunstschaffenden zeigte, die der Kommunistischen Partei Frankreichs nahestanden) sowie die *Ausstellung rumänischer Kunst*. 1953 gab es die Ausstellung *Das neue Albanien auf dem Weg zum Sozialismus*, die *Ausstellung bulgarischer Volkskunst* sowie die *Ausstellung französischer künstlerischer Weberei*. 1954 präsentierte das CBWA sogar sechs ausländische Ausstellungen in der Zachęta, u. a. die internationale *Ausstellung von Arbeiten fortschrittlicher bildender Künstler*, eine Renato-Guttuso-Ausstellung sowie *Tschechoslowakische plastische Kunst*. Das Jahr 1955 wurde eröffnet mit der *Ausstellung bildender Kunst aus der Ukrainischen SSR*, anschließend konnte man u. a. die *Ausstellung mexikanischer Kunst des 16. bis 20. Jahrhunderts* sehen, eine Otto-Nagel-Werkschau (aus der DDR), die *Ausstellung chinesischer Holzschnitte* oder auch die *Internationale Ausstellung junger Kunst* (im Rahmen der V. Weltfestspiele der Jugend und Studenten).

1956 war die *Ausstellung der Arbeiten von Grafikern aus der Bundesrepublik Deutschland* eine von drei Ausstellungen mit ausländischer Kunst, die in der Zachęta gezeigt wurden, die übrigen beiden waren die *Ausstellung von Holzschnitten und Plastiken Robert Hainards (Schweiz)* sowie die *Ausstellung bulgarischer Grafik und Illustration*.[20] 1957 wurden neben *Das Plakat der BRD* in der Zachęta noch drei weitere Ausstellungen aus dem Ausland gezeigt: *Ausstellung belgischer Kunst des 19. und 20. Jahrhunderts*, *Ausstellung jugoslawischer zeitgenössischer Kunst* sowie *Grafische Kunst der USA*.

Wenn man die Daten aus dem Veranstaltungskalender des CBWA zusammenfasst, so fallen zwei Aspekte der damaligen Ausstellungspolitik auf. Erstens wurde 1956 und 1957 im Gebäude der Zachęta keine einzige Ausstellung mit sowjetischer Kunst veranstaltet, zu einer solchen kam es in den Sälen des CBWA erst im Oktober 1958, im Rahmen der *Ausstellung zeitgenössischer sowjetischer bildender Kunst*. Zweitens war die *Ausstellung der Arbeiten von Grafikern aus der Bundesrepublik Deutschland* 1956 die erste Sammelausstellung, die Kunst aus Westdeutschland in einer staatlichen Kunstgalerie präsentierte. Der polnische Kunstkritiker Ignacy Witz schrieb darüber:

> »Die schöne Ausstellung bundesdeutscher Grafiker ist keine repräsentative Ausstellung der schwarz-weißen Kunst in diesem Land. Sie ist vielmehr die Ausstellung einer Gruppe von Künstlern, die ihre Arbeiten dem polnischen Betrachter zeigen wollten. Aber es ist die erste Ausstellung westdeutscher Künstler in Nachkriegspolen. Von ihrer Bedeutung und ihrem Rang für die Anknüpfung von Kontakten muss wohl niemand eigens überzeugt werden.«[21]

---

20 ROCZNIK C.B.W.A. 1956 (wie Anm. 1), S. 20.
21 Ignacy Witz: Na ścianach »Zachęty«. Graficy NRF. In: ŻYCIE WARSZAWY vom 15. März 1956, S. 6.

Die Ausstellung der Arbeiten von Grafikern aus der Bundesrepublik Deutschland (1956)

Die Ausstellung bundesdeutscher Grafik wurde vom 25. Februar bis 21. März 1956 im CBWA gezeigt und von 23.312 Personen besucht. Zuvor hatten sie 5.123 Personen im Nationalmuseum Posen gesehen (24. Januar bis 19. Februar 1956).[22] Auf Einladung des KWKZ kamen drei Teilnehmende der Ausstellung persönlich zur Eröffnung nach Posen: Otto Pankok, Max Körner und Hildegard Peters.[23] Man organisierte für sie eine Besichtigung von Posen und Rogalin sowie Besuche in Künstlerateliers, und Körner sowie Peters fuhren auch noch nach Krakau. Während einer Diskussion im Posener Nationalmuseum »sprachen die Gäste u. a. über die beachtlichen Errungenschaften polnischer Grafiker auf dem Gebiet des Plakats. Es hat – nach Meinung der deutschen Grafiker – im Westen Europas einen hervorragenden Ruf.«[24] In Warschau wurden die deutschen Künstlerinnen und Künstler von Peters vertreten (Abb. 2). Bei der Ausstellungseröffnung verlas sie auch einen Brief von Pankok.[25]

Kommissar der Ausstellung war der Maler und Grafiker Roman Artymowski.[26] Von polnischer Seite war er der Mittelsmann zu den Künstlerkreisen der Bundesrepublik. In der zweiten Jahreshälfte 1956 nahm er an der internationalen Ausstellung der Gruppe »Der Rote Reiter« im bayerischen Traunstein teil.[27] Die Funktion des Kommissars der vom CBWA organisierten Ausstellungen hatte nicht viel mit dem heutigen Status eines Kurators zu tun. Kommissare von polnischen und ausländischen Ausstellungen waren meist Künstler, die die jeweilige Kunstgattung

---

22 ROCZNIK C.B.W.A. 1956 (wie Anm. 1), S. 20.

23 [PAP]: Artyści graficy z NRF przybyli do Polski. In: TRYBUNA LUDU vom 11. Februar 1956, S. 6.

24 [t. h. n.]: Kierunek Kraków–Warszawa. In: GŁOS WIELKOPOLSKI vom 17. Februar 1956, S. 4.

25 [PAP]: W Warszawie otwarto wystawę prac grafików z NRF. In: TRYBUNA LUDU vom 26. Februar 1956, S. 4.

26 ROCZNIK C.B.W.A. 1956 (wie Anm. 1), S. 20.

27 Künstlergruppe »Roter Reiter«: Internationale Ausstellung 1956. Malerei, Grafik, Plastik. Traunstein 1956. Siehe auch Hinweise über die Beteiligung Artymowskis an den Ausstellungen der Gruppe »Der Rote Reiter«: Wystawa prac Romana Artymowskiego, Ausstellungs-Flugblatt. Galeria Sztuki Nowoczesnej »Krzywe Koło« (Februar–März 1959). Warszawa, 1959; [grt]: Czego do swej sztuki potrzebuje Roman Artymowski. In: EXPRESS WIECZORNY vom 1./2. März 1959, S. 4; Roman Artymowski, malarstwo, Ausstellungskatalog. Biuro Wystaw Artystycznych, Kraków (Oktober 1985), Biuro Wystaw Artystycznych, Poznań (Januar 1986), Centralne Biuro Wystaw Artystycznych »Zachęta« (Februar 1986). Warszawa 1985, unpag.; Słońce nad pustynią. Motywy arabskie w twórczości Romana Artymowskiego (1919–1993). Hrsg. von Jacek Macyszyn und Józef Grabski. Kraków 2004, S. 158.

Abb. 2: Hildegard Peters bei der Eröffnung der *Ausstellung der Arbeiten von Grafikern aus der Bundesrepublik Deutschland*, Warschau (1956). Bild: Zachęta – Staatliche Kunstgalerie, Warschau.

vertraten, z. B. waren Grafikerinnen oder Grafiker Kommissare von Grafik- oder Plakatausstellungen. In der Warschauer »Ausstellungsfabrik« wurden Kunsthistorikerinnen und Kunsthistoriker beschäftigt, doch die Funktion Kommissar oder Kurator gab es in der Organisationsstruktur nicht (diese Lage änderte sich erst in der zweiten Hälfte der 1970er Jahre). Es wurde lediglich eine Realisationsabteilung eingerichtet, deren Leiter die externen Kommissare in enger Zusammenarbeit mit dem Direktor, dem Ministerium für Kultur und Kunst sowie dem Bund Polnischer Bildender Künstler »festlegte«.[28] Im Falle der *Ausstellung der Arbeiten von Grafikern aus der Bundesrepublik Deutschland* war zusätzlich das KWKZ in die Entscheidungen einbezogen.

Bei der Ausstellung wurden 155 grafische Arbeiten von 25 deutschen Künstlerinnen und Künstlern präsentiert (Artur Buschmann, Willi Dirx, Otto Dix, Otto

---

28 Archiv der Zachęta – Narodowej Galerii Sztuki, Warszawa. Regulamin organizacyjny Centralnego Biura Wystaw Artystycznych, 9. Mai 1968, unterschrieben: Zastępca Dyrektora Władysław Blinkiewicz, S. 10.

Eglau, Willi Geiger, Erich Heckel, Bernhard Hergarden, Walter Herzger, Karl Hubbuch, Fritz Husmann, Karl Kluth, Alfred Kubin, Max Körner, Alfred Mahlau, Rolf Müller-Landau, Hans Orlowski, Otto Pankok, Hildegard Peters, Emy Roeder, Jupp Rübsam, Werner vom Scheidt, Christa von Schnitzler-Croissant, Eylert Spars, Hermann Teuber und Max Peiffer Watenphul).[29] Im Katalog wurde ein Verzeichnis der ausgestellten Arbeiten veröffentlicht, aber nur 13 von ihnen wurden hier auch reproduziert.[30] Die Rezensionen der polnischen Presse bildeten meistens Arbeiten von Dix, Pankok und Geiger, aber auch von Roeder und Husmann ab (Abb. 3). Gleichzeitig hieß es, dass »die Ausstellung bundesdeutscher Grafik keinesfalls eine Ausstellung junger Künstler« sei.[31] In der Tat überwogen Arbeiten von Grafikern der älteren Generation, die bereits vor dem Zweiten Weltkrieg aktiv waren (z. B. Dix, Geiger, Heckel, Kubin, Pankok und Roeder).

Der kleine Katalog beginnt mit einer Einleitung von Jan Białostocki, der seit 1956 Kustos der Galerie für Ausländische Kunst des Nationalmuseums in Warschau war. Er hob hervor, dass die Ausstellung »eine der ersten Gelegenheiten ist, nach vielen Jahren mit dem aktuellen Schaffen von Künstlern der Bundesrepublik Deutschland zusammenzutreffen«, auch wenn sie »kein erschöpfendes und vollständiges Bild« biete.[32] 1956 veröffentlichte Białostocki seine Monografie über Albrecht Dürer, der zu einer zentralen Bezugsgröße in der Einleitung zum Katalog der *Ausstellung der Arbeiten von Grafikern aus der Bundesrepublik Deutschland* wurde. Der auf die europäische Kunst der Neuzeit spezialisierte polnische Kunsthistoriker skizziert hier nämlich die Geschichte der deutschen Grafik seit der Entstehung des Buchdrucks, »der unverbrüchlich mit dem Namen Gutenberg verbunden ist«, erinnert an den »Höhepunkt der deutschen Grafik im Schaffen von Albrecht Dürer und Hans Holbein« und an die grafischen Techniken, wie sie die deutschen Impressionisten und Meister der Radierung verwendeten – wie Max Liebermann, Lovis Corinth und Max Slevogt, aber auch deutsche Expressionisten wie Emil Nolde, Ernst Ludwig Kirchner, Max Pechstein und Erich Heckel.[33] Diesen Teil der Einleitung schließt der Name Käthe Kollwitz ab, der »genügt, um selbst einem wenig kenntnisreichen Leser die Bedeutung der Grafik in der deutschen Kunst des letzten halben

---

29 Wystawa prac grafików z Niemieckiej Republiki Federalnej, Ausstellungskatalog. Centralne Biuro Wystaw Artystycznych. Warszawa 1956, S. 6–12.

30 Artur Buschmann, Willi Dirx, Otto Dix, Otto Eglau, Willi Geiger, Fritz Husmann, Rolf Müller-Landau, Hans Orlowski, Otto Pankok, Emy Roeder, Werner vom Scheidt, Eylert Spars, Hermann Teuber.

31 Hanna Szczawińska: Wystawa plastyków NRF. In: Słowo Powszechne vom 19. März 1956, S. 4.

32 Jan Białostocki: [ohne Titel]. In: Wystawa prac grafików z Niemieckiej Republiki Federalnej (wie Anm. 29), S. 5.

33 Ebenda, S. 3.

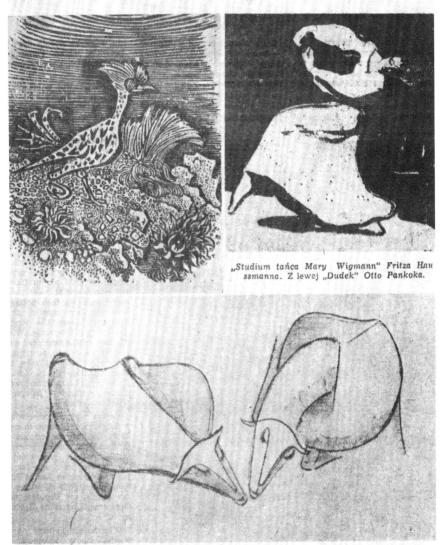

Abb. 3: Arbeiten von Otto Pankok, Fritz Husmann und Emy Roeder, die auf der *Ausstellung der Arbeiten von Grafikern aus der Bundesrepublik Deutschland*, Warschau (1956) zu sehen waren. Bild: Trybuna Wolności vom 4. März 1956.

Jahrhunderts zu vergegenwärtigen«.[34] Zu ergänzen ist, dass das grafische und bild-hauerische Schaffen von Käthe Kollwitz der polnischen Öffentlichkeit aufgrund einer CBWA-Ausstellung im Jahre 1951 gut bekannt war. Arbeiten der im April 1945 verstorbenen Künstlerin wurden von der polnischen Kunstkritik der 1950er Jahre gerne herangezogen, um den sozialistischen Realismus zu legitimieren.[35]

Białostocki kommt dann auf die *Ausstellung der Arbeiten von Grafikern aus der Bundesrepublik Deutschland* zu sprechen und hebt hervor, dass die Schau »keinen einheitlichen Charakter hat: Es gibt hier Grafiker, die in der Vergangenheit ver-schiedenen Gruppen angehört haben und aus unterschiedlichen künstlerischen Traditionen stammen.«[36] Von den 25 Teilnehmenden der Ausstellung nennt er na-mentlich lediglich neun. Er rechnet die Arbeiten von Pankok, Herzger und Dirx zu den expressionistischen Traditionen, jene von Roeder lassen ihn an die Kunst von Franz Marc und der Gruppe »Der Blaue Reiter« denken, und Müller-Landaus Grafiken nennt er »disziplinierte Bauhaus-Kunst«.[37] Am umfassendsten reflektiert er über Kubin, einen »ungemein originellen Vorläufer des Surrealismus«, sowie über die Arbeiten von Dix.

In einem Duktus, der für die damalige polnische Kunstkritik durchaus cha-rakteristisch ist, hebt er die Antikriegs-Botschaft im Schaffen von Dix hervor so-wie dessen »Antiformalismus« und »Objektivität«. Der Name Dix – argumentiert Białostocki weiter – »wird mit der rücksichtslosesten und drastischsten Anklage des Ersten Weltkriegs assoziiert, zu der sich die deutsche bildende Kunst aufgerafft hat. […] Zusammen mit Grosz und seiner Kritik der Sitten, mit Brecht und seiner ›Trommel in der Nacht‹ [sic!], mit den Grafiken von Käthe Kollwitz und den Plas-tiken Barlachs hat sich die Kunst von Dix damals sowohl gegen die Kriegs- und Nachkriegswirklichkeit ausgesprochen als auch gegen die formale Kunst eines Kan-dinsky und Paul Klee.«[38] In der polnischen Presse wurde Dix vor allem als Vertreter der Neuen Sachlichkeit gesehen und – neben Kollwitz, Ernst Barlach und John Heartfield – als Kritiker der »gesellschaftlichen Widersprüche« in Deutschland.[39]

Białostockis Einleitung zeichnet sich dadurch aus, dass sie versucht, die realis-tischen Aspekte der gegenwärtigen deutschen Kunst gegenüber der »Abstraktion« aufzuzeigen. Die Uneinheitlichkeit der Ausstellung zeuge vom »vielfältigen Su-chen nach einer Sprache und einem Ausdruck, und zwar nicht auf dem Weg der

---

34 Ebenda.

35 Zu dieser Ausstellung siehe Stanisław Welbel: Käthe Kollwitz and Otto Nagel: Two Exhi-bitions of »Progressive Artists« at the Zachęta in the Framework of Cultural Cooperation with the German Democratic Republic. In: Ikonotheka (wie Anm. 17), S. 111–136.

36 Białostocki (wie Anm. 32), S. 4.

37 Ebenda.

38 Ebenda.

39 Siehe z. B. Stefan Morawski: Otto Dix (Z okazji berlińskiej wystawy w maju 1957 roku). In: Przegląd Artystyczny (1957) Nr. 6, S. 32.

Abstraktion, sondern auf dem Weg eines Erlebens der Realität und ihrer künstlerischen Transposition«.[40] Die Skizzierung eines breiten historischen Hintergrunds der deutschen Grafik, die Hervorhebung der überwiegenden Präsenz von Altmeistern der grafischen Kunst sowie das ausgewogene Urteil über die Ausstellung sind Motive aus Białostockis Einleitung, die sich gelegentlich – fast wortwörtlich wiederholt oder auch propagandistisch verstärkt – in den Zeitungskommentaren zur *Ausstellung der Arbeiten von Grafikern aus der Bundesrepublik Deutschland* wiederfinden. Ein Rezensent der Głos Pracy erinnert an die große Tradition der deutschen Grafik (Dürer, Holbein), an die expressionistischen Tendenzen an der Wende zum 20. Jahrhundert, an die der polnischen Öffentlichkeit gut bekannte Kollwitz, und von den Ausstellungsbeteiligten nennt er lediglich Pankok, Kubin und Dix.[41] Ignacy Witz, ein Künstler und Kunstkritiker, der in Życie Warszawy schrieb, gibt unumwunden zu, dass er die Bemerkungen des Kunsthistorikers nutzt:

> »Der Verfasser des Vorworts, Jan Białostocki, berührt hier […] eine überaus richtige und wesentliche Sache. Indem er zutreffend auf das künstlerische Erbe in Deutschland hinweist, berücksichtigt und unterstreicht er die besondere Rolle der Grafik in der Geschichte der Kunst dieser Nation.«[42]

Auf ähnliche Aspekte konzentriert sich die Rezensentin der Trybuna Mazowiecka, die – so wie Białostocki – bei Gutenberg, Dürer und Holbein beginnt, den Namen Dix in einem Zug mit denen von Barlach, Grosz und Brecht nennt sowie auf die Arbeiten von Pankok, Eglau und Peters zu sprechen kommt. Am meisten Platz widmet sie jedoch einer Künstlerin, die in der Ausstellung von 1956 nicht vertreten war, mehr noch, sie verfälscht Fakten aus ihrer Biografie:

> »In dieser Ausstellung stand mir […] das Gesicht der Revolutionärin Käthe Kollwitz vor Augen, der größten Künstlerin des letzten halben Jahrhunderts deutscher Grafik. Käthe Kollwitz ist vor elf Jahren vom deutschen Faschismus ermordet worden [sic!]. Aber wenn sie heute vor den Künstlern aus diesem Teil Deutschlands stünde, wo der Faschismus noch nicht ausgestorben ist, müsste sie fragen: Wem dient eigentlich eure Kunst, was enthält die schöne Form eurer Werke? Denn zwar gibt es in dieser Kunst menschliches Leben – doch gibt es hier kein Leben der Nation, es gibt zwar eindringliche Beobachtungen von Individuen – aber keine Beobachtung der Massen.«[43]

---

40 Białostocki (wie Anm. 32), S. 4.

41 [K]: Ciekawa, dojrzała różnorodność. In: Głos Pracy vom 27. Februar 1956, S. 4.

42 Witz (wie Anm. 21), S. 6.

43 Barbara Olszewska: Piękno ograniczone (Z wystawy prac grafików Niemieckiej Republiki Federalnej). In: Trybuna Mazowiecka vom 2. März 1956, S. 5. Dieselbe Rezension auch in: Gazeta Białostocka vom 1. März 1956, S. 3; Trybuna Opolska vom 3./4. März 1956, Kulturbeilage vom 3. März 1956, S. 2.

In der zitierten Kritik (die *nota bene* als einzige zweimal in der polnischen Regionalpresse nachgedruckt wurde) finden sich Anspielungen auf die damals verschärften politischen Spannungen im Kalten Krieg. Die *Ausstellung der Arbeiten von Grafikern aus der Bundesrepublik Deutschland* fand einige Monate nach der Unterzeichnung des Warschauer Pakts statt, der Antwort des »Ostblocks« auf die Militarisierung der Bundesrepublik. Im Mai 1955 war »dieser Teil Deutschlands, wo der Faschismus noch nicht ausgestorben ist«, der Nato beigetreten. Im März 1956 wiederholten sich in der polnischen Presse immer wieder Kommentare, die auf dieses Ereignis anspielten. In derselben Nummer der Trybuna Mazowiecka (dem Organ des Warschauer Woiwodschaftskomitees der PVAP, in dem die Zachęta-Ausstellungen besprochen wurden) findet sich ein Artikel, der die Außenpolitik der Bundesrepublik kritisiert: »Indem sie ihre Kraft aus dem Bündnis mit Washington bezieht, stößt Adenauers Wiederbewaffnungspolitik auf großen Widerstand in der deutschen Bevölkerung.«[44]

Es sollte auch darauf hingewiesen werden, dass es für die Rhetorik der Texte, die zu deutschen Ausstellungen im CBWA in den 1950er und 1960er Jahren erschienen, typisch war, die Außenpolitik der DDR und der Bundesrepublik gegeneinander auszuspielen. Das Argument von der »westdeutschen Gefahr der Revanchepolitik und des Militarismus« kehrt z. B. 1964 wieder, im Katalog einer John-Heartfield-Ausstellung. Im CBWA wurde er als Künstler aus der DDR präsentiert, dessen Fotomontagen aus der Zeit der Weimarer Republik nach dem Zweiten Weltkrieg eine Warnung vor dem Krieg, vor Militarismus und Kapitalismus darstellen sollten.[45]

Ein Vergleich der Kunst aus der DDR und der Bundesrepublik ist in den Kommentaren zur *Ausstellung der Arbeiten von Grafikern aus der Bundesrepublik Deutschland* allerdings nicht die Regel. Eine Ausnahme ist eine Kritik im Słowo Powszechne, in der die Verfasserin sich auf eine Ausstellung von DDR-Gebrauchsgrafik bezieht, die zuvor im Palast für Kultur und Wissenschaft gezeigt worden war:

> »Für Interesse sorgt das deutliche Bild einer Spaltung der ästhetischen Begriffe, die sich in der gegenwärtigen Teilung Deutschlands abbilden. Die DDR-Grafik mit dem hervorragenden, knappen, ausgeglichenen Plakat, das sich durch eine differenzierte künstlerische Konzeption auszeichnet, bezieht sich in der Buchillustration oft auf die Tradition des deutschen Jugendstils. [...] Ein gemeinsames Merkmal [...] der schöpferischen Werkstatt der Grafiker

---

44 Marian Podkowiński: Czy zmierzch adenauerowskiej ery? (korespondencja własna z AR z Bonn). In: Trybuna Mazowiecka vom 2. März 1956, S. 2.

45 Eberhard Bartke; Rudolf Bergander: [Einleitung]. In: Niestety aktualne. Wystawa fotomontaży Johna Heartfielda NRD. Warszawa 1964, unpag.

sowohl aus der DDR als auch aus der Bundesrepublik ist die sehr gute Beherrschung der Zeichnung, die sich auf die Kenntnis der Anatomie stützt.«[46]

Ein Argument, das in Kritiken von bundesdeutschen Ausstellungen wiederkehrt, ist der Hinweis auf die hervorragende Beherrschung der grafischen Techniken, aber interessanter sind – wegen des hier naheliegenden Tauwetter-Kontextes der Ausstellung – die von Kritikerinnen und Kritikern unternommenen Versuche, die Phänomene Kunstströmungen zuzuschreiben, die damals im polnischen kunstgeschichtlichen Diskurs favorisiert wurden. Mit anderen Worten, eine besondere Frage bei der Rezeptionsgeschichte der *Ausstellung der Arbeiten von Grafikern aus der Bundesrepublik Deutschland* ist die Sprache der polnischen Kunstkritik in der Zeit paralleler Fortsetzung und Überwindung der Rhetorik des sozialistischen Realismus.[47] So wurde die Ausstellung als »programmlos«[48] bezeichnet. »Hervorragende Technik« und »Virtuosität der Form« gingen Hand in Hand mit »marginaler« Thematik, »die keine wesentlichen Lebensprobleme Westdeutschlands berührt«.[49]

Im Słowo Powszechne wurde die Ausstellung aus der Bundesrepublik mit Bemerkungen über den »Formalismus« zusammengefasst – ein Schlüsselbegriff für die stalinistische Ästhetik, der abwertend als Gegenteil von Realismus verwendet wurde: »Natürlich, nach den Prügeln, die wir für Formalismus austeilten, wäre es etwas lächerlich, die Rückkehr zu gekünstelten Effekten zu verlangen oder auch zur wortwörtlichen Fortsetzung einer der Richtungen der beschriebenen Grafik.«[50] In einer anderen Kritik wurde das Fehlen von Tendenzen positiv hervorgehoben, die von der Doktrin des sozialistischen Realismus verurteilt wurden (Naturalismus, Formalismus, Abstraktionismus). In der Ausstellung fehle es »an allen naturalistischen Tendenzen, die bei uns leider immer noch oft herumgeistern. Wir sehen auch – mit einigen Ausnahmen – keine völlig abstrakten Arbeiten.«[51]

Ein eigenes Problem ist, inwieweit polnische Kritiker den Expressionismus in der deutschen Kunst schätzten. Andrzej Osęka argumentiert, dass sich in der

---

46 Szczawińska (wie Anm. 31), S. 4.

47 Siehe z. B. Piotr Juszkiewicz: Od rozkoszy historiozofii do »gry w nic«. Polska krytyka artystyczna czasu odwilży. Poznań 2005; Elżbieta Kal: »Tego się nie krytykuje, na kogo się nie liczy«. Polska krytyka artystyczna okresu realizmu socjalistycznego. Słupsk 2010.

48 Mirek Kijowicz: Wrażenia z wystawy grafiki NRF. In: Przegląd Kulturalny vom 15.–21. März 1956, S. 5.

49 Elżbieta Sztekker: Wystawa grafiki z Niemieckiej Republiki Federalnej. In: Żołnierz Wolności vom 23. März 1956, Beilage vom 23. März 1956, S. 1.

50 Szczawińska (wie Anm. 31), S. 4. Zum Formalismus siehe z. B. Grzegorz Wołowiec: Formalizm – naturalizm. In: Słownik realizmu socjalistycznego. Hrsg. von Zdzisław Łapiński und Wojciech Tomasik. Kraków 2004, S. 70.

51 Sztekker (wie Anm. 49), S. 1.

Ausstellung zwei Strömungen des Expressionismus fänden, die sich nach dem Ersten Weltkrieg entwickelt hätten: Die »gegenständliche« Richtung, die soziale Fragen aufgreift, sowie die abstrakte Strömung.[52] Der Expressionismus, der nach Auffassung des Kritikers in der Ausstellung überwog, sei zugleich mit der politischen Geschichte Deutschlands eng verbunden: Die Ausstellung sei »außerordentlich interessant als Fortsetzung von etwas, was der deutsche Faschismus mit Feuer und Schwert ausgemerzt hat – eine Fortsetzung der Expressionismus genannten Strömung«.[53] Osęka ist also der Meinung, dass »die interessanteste Gruppe von Arbeiten in der Ausstellung die Werke von vier Fortsetzern des Expressionismus sind – Pankok, Herzger, Hubbuch und Dirx, interessanter wohl als die Werke der in allen Lehrbüchern genannten Mitbegründer dieser Strömung – Erich Heckel und Otto Dix«.[54] Der polnische Kritiker nimmt zugleich die Nachkriegs-Legitimation des Expressionismus als einer Kunst vor, die in Deutschland in der zweiten Hälfte der 1930er Jahre als »Entartete Kunst« gegolten hatte – »einst von den Faschisten aus Gründen des in ihr enthaltenen sozialen und emotionalen Inhalts verboten« – und heute in Westdeutschland wiederauflebe.[55]

Aus der Sicht der modernen Forschungen über Ausstellungsgeschichte gesehen, in denen die politischen Umstände des internationalen Austauschs hervorgehoben werden, frappiert eine Kritik, die im Przegląd Kulturalny veröffentlicht wurde. Ihr Verfasser beginnt sofort mit einer Kritik des bisherigen Programms der im CBWA gezeigten ausländischen Ausstellungen:

> »Es ist zur Tradition geworden, dass die große Mehrheit der künstlerischen Ereignisse in der Zachęta aus einem engen Ausstellungsprogramm hervorgegangen ist, das zutiefst in den Bereich der politischen Angelegenheiten einbezogen war, ja ihre deutliche ideologisch-didaktische Auslegung darstellte. Es fanden hier Ausstellungen entweder von der Sorte ›Fortschrittliche Künstler im Kampf um den Frieden‹ und ›Kunst der Mexikanischen Nationalfront der Bildenden Künste‹ oder von ihrer Tendenz her ebenso festgelegte monografische Ausstellungen statt wie von Renato Guttuso, Paul Hogarth usw.«[56]

Das kritische Urteil über die bisherigen »ideellen« ausländischen Ausstellungen im CBWA, aber auch die vor diesem Hintergrund erfolgte Bewertung der

---

52 Andrzej Osęka: Wystawa grafiki zachodnio-niemieckiej. In: Sztandar Młodych vom 9. April 1956, S. 4.
53 Ebenda.
54 Ebenda.
55 Ebenda.
56 Kijowicz (wie Anm. 48), S. 5.

Grafik-Ausstellung aus der Bundesrepublik als Schau, die »Elemente moderner Verbildlichung« enthalte,[57] lassen sich zu der Ausrichtung der Kunstpolitik des Przegląd Kulturalny in der Zeit des Tauwetters in Beziehung setzen. Es handelte sich um eine soziokulturelle Wochenschrift, die von 1952 bis 1963 in Warschau erschien (als Organ des Künstlerischen Rats beim Ministerium für Kultur und Kunst, zumindest bis 1956). Sowohl die polnische Literaturwissenschaft als auch die Kunstgeschichte urteilen heute, dass diese Zeitschrift den langsamen Zerfall der Doktrin des sozialistischen Realismus abbilde.[58] Schon seit 1955 fanden hier Diskussionen über die Modernität in den bildenden Künsten statt, und seit 1956 wurden hier Artikel über die westliche Kunst gedruckt.

Einerseits lässt sich also die Kritik am bisherigen Programm der ausländischen Ausstellungen im CBWA als Ausdruck des Tauwetters im Bereich der Kultur interpretieren. So beurteilt vor dem Hintergrund dieses Programms der Kritiker des Przegląd Kulturalny die deutsche Grafik wie folgt: »In dieser Zusammenstellung ist die laufende Ausstellung von grafischen Arbeiten aus der BRD beispiellos. Das Wesen ihres Charakters scheint gerade das Fehlen dieses ideellen Programms zu sein.«[59] Andererseits kann es als Ironie der Geschichte angesehen werden, dass die erste bundesdeutsche Ausstellung in Polen eine der letzten war, die von dem zur Zeit des Stalinismus aktiven KWKZ organisiert wurde (Abb. 4). Alle Ausstellungen, die im Przegląd Kulturalny besprochen wurden, waren solche, die 1954 und 1955 vom KWKZ im CBWA organisiert wurden: *Ausstellung der Arbeiten fortschrittlicher bildender Künstler* (1954), die Ausstellung von Malerei und Zeichnungen von Renato Guttuso (1954) oder auch die *Ausstellung mexikanischer Kunst vom 16. bis zum 20. Jahrhundert* (1955). Mehr noch, die Kritik des Programms der ausländischen Ausstellungen im CBWA im Przegląd Kulturalny fällt mit der Politik einer Dezentralisierung des internationalen kulturellen Austauschs in der Volksrepublik Polen zusammen. Schon Ende 1954 wurde die Auflösung des KWKZ erwogen, die 1956 schließlich erfolgte. Einen Teil seiner Aufgaben übernahm das Auslandsbüro beim Ministerium für Kultur und Kunst.[60]

---

57 Ebenda.

58 Siehe Grzegorz Wołowiec: Przegląd Kulturalny. In: Słownik realizmu socjalistycznego (wie Anm. 50), S. 230; Tadeusz Adamowicz: Przegląd Kulturalny. In: Polskie życie artystyczne w latach 1945–1960. Hrsg. von Aleksander Wojciechowski. Wrocław, Warszawa, Kraków 1992, S. 429.

59 Kijowicz (wie Anm. 48), S. 5.

60 Lisiecka (wie Anm. 17), S. 215.

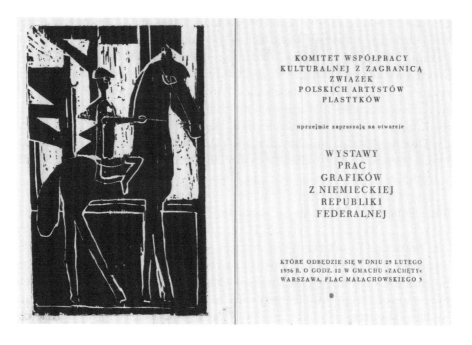

KOMITET WSPÓŁPRACY
KULTURALNEJ Z ZAGRANICĄ
ZWIĄZEK
POLSKICH ARTYSTÓW
PLASTYKÓW

uprzejmie zapraszają na otwarcie

WYSTAWY
PRAC
GRAFIKÓW
Z NIEMIECKIEJ
REPUBLIKI
FEDERALNEJ

KTÓRE ODBĘDZIE SIĘ W DNIU 25 LUTEGO
1956 R. O GODZ. 12 W GMACHU »ZACHĘTY«
WARSZAWA, PLAC MAŁACHOWSKIEGO 5

Abb. 4: Einladungskarte zur *Ausstellung der Arbeiten von Grafikern aus der Bundesrepublik Deutschland*, Warschau (1956). Bild: Zachęta – Staatliche Kunstgalerie, Warschau.

Das Plakat der BRD (1957)

Vom 21. November bis zum 5. Dezember 1957 wurde im CBWA die Ausstellung *Das Plakat der BRD* gezeigt.[61] Auf der Einladung zur Ausstellung, die von 13.097 Personen besucht wurde, werden als Organisatoren lediglich der Bund der Polnischen Bildenden Künstler (ZPAP) sowie das CBWA genannt (Abb. 5). Damals gab es das KWKZ nicht mehr. Im Katalog wird auch hervorgehoben, dass die Ausstellung Ergebnis einer direkten Zusammenarbeit zwischen dem ZPAP und dem Bund Deutscher Gebrauchsgraphiker war, insbesondere mit Eberhard Hölscher, der von 1948 bis 1965 Vorsitzender des Verbandes war.[62]

Die Ausstellung bestand aus 116 Plakaten von 66 Grafikerinnen und Grafikern. Der kleine Katalog enthält lediglich eine kurze Einführung, einen Essay von

---

61 Im Jahrbuch des CBWA wird als Eröffnungsdatum der 18. November genannt, auf der Einladung der 21. November. Siehe Rocznik C.B.W.A. 1957 (wie Anm. 14), S. 22.

62 Plakat NRF, Ausstellungskatalog. Centralne Biuro Wystaw Artystycznych. Warszawa 1957, unpag. [S. 3].

ZAPROSZENIE

ZWIĄZEK POLSKICH ARTYSTÓW PLASTYKÓW

CENTRALNE BIURO WYSTAW ARTYSTYCZNYCH

PROSZĄ UPRZEJMIE O PRZYBYCIE NA WERNISAŻ

WYSTAWY „PLAKAT N.R.F".

21 LISTOPADA 1957 R. O GODZ. 20 W »ZACHĘCIE«

WARSZAWA, PLAC MAŁACHOWSKIEGO 3

Abb. 5: Einladungskarte zur Ausstellung *Das Plakat der BRD*, Warschau (1957).
Bild: Zachęta – Staatliche Kunstgalerie, Warschau.

Hölscher sowie eine Liste der Plakate. Es werden die Namen der Künstlerinnen und Künstler genannt, aber weder die Titel noch die Entstehungsdaten der einzelnen Werke – nur eine allgemeine thematische Zuordnung wie etwa »Theaterplakat«. Aus Hölschers Essay ist allerdings zu erfahren, dass die meisten Plakate im Laufe der vergangenen fünf Jahre entstanden waren.[63] Drei bedeutende polnische Grafiker waren beauftragt worden, die Warschauer Ausstellung grafisch zu gestalten. Henryk Tomaszewski schuf das Plakat zur Ausstellung, den Katalogumschlag entwarf Waldemar Świerzy (Abb. 6), die moderne Typografie Wojciech Zamecznik (Abb. 7).[64]

---

63 Eberhard Hölscher: Nowa niemiecka twórczość plakatowa. In: Plakat NRF (wie Anm. 62), unpag. [S. 6].
64 Plakat NRF (wie Anm. 62), unpag. [S. 2]. Im Katalog sind zehn Plakate veröffentlicht: Felix Müller und Karl Oskar Blase, Ausstellungsplakat (Hausgerät aus USA), Richard Blank, Fremdenverkehrsplakat (Berlin: sehen, kennen, lieben), Atelier Lohrer, Fremdenverkehrsplakat (Deutschland, Dome und Kirchen), Sigrid und Hans Lämmle, Plakat einer Lebensmittelgenossenschaft (Konsum, Miteinander – füreinander), Karl Heinz Gottstein, Karnevalsplakat (Nachtwandler), Walter Brudi, Plakat für eine Kunstausstellung (Graphische Ausstellung »Stuttgarter Schule«, Tübinger Kunstgebäude, 1948), Alfred Haller, Plakat für eine Kunstausstellung (Junge Künstler Baden-Württemberg, Kunstpreis der Jugend, 1955), [Gerta und] Alfred Haller, Zirkusplakat (Barlay), Walter Breker, Ausstellungsplakat (Ausstellung Raum+Gerät, 1952), Hans Förtsch, Theaterplakat (David und Goliath, Maxim Gorki Theater).

Abb. 6: Katalog zur Ausstellung *Das Plakat der BRD*, Warschau (1957),
Entwurf: Waldemar Świerzy. Bild: Zachęta – Staatliche Kunstgalerie, Warschau.

Abb. 7: Doppelseite aus dem Katalog zur Ausstellung *Das Plakat der BRD*, Warschau (1957),
Typografie: Wojciech Zamecznik. Bild: Zachęta – Staatliche Kunstgalerie, Warschau.

Im Katalog wurde die Bedeutung des Austauschs von Plakatausstellungen zwischen der Volksrepublik Polen und der Bundesrepublik Deutschland hervorgehoben:

> »Die Ausstellung von bundesdeutschen Plakaten in Warschau wie auch die Ausstellungen mit polnischen Plakaten, die im letzten Jahr in zahlreichen Städten der Bundesrepublik Deutschland stattgefunden haben, stellen eine gute Gelegenheit zum Austausch künstlerischer Erfahrungen dar und sind Ausdruck für die Entwicklung freundschaftlicher Kontakte zwischen den Künstlern beider Länder.«[65]

Eine bedeutende Rolle in diesem beiderseitigen Austausch spielte der bereits genannte Eberhard Hölscher, der u. a. Verfasser der Einleitungen zu den Katalogen *Polnische Plakate* (1956) sowie *Polnisches Plakat* in West-Berlin war (1957, Abb. 8).[66] Nicht zufällig hob Hölscher im Katalog der Warschauer Ausstellung hervor, dass »wir in Deutschland mehr als nur einmal die Gelegenheit hatten, unsere Anerkennung für die ausgezeichneten Leistungen polnischer Plakatkünstler auszudrücken«.[67]

Hölscher skizziert auch die Nachkriegsgeschichte des deutschen Plakats:

> »Das deutsche künstlerische Plakat, das zur Tradition der deutschen Kunst gehört, hatte in der nationalsozialistischen Zeit keine Entwicklungsmöglichkeiten, und nach den katastrophalen Folgen des Zweiten Weltkriegs folgte sein völliger Niedergang. […] Erst als das Leben in normale, ordentlichere Gleise zurückzukehren begann, konnten die Künstler wieder Plakate schaffen, anfangs Kulturplakate, später andere. Seit ungefähr acht Jahren ist das Entstehen des neuen deutschen Plakats zu beobachten.«[68]

Gedruckte Quellen wie das Jahrbuch des CBWA nennen nur eine größere Besprechung sowie zwei Erwähnungen in der polnischen Presse.[69] Im Vergleich zur Zahl der Kritiken der Ausstellung der bundesdeutschen Grafiker von 1956 war

---

65 Ebenda, unpag. [S. 3].

66 In beiden Katalogen gibt es dieselbe Einleitung von Hölscher sowie denselben Essay von Józef Mroszczak. Vgl. Eberhard Hölscher: Zum Geleit; Józef Mroszczak: Über das Plakat. In: Polnische Plakate. Entwurf und Gestaltung: Max Körner. [Warszawa 1956], S. 1–4; Polnisches Plakat. West-Berlin 1957, unpag. [S. 3–8]. In den Ausstellungen wurden vor allem Filmplakate, aber auch Theaterplakate, Gesellschaftsplakate sowie Ausstellungsplakate von Künstlerinnen und Künstlern wie Roman Cieślewicz, Wojciech Fangor, Tadeusz Gronowski, Jan Lenica, Eryk Lipiński, Jan Młodożeniec, Józef Mroszczak, Julian Pałka, Olga Siemaszkowa, Jerzy Srokowski, Waldemar Świerzy, Henryk Tomaszewski, Tadeusz Trepkowski, Ignacy Witz und Wojciech Zamecznik gezeigt.

67 Hölscher (wie Anm. 63), unpag. [S. 6].

68 Ebenda, unpag. [S. 5f.].

69 Rocznik C.B.W.A. 1957 (wie Anm. 14), S. 22.

Abb. 8: Katalog zur Ausstellung *Polnisches Plakat*, West-Berlin (1957).
Bild: Zachęta – Staatliche Kunstgalerie, Warschau.

die offizielle Rezeption offenbar marginal. Szymon Bojko, ein Kunsthistoriker und -kritiker, Kenner des modernen Plakats, merkte an, dass »dies bereits der zweite Überblick der zeitgenössischen westdeutschen Kunst nach dem Krieg (im letzten Jahr die Grafik-Ausstellung)« sei. Seine Kritik enthält Reproduktionen von Plakaten von Hans Förtsch sowie Sigrid und Hans Lämmle.[70] Der Kritiker würdigt die für Handels- und Industriebetriebe entworfenen Plakate, aber auch die Plakate von Walter Brudi und Walter Breker, die sich durch »eine bedeutende grafische Kultur« auszeichneten und »mit Erfolg die alten Traditionen der deutschen Grafik und eine hervorragende Typografie fortsetzen«.[71] Den meisten Raum widmet Bojko allgemeinen Erörterungen über das hohe technische Niveau des deutschen Plakats, darunter auch der Verwendung von »leuchtenden Farben«: »Hängen wir ein solches Plakat an einem grauen Regentag auf, so wird es wie Neon wirken.«[72] Er schätzt auch das deutsche System der »jährlichen Preise und Auszeichnungen

---

70 Szymon Bojko: Pomiędzy tradycjonalizmem a nowoczesnością. In: Trybuna Literacka vom 1. Dezember 1957, S. 3.
71 Ebenda.
72 Ebenda.

für Künstler und Verleger« hoch ein, das zur Entwicklung der Plakatkunst beitrage, sowie ebenfalls die popularisierende Rolle der Zeitschriften, die sich auf grafische Themen spezialisiert haben: Gebrauchsgraphik und Graphik. Wie er anmerkt, sind in diesen Organen »mehrfach umfangreiche Berichte über das polnische Plakat erschienen, die sich durch großes Wohlwollen und Anerkennung für unsere Künstler auszeichnen«.[73]

In den Archivalien zu den Zachęta-Ausstellungen haben sich acht Fotografien erhalten, die ein modernes Ausstellungsambiente zeigen, das sich von der allgemeinen im CBWA in den 1950er Jahren herrschenden Praxis abhebt (Abb. 9). Interessanterweise wird im Jahrbuch des CBWA eine Aufnahme der Ausstellung *Das Plakat der BRD* mit einer der Ausstellung *Die grafische Kunst der USA* zusammengestellt, die im selben Jahr im CBWA stattfand (9. Dezember 1957 bis 6. Januar 1958).[74] Die erste Zachęta-Ausstellung von Zeichnungen, Grafiken und Aquarellen aus US-amerikanischen Sammlungen (u. a. aus dem Metropolitan Museum of Art), die Arbeiten von Künstlern wie Mary Cassatt, James Abbott McNeill Whistler, Edward Hopper oder Georgia O'Keeffe enthielt, scheint visuell als Ausstellungsprojekt weniger attraktiv gewesen zu sein als die dynamische Anordnung der bundesdeutschen Plakate (Abb. 10). Die amerikanische Ausstellung wurde u. a. wegen der unklaren Hängung der Plakate kritisiert.[75]

Planer der Ausstellung deutscher Plakate war Stanisław Zamecznik, ein bedeutender polnischer Architekt und Ausstellungsmacher, der u. a. für seinen Entwurf des Kohlepavillons auf der Ausstellung zu den »Wiedergewonnenen Gebieten« 1948 in Breslau bekannt ist. Die Ausstellung in der Zachęta 1957 war eine der ersten, in der Zamecznik Wände aus gebogenen Holzfaserplatten vorsah (Abb. 11). Diese Elemente kehrten auch in anderen innovativen Projekten Zamecznik wieder: in der bedeutenden *Ausstellung von Plastiken und Zeichnungen von Henry Moore*, die vom British Council vorbereitet worden war (CBWA, 1959; Abb. 12), sowie in der Warschauer Station der berühmten Wanderausstellung *The Family of Man*, die Fotos aus der amerikanischen Zeitschrift Life zeigte (Redoutensaal des Nationaltheaters, 1959).[76]

---

73 Ebenda.

74 Rocznik C.B.W.A. 1957 (wie Anm. 14), unpag., Abbildungen Nr. 26 und 27.

75 Sztuka graficzna USA. Vorwort: Bohdan Urbanowicz, Centralne Biuro Wystaw Artystycznych. Warszawa 1957; Petra Skarupsky: Sztuka graficzna USA, https://zacheta.art.pl/pl/wystawy/sztuka-graficzna-usa (29.8.2020).

76 Zu Zamecznik Ausstellungsentwürfen siehe den Ausstellungskatalog: Przestrzeń między nami. Hrsg. von Tomasz Fudala und Marianne Zamecznik. Warszawa 2010. Zu den polnischen Stationen von *The Family of Man* siehe Kamila Leśniak: The Family of Man in Poland: An Exhibition as a Democratic Space? In: Ikonotheka (2016) Nr. 26, S. 213–238.

Abb. 9: Ausstellung *Das Plakat der BRD*, Warschau (1957), Ausstellungsgestaltung:
Stanisław Zamecznik. Bild: Zachęta – Staatliche Kunstgalerie, Warschau.

Abb. 10: Ausstellung *Grafische Kunst der USA*, Warschau (1957/58).
Bild: Zachęta – Staatliche Kunstgalerie, Warschau.

Abb. 11: Ausstellung *Das Plakat der BRD*, Warschau (1957), Ausstellungsgestaltung: Stanisław Zamecznik. Bild: Zachęta – Staatliche Kunstgalerie, Warschau.

Abb. 12: *Ausstellung von Plastiken und Zeichnungen von Henry Moore*, Warschau (1959), Ausstellungsgestaltung: Stanisław Zamecznik. Bild: Zachęta – Staatliche Kunstgalerie, Warschau.

Resümee

Die grafischen Künste, auch das Plakat, sind ein Gebiet der Kunst, das in der Tätigkeit des CBWA eine besondere Rolle spielte. In der Zachęta wurde z. B. *Die erste polnische Plakatausstellung* (1953) gezeigt. 1955 fand hier die *II. Allpolnische Ausstellung von Illustration, Plakat und kleinformatiger Grafik* statt, und 1956 die *I. Allpolnische Grafikausstellung*. Gleichzeitig zur *Ausstellung der Arbeiten von Grafikern aus der Bundesrepublik Deutschland* wurde in den Sälen der Zachęta die *Ausstellung bulgarischer Grafik und Illustration* gezeigt (2. bis 21. März 1956, Abb. 13). Entsprechend vorbereitete Zusammenstellungen von Grafiken und Plakaten wurden auch ins Ausland geschickt, so reiste 1956 etwa die *Exhibition of Polish Graphic Art* durch die Vereinigten Staaten und Kanada, und Jan Białostocki schrieb hier wieder die Einleitung für den Katalog (Abb. 14).[77]

Diese Ausstellungspolitik ergab sich aus offiziellen Direktiven, die großteils aus der Abteilung für Agitation und Propaganda des ZK der PVAP stammten und in denen der ideologische und künstlerische Wert von Plakaten und Grafik hervorgehoben wurde. Grafikausstellungen ermöglichten es, sich auf »sichere« Aspekte zu beschränken, auf rein künstlerische Vorzüge oder auf die meisterhafte Beherrschung der verwendeten Techniken. Auf der anderen Seite wurden sie als Demonstrationen propagandistischer und nützlicher Aspekte der angewandten Künste gesehen.[78] Es ist ebenso anzunehmen, dass auf die Vielzahl von Ausstellungen grafischer Kunst – neben den politischen Bedingungen – auch der logistische Aspekt Einfluss hatte. Große Überblicksausstellungen von Malerei und Plastiken aus Museumssammlungen (Abb. 15) waren und sind ein sehr viel komplizierteres organisatorisches Unterfangen als Wanderausstellungen mit Grafiken und Plakaten, also Werken, die viel leichter und kostengünstiger transportiert und die in vielen Exemplaren vervielfältigt und reproduziert werden können.

Die Bedeutung der grafischen Künste in der offiziellen Ausstellungspolitik der Volksrepublik Polen ermöglicht es, den Stellenwert der beiden Grafik- und Plakatausstellungen aus der Bundesrepublik Deutschland im CBWA in den Jahren 1956 und 1957 genauer zu bestimmen. Man kann sie zwar in gewisser Weise als Überblicksausstellungen ansehen – da sie Sammelausstellungen waren, die verschiedene Generationen und Strömungen der grafischen Künste Westdeutschlands zeigten –, doch viel schwerer lassen sie sich als repräsentativ für das gesamte künstlerische Leben in Nachkriegsdeutschland bezeichnen. Es ist auch daran zu erinnern, dass

---

77 Jan Białostocki: Polish Contemporary Graphic Art. In: Exhibition of Polish Graphic Art. Warsaw 1956, S. 3–7.
78 Katarzyna Matul: The Transition to Art: Poster Exhibitions at the Outset of the Poster's Institutionalisation. In: Ikonotheka (2016) Nr. 26, S. 239–251.

Abb. 13: *Ausstellung bulgarischer Grafik und Illustration*, Warschau (1956). Bild: Zachęta – Staatliche Kunstgalerie, Warschau.

Abb. 14: Katalog zur *Exhibition of Polish Graphic Art*, Wanderausstellung (USA, Kanada, 1956). Bild: Zachęta – Staatliche Kunstgalerie, Warschau.

Abb. 15: *Ausstellung belgischer Kunst des 19. und 20. Jahrhunderts*, Warschau (1957).
Bild: Zachęta – Staatliche Kunstgalerie, Warschau.

die Untersuchung der Ausstellungen im CBWA nach dem Krieg Beispiel für eine Geschichtsschreibung ist, die nicht mit den großen, in den westlichen Kulturzentren erschaffenen Narrativen synchron läuft.[79]

Die ersten Ausstellungen von westdeutscher Kunst, die in der staatlichen polnischen Kunstgalerie gezeigt wurden, fallen in eine Zeit globaler Turbulenzen, die das Bild der offiziellen Beziehungen zwischen der Bundesrepublik Deutschland und der Volksrepublik Polen geprägt haben. 1956, in einer Atmosphäre der Entstalinisierung und Liberalisierung in Polen, gab es erste – wenn auch nicht völlig ausgenutzte – Versuche, aus dem Stillstand in den Beziehungen zwischen Bonn

---

79 Vgl. Katarzyna Murawska-Muthesius: Remapping Socialist Realism: Renato Guttuso in Poland. In: Art beyond Borders: Artistic Exchange in Communist Europe (1945–1989). Hrsg. von Jérôme Bazin, Pascal Dubourg Glatigny und Piotr Piotrowski. Budapest 2016, S. 139–150.

und Warschau herauszukommen.[80] Doch wie sich oben gezeigt hat, wurden die zensierten Kritiken der Ausstellungen bundesdeutscher Grafik im CBWA 1956 in der polnischen Presse neben offiziellen Reaktionen der Volksrepublik Polen angesichts des Beitritts der Bundesrepublik zur Nato gedruckt.

Die beiden Ausstellungen bundesdeutscher Kunst sind zugleich ein Fallbeispiel, das gut zu den zeitlichen Zäsuren des Tauwetters im Bereich der Kultur passt. In der polnischen Kunstgeschichtsschreibung gelten als Anfangs- und Enddaten des Tauwetters manchmal zwei Ausstellungen. Als Beginn gilt die *Allpolnische Ausstellung Junger Bildender Kunst* »Gegen den Krieg – gegen den Faschismus« (1955) und als Ende – so hat dies z. B. Piotr Piotrowski vorgeschlagen – die von Ryszard Stanisławski vorbereitete Ausstellung *Metaphern*, die 1962 im CBWA gezeigt wurde.[81] Wenn man die Verästelungen der Ausstellungspolitik im CBWA berücksichtigt, so ist hervorzuheben, dass die bundesdeutsche Kunst in einer Zeit zweimal zugegen war, in der im CBWA keine Ausstellung sowjetischer Kunst organisiert wurde (bis 1958).

Diese Gegenüberstellung von Kunstausstellungen mit politischen Ereignissen dieses Zeitraums ist inspiriert worden von Überlegungen über die Zeitlichkeit in den historischen Wissenschaften, darunter über das Phänomen der Gleichzeitigkeit und Ungleichzeitigkeit in der modernen Geschichtswissenschaft und in den Sozialwissenschaften,[82] aber auch in der Kunstgeschichte.[83] Wenn sich Historiker:innen oder Kunsthistoriker:innen der Technik der Periodisierung bedienen, die von der kulturellen Kohärenz einer Epoche oder auch eines »Umbruchsmoments« ausgeht, so ignorieren sie oft die parallele Gegenwart heterogener Phänomene. Die beiden bundesdeutschen Kunstausstellungen in Warschau ereigneten sich zweifellos in einer Zeit politischer Spannungen und Umbrüche, aber es muss auch gefragt werden, ob sie in der (polnischen) Kunstgeschichte oder in der damaligen visuellen Kultur wirklich eine bedeutsame Rolle gespielt haben. Wie bereits angemerkt, hatten sie vor dem Hintergrund des offiziellen Auslandsaustauschs im CBWA eine marginale Bedeutung. Allein die Tatsache, dass in Warschau 1956 und 1957 bundesdeutsche Kunstausstellungen stattfanden, ist als Ausdruck des Tauwetters in der polnischen Kultur anzusehen, aber es ist hier auch der breitere

---

80 Dieter Bingen: Die Polenpolitik der Bonner Republik von Adenauer bis Kohl 1949–1991. Baden-Baden 1998, S. 47–55.

81 Piotr Piotrowski: Odwilż. In: Odwilż. Sztuka ok. 1956 r. Hrsg. von dems. Poznań 1996, S. 24.

82 Siehe z. B. Bernhard Giesen: Noncontemporaneity, Asynchrony and Divided Memories. In: Time & Society 13 (2004) Nr. 1 (März), S. 27–40.

83 Keith Moxey: Visual Time: The Image in History. Durham 2013; Time in the History of Art: Temporality, Chronology and Anachrony. Hrsg. von Dan Karlholm und Keith Moxey. New York 2018.

Kontext zu berücksichtigen, z. B. die Prioritäten des Kulturaustauschs, die von der Organisationsstruktur des KWKZ vorgegeben waren. Kunstausstellungen sollten jedoch nicht ausschließlich als direkte Antwort auf historische Ereignisse oder politische Direktiven interpretiert werden. Die Ausstellungen bundesdeutscher Kunst im CBWA in den Tauwetter-Jahren sind eines der visuellen Elemente der komplizierten Netzwerke künstlerischer Kontakte, wobei die Parteidirektiven im Hintergrund blieben. Ebenso ist die Rhetorik der mit ihnen einhergehenden Kunstkritik eine Folge vieler ästhetischer Idiome, die sich in einem bestimmten historischen Augenblick überlagerten.

Aus dem Polnischen von Peter Oliver Loew

Margarete Wach

Festivals, Kommunalkinos, Filmklubs.
Polnisch-westdeutscher Filmtransfer
im Windschatten von Tauwetter und Ostpolitik

Der Filmtransfer zwischen der Volksrepublik Polen und der Bundesrepublik Deutschland wurde über Jahrzehnte durch den Zusammenhang zwischen der Entwicklung beider Kinematografien und den politischen Ereignissen des Kalten Kriegs bzw. dem Einfluss von Politik und Ideologie auf den staatlich produzierten Film oder kontrollierten Filmvertrieb in Polen bestimmt. In der Bundesrepublik bildeten neben außenpolitischen Faktoren die cineastischen Aufbrüche innerhalb der eigenen Film- und Kinokultur seinen Referenzrahmen. Das galt für die »Polnische Schule« in der Tauwetter-Periode nach 1956, für die polnische »Neue Welle« in den 1960er Jahren und später für das »Kino der moralischen Unruhe« und seine Vorreiterrolle für die Solidarność-Bewegung.

Während in der Bundesrepublik polnische Filme wie Andrzej Wajdas *Popiół i diament* (*Asche und Diamant,* 1958), Roman Polańskis *Nóż w wodzie* (*Das Messer im Wasser*, 1961/62) oder Krzysztof Zanussis *Iluminacja* (*Illumination*, 1972) vorwiegend im akademischen Milieu stark rezipiert wurden, gelangten umgekehrt um 1970 etwa die unverfänglichen Winnetou-Filme oder 1973 der im Auftrag der neugegründeten Bundeszentrale für Gesundheitliche Aufklärung entstandene Streifen *Helga – vom Werden des menschlichen Lebens* (Regie: Erich F. Bender, BRD 1967) in die polnischen Kinos. Mit jeweils drei Millionen Zuschauern schafften es die Karl-May-Verfilmungen *Unter Geiern* (Regie: Alfred Vohrer, BRD/YU/F/I 1964) und *Der Ölprinz* (Regie: Harald Philipp, BRD/YU 1965) sogar unter die Top Ten der Kinohits der 1970er Jahre in Polen. Sie gehörten zu den wenigen ausländischen Filmen, die wegen der zu erwartenden hohen Besucherfrequenz synchronisiert wurden, und Winnetou zu den populärsten ausländischen Leinwandhelden in Polen jener Zeit. Der Aufklärungsfilm *Helga* war der Enttabuisierung von Schwangerschaft und Geburt geschuldet. Wie schon zuvor in der Bundesrepublik geriet er in Polen zu einem soziokulturellen Ereignis und wurde eher als schockierende »Pornografie« aufgenommen.

Die bundesrepublikanische Rezeption des polnischen Films blieb je nach Zeitgeist entweder – wie in den 1950er Jahren – vom Feindbild des »Ostblocks« diktiert oder verlief im Kontext des linksintellektuellen Aufbruchs von 1968, was dem ambitionierten Autorenfilm aus Polen eine hohe Wertschätzung in Kreisen westdeutscher Intellektueller und Filmemacher des »Neuen Deutschen Films« bescherte. Paradoxerweise folgte die polnische Rezeption, bedingt durch die Einkaufspolitik des staatlichen Verleihmonopolisten Centrala Wynajmu Filmów (Zentraler Filmverleih), auch schon den Marktgesetzen kurzweiliger Unterhaltung und erst in zweiter Linie ideologischen Auswahlkriterien, oder sie galt einem vermeintlich anrüchigen, aber kassenträchtigen Aufklärungskino westdeutscher Provenienz. Umgekehrt beeindruckten Vertreter des Neuen Deutschen Films wie Werner Herzog oder Rainer Werner Fassbinder Generationen polnischer Cineasten, die ihre Werke in staatlich subventionierten Filmklubs sehen konnten.

Um ein systematischeres Bild des Filmtransfers zwischen den beiden Ländern zu erhalten, bedarf es einer Differenzierung auf mehreren Ebenen. Grundlegend ist die Unterscheidung der medialen Felder, auf denen er stattfand, also zwischen der Produktion, dem Vertrieb und der Rezeption von Filmen. Auf dem Feld der Filmproduktion betraf er die gemeinsamen Koproduktionen, auf dem des Vertriebs den Einkauf und die Kinoauswertung von Filmen, und bei der Rezeption den Modus ihrer Verbreitung, also in welchen Marktsegmenten sie vertrieben wurden, was natürlich mit dem anvisierten Zielpublikum zu tun hatte, aber im konkreten Fall ebenso mit dem jeweiligen gesellschaftspolitischen System beider Länder. Beim Vertrieb spielte eine entscheidende Rolle, ob die Importe für den Kinomarkt oder für den Nischenvertrieb vorgesehen waren, wovon wiederum abhing, welches Publikum sie erreichten. Im Fall der kapitalistisch verfassten Bundesrepublik handelte es sich beim regulären Kinomarkt um eine auf Profit ausgerichtete Distribution. Im Fall des kommunistischen Polens ging es zumindest offiziell um das ideologische Kapital, das der Staat und der Parteiapparat beim Vertrieb, zumal ausländischer Filme, zu generieren beabsichtigten.

Entscheidend für die Systematik ist des Weiteren der politische und der gesellschaftlich-kulturelle Kontext, in dem der Transfer stattfand. Die kommerziellen Filmverleihe in der Bundesrepublik zeigten nur ganz sporadisch Interesse an polnischen Filmen. Das Kinopublikum frönte ohnehin der eskapistischen Heimproduktion von Komödien über Schlager-, Sensations- bis zu Heimatfilmen, die die Schrecken des Kriegs vergessen ließen, und der westdeutsche Kinomarkt wurde zunehmend von amerikanischen Studioproduktionen überschwemmt.[1] In Zeiten

---

1   Zum Film der Adenauer-Ära in der Bundesrepublik vgl. Joe Hembus: Der deutsche Film kann gar nicht besser sein. Bremen 1961; Ulrich Gregor; Enno Patalas: Geschichte des Films. Reinbek bei Hamburg 1976, S. 308–310 und S. 419–421; Ulrich Kurowski; Thomas Brandlmeier (Hrsg.): Nicht mehr fliehen. Das Kino der Ära Adenauer, 3 Bde. München 1979–1981; Claudius Seidel: Der deutsche Film der fünfziger Jahre. München 1987;

der Blockkonfrontation waren auch keine Einnahmen aus dem Vertrieb politisch unter Verdacht gestellter Filme aus dem »Ostblock« zu erwarten. In Polen gestaltete sich die Gemengelage anders, weil bei einer heimischen Jahresproduktion von 20 bis 35 Kinofilmen der Bedarf des nach dem Krieg explosionsartig wachsenden Kinonetzes ohne ausgiebige Ost- wie Westimporte nicht zu decken war.[2] Ob es unbedenkliche Ostimporte oder aber ideologisch verwertbare oder zumindest unverfängliche Westimporte gab, hing temporär von der politischen Großwetterlage ab. Den zeitlichen Bezugsrahmen für die signifikanten Aspekte und Entwicklungsprozesse des polnisch-westdeutschen Kulturaustauschs im Bereich Film bilden zum einen die Tauwetter-Periode nach 1956, als im Zuge des Polnischen Oktobers der Machtwechsel an der Spitze des Parteiapparats eine Liberalisierung in der Kultur mit sich brachte (bis die Verschärfung der Zensur 1961 die Stagnation der 1960er Jahre einleitete), und zum anderen auf Seiten der Bundesrepublik die Phase der sozialliberalen Ostpolitik zwischen 1969 und 1989, die mit ihrer Devise vom »Wandel durch Annäherung« auch Voraussetzungen für bilaterale Filmkontakte schuf.

Polnisch-westdeutscher Filmtransfer spielte sich nur zu einem geringen Teil auf dem Feld der Produktion ab, also auf der offiziellen Achse westdeutsche Filmindustrie / polnische Kinematografie.[3] Gemessen am politisch-gesellschaftlichen Klima fand er umso intensiver im Bereich der nicht-profitorientierten Distribution und der Rezeption statt. Ermöglicht wurde der Filmaustausch durch die Programmpolitik westdeutscher Filmfestivals, durch Verleihe, die sich auf Filmkunst spezialisiert hatten, und durch die vom Volkshochschulverband getragenen Kommunal- sowie Programmkinos. In Polen übernahmen eine ähnliche Rolle »Dykusyjne Kluby Filmowe« (DKF, Diskutierfilmklubs) und »Kina studyjne« (Studiokinos), die ab 1955 in lokalen Kulturhäusern, Betrieben und an den Universitäten entstanden, seit Ende der 1960er Jahre die alljährlichen internationalen

---

Wolfgang Jacobsen; Anton Kaes; Hans Helmut Prinzler: Geschichte des deutschen Films, Stuttgart 2004; Rainer Rother: Vom Kaiserreich bis in die fünfziger Jahre. Der deutsche Film. In: Ders. (Hrsg.): Mythen der Nationen: Völker im Film. Berlin 1998, S. 63–81; Irmbert Schenk: BRD-Kino der 1950er Jahre als (Über)Lebensmittel. In: Augenblick (2012) H. 54/55, S. 62–77.

2 1965 gab es in Polen 3.935 Kinos, die höchste Zahl in der Geschichte der polnischen Kinematografie. Vgl. dazu Ewa Gębicka: Sieć kin i rozpowszechnianie filmów. In: Edward Zajiček (Hrsg.): Encyklopedia kultury polskiej XX wieku. Film, Kinematografia. Warszawa 1994, S. 415–451.

3 Vgl. dazu Margarete Wach: Deutsch-polnische Koproduktionen seit 1957 bis heute vor dem Hintergrund des Vertriebs und der Rezeption polnischer Filme in Deutschland. In: Konrad Klejsa; Schamma Schahadat (Hrsg.): Deutschland und Polen: Filmische Grenzen und Nachbarschaften. Marburg 2011, S. 127–149.

Filmschauen für Cineasten »Konfrontacje« (Konfrontationen) und nach der Freigabe des Filmmarktes 1987 die ersten privaten Verleihe. Sogar in der Nische des Amateurfilms gab es auf Festival- und Verbandsebene Kontakte in die Bundesrepublik. Eine gesonderte Form der Verbreitung von polnischen Filmen stellte deren Auswertung im Fernsehen dar. Seit Ende der 1950er Jahre bis zur Wende 1989 kamen bei der ARD, dem ZDF und in den Dritten Programmen des West-Fernsehens Dutzende preisgekrönte und/oder politisch brisante Autorenfilme zur Vorführung, bedingt vor allem durch das große Interesse in der Bundesrepublik am politischen Umbruch in Polen Ende der 1970er Jahre und den dramatischen Ereignissen von 1980/81.[4]

Die Verflechtungsgeschichte (*histoire croisée*) des westdeutschen und des polnischen Kinos[5] lässt sich durch Begegnungen, Durchdringungen und Zusammenarbeit einschlägiger Akteure sondieren, die »ein Panorama ganz unterschiedlicher Kontaktzonen und Kontaktgrade im Filmbereich«[6] bilden. Dieser *histoire croisée* nähert sich der vorliegende Aufsatz aus drei sich überschneidenden bzw. überlagernden Perspektiven: jener, die die (komplizierten und spannungsreichen) historischen Beziehungen beider Länder in den Phasen beleuchtet, in deren Windschatten (Tauwetter-Periode, Ostpolitik) der polnisch-westdeutsche Filmtransfer zustande kam; jener, die Koproduktionen zwischen der westdeutschen Filmindustrie und der staatlichen Kinematografie Polens fokussiert; sowie jener, die sich auf Vertrieb und Rezeption konzentriert, also Modalitäten und Vermittlungsinstanzen nachspürt, die einen Filmaustausch zwischen Polen und der Bundesrepublik förderten, wie internationale Filmfestivals und Filmschauen, Kommunalkinos und Filmklubs oder individuelle Akteure. Die veranschaulichten wechselseitigen Inspirationen, Schnittstellen und Austauschprozesse werden nachfolgend in ihren historischen, kulturpolitischen und gesellschaftlichen Kontexten als Puzzlesteine eines Mosaiks der deutsch-polnischen Filmbeziehungen zwischen 1956 und 1989 behandelt.

---

4 Vgl. ebenda, S. 137–140.
5 Zur *histoire croisée* siehe Michael Werner; Bénédicte Zimmermann: Vergleich, Transfer, Verflechtung. Der Ansatz der Histoire croisée und die Herausforderung des Transnationalen. In: Geschichte und Gesellschaft (2002) Nr. 28, S. 607–632. Vgl. auch Martin Aust: Verflochtene Erinnerung. Einleitende Ausführungen. In: Ders.; Krzysztof Ruchniewicz; Stefan Troebst (Hrsg.): Verflochtene Erinnerungen. Polen und seine Nachbarn im 19. und 20. Jahrhundert. Köln 2009, S. 1–14.
6 Brigitte Braun; Andrzej Dębski; Andrzej Gwóźdź: Einleitung. In: Dies. (Hrsg.): Unterwegs zum Nachbarn. Deutsch-polnische Filmbegegnungen. Trier 2015, S. 1–6, hier S. 1.

FILMTRANSFER I – Produktion

Westdeutsche Filmindustrie / polnische Kinematografie

Tauwetter 1956–1961: CCC Filmkunst Berlin und Film Polski

Die erste polnisch-westdeutsche Koproduktion nach einem Drehbuch von Marek Hłasko, der Liebesfilm *Ósmy dzień tygodnia* (*Der achte Wochentag*, PL/BRD 1958) von Aleksander Ford, entstand 1957 in Zusammenarbeit mit der Westberliner CCC Filmkunst (Central Cinema Compagnie) von Artur Brauner. Der erfolgreichste deutsche Filmproduzent jener Ära, der wie Ford aus Lodz (Łódź) stammte, überlebte die nationalsozialistische Verfolgung, nachdem er 1940 vor der Ghettoisierung der Juden in seiner Heimatstadt in die Sowjetunion geflohen war und sich in den Wäldern versteckte. Nach dem Zweiten Weltkrieg strandeten viele der polnischen Holocaust-Überlebenden in den Lagern für »displaced persons« im Westen Deutschlands. So auch Artur Brauner, der 1946 nach Berlin ging und dort seine Produktionsfirma CCC gründete.[7]

Das Zustandekommen der Koproduktion verdankte sich dem politischen Tauwetter und den persönlichen Verbindungen Brauners zu Ford und zu Film Polski, dem staatlichen Monopolisten für Produktion und Distribution polnischer Filme im Ausland. Da der Film komplett in den Breslauer Studios abgedreht und auch die Filmcrew von der polnischen Seite gestellt wurde, dürfte die Produktion für Brauner sogar unter wirtschaftlichen Gesichtspunkten durchaus attraktiv gewesen sein. Sein Anteil an den Herstellungskosten betrug lediglich 30 Prozent, hinzu kam die 100-prozentige Finanzierung des Weltvertriebs.

Die Peripetien eines jungen Paares, das aufgrund der Wohnungsnot im Nachkriegspolen keinen Platz findet, um intim miteinander werden zu können, schienen universell genug zu sein, um Erfolg im Westen wie in Polen zu versprechen. Weit gefehlt – der Film bekam schlechte Kritiken, und bei seiner Abnahme im Politbüro löste er die Empörung des ersten ZK-Sekretärs Władysław Gomułka über Regisseure aus, die »in Polen nur Besäufnisse zeigen«[8] würden. *Der achte Wochentag* wanderte in die Regale der Zensurbehörde, und eine offizielle Delegation aus Warschau reiste nach Berlin, um Brauner, der an einer weiteren Kooperation mit Film

---

7 Vgl. Margarete Wach: Ein Filmproduzent mit Mission: Artur Brauner und seine »polnischen« Filme. In: Dialog Nr. 126 (01/2019), S. 26–33; Claudia Dillmann: Artur Brauner und die CCC – Filmgeschäft, Produktionsalltag, Studiogeschichte 1946–1990. Frankfurt am Main 1990.

8 Zit. nach Edward Zajíček: Poza ekranem. Kinematografia polska 1918–1991. Warszawa 1992, S. 182.

Polski interessiert war, davon zu überzeugen, den Weltvertrieb und die Promotion des Films in der Bundesrepublik stark einzuschränken.

Trotz des Nimbus eines verbotenen Werks, der verhinderten Teilnahme am Wettbewerb von Cannes 1958 und der Uraufführung beim Filmfestival in Venedig verzeichnete *Der achte Wochentag* in der Bundesrepublik keinen nennenswerten Erfolg. An der Seite von Zbigniew Cybulski besetzte Brauner in der weiblichen Hauptrolle Sonja Ziemann, die in diesem Engagement eine Chance sah, ihrem trivialen Image in der Bundesrepublik zu entkommen. Die CCC-Dauerdarstellerin war in Hans Deppes *Schwarzwaldmädel* (1950) zum westdeutschen Filmstar avanciert und das Gesicht unzähliger Heimatfilme der 1950er Jahre, was sie zu einem potenziellen Publikumsgaranten machte. Bei den Dreharbeiten lernte sie ihren zukünftigen Mann Marek Hłasko kennen, einen unangepassten Schriftsteller, dem der Ruf eines »angry young man« vorauseilte und der zum Idol seiner Generation aufgestiegen war. Eine politische Kampagne gegen ihn in Polen, in deren Folge ihm die Einreise ins Land verweigert wurde, und die Verbindung mit Ziemann zwangen Hłasko, 1958 in West-Berlin um politisches Asyl zu ersuchen. 1969 starb er in Wiesbaden mit 35 Jahren an einer Überdosis Schlaftabletten.

März '68: Antisemitische Säuberungen der Partei und die Kinematografie
Neben seinen kommerziellen, stark auf den westdeutschen Markt ausgerichteten und erfolgreichen Großproduktionen ging Brauner immer wieder gesellschaftlich unbequeme und finanziell riskante Projekte an. Ein Beispiel dafür liefert das 1968 gescheiterte Korczak-Projekt[9] mit Aleksander Ford. Der jüdischstämmige Gründungsvater der polnischen Nachkriegskinematografie war seit 1967 heftigen Attacken im Zusammenhang mit einer antisemitischen Hetzkampagne ausgesetzt, die interne Fraktionskämpfe innerhalb des Parteiapparates begleitete. Vorausgegangen waren denunziatorische bis verleumderische Anfeindungen in der Fachpresse wegen angeblicher Cliquenwirtschaft und Unterschlagung von Staatsgeldern. Eine unrühmliche Rolle spielten dabei Kampagnen gegen die Exponenten der Filmgruppen wegen ihrer Auslandskontakte im Zuge von anvisierten internationalen Koproduktionen. Exemplarisch dafür war die Mitte der 1960er Jahre in Angriff genommene Verfilmung des Lebens von Janusz Korczak, für die Brauner den Produzenten der Filmgruppe »Studio«, Ludwik Starski, mit der Entwicklung eines Drehbuchs beauftragt hatte, das Ford umsetzen sollte. Ford wehrte sich entschieden gegen alle Angriffe auf sein neues Filmprojekt über den Opfertod Korczaks und

---

9   Vgl. ebenda, S. 196–198; Lars Jockheck: Einführung. Neue Freiheiten, neue Zwänge. In: Konrad Klejsa; Schamma Schahadat; Margarete Wach (Hrsg.): Der Polnische Film – Von seinen Anfängen bis zur Gegenwart. Teil II 1945–1968. Marburg 2013, S. 144f.; Wach (wie Anm. 7), S. 27.

seiner Waisenkinder aus dem Warschauer Ghetto. In einer absurden Argumentation warf man ihm vor, antipolnischen, zugleich zionistischen und westdeutschrevanchistischen Interessen zu dienen, weil er sich vertraglich verpflichtet hatte, den Film mit dem westdeutschen Produzenten Brauner zu realisieren, der in der Presse als Vorreiter einer politischen Diversion westdeutscher Propaganda diffamiert wurde. Im Frühjahr 1968 stellte man nicht nur das Projekt »Doktor Korczak« ein, für das bereits die Kulissen standen, sondern entzog Ford seine Parteimitgliedschaft und seine Funktion als künstlerischer Leiter der Filmgruppe »Studio«, die wie alle anderen aufgelöst wurde. Ihm blieb nur noch der Weg ins israelische Exil, zumal auch der Chef der polnischen Kinematografie, Vizeminister Tadeusz Zaorski, abgesetzt wurde, weil er das Vorhaben verteidigt hatte.[10] Mit ZDF-Unterstützung gelang es Brauner fünf Jahre später, das Projekt in deutsch-israelischer Koproduktion wiederzubeleben. *Sie sind frei, Dr. Korczak* (1973) sollte der letzte Kinofilm von Ford werden, der sich 1980 in Florida das Leben nahm. Einen deutsch-polnischen Korczak-Film realisierte zehn Jahre später Andrzej Wajda. Es wäre die zweite Kooperation der beiden herausragenden Gestalten des polnischen und des deutschen Nachkriegskinos gewesen.

Parallel zu Ford wurde Jan Rybkowski zur Zielscheibe feindlicher Umtriebe, weil sein Episodenfilm *Kiedy miłość była zbrodnią* (*Als Liebe ein Verbrechen war*, PL/BRD 1967) verbotene Liebesbeziehungen zwischen Deutschen und ausländischen Zwangsarbeitskräften zur Zeit des Kriegs behandelte und in Zusammenarbeit mit der Westberliner Firma »Allianz Film Produktion« entstand. Die SFB-Auftragsproduktion, am 23. Februar 1968 im dritten Programm des NDR gesendet, wurde im Zuge der antisemitischen Kampagne der Partei unter dem Titel *Rassenschande* propagandistisch zur Aufstachelung von demonstrierenden Arbeitern großer Industriebetriebe missbraucht. Rybkowski hatte dadurch ebenfalls den Vorwurf auf sich gezogen, durch eine Koproduktion polnischen Interessen zu schaden. Im Gegensatz zu Ford zeigte er sich im April 1968 jedoch bereit, öffentlich Selbstkritik zu üben, das Verbot seines schon angelaufenen Films zu akzeptieren und sich mit dem Verlust seiner Parteiämter sowie mit der Auflösung seiner Filmgruppe »Rytm« abzufinden. Dafür durfte er weiter in Polen Filme machen, wobei ihm sicher half, dass er anders als Ford kein Jude war.[11] In dieser antisemitisch aufgeheizten Atmosphäre drehte Rybkowski gerade im März und April 1968 in Warschau seinen nächsten Film *Wniebowstąpienie* (*Himmelfahrt*, 1969), nach einer bekannten Erzählung von Adolf Rudnicki und im Auftrag des westdeutschen Fernsehens. Er zeigt

---

10 Vgl. Zajiček (wie Anm. 8), S. 200; Anna Misiak: Politically Involved Filmmaker: Aleksander Ford and Film Censorship in Poland after 1945. In: Kinema (2003) Nr. 11, S. 19–31.

11 Alina Madej: Wszystko odbyło się nagle i przerażająco zwyczajnie. In: Kwartalnik filmowy (1993), Nr. 3, S. 137–154.

die ergreifende Geschichte eines jungen jüdischen Ehepaars, das der Auslöschung durch die Nazis zu entkommen versucht. Der langjährige Herstellungsleiter, Produktionschef mehrerer Filmgruppen und Professor der Filmhochschule in Lodz, Edward Zajiček, konstatiert in seinem Standardwerk zur Produktionsgeschichte der polnischen Kinematografie *Poza ekranem*:

> »Das Niedertreten von Heiligtümern blieb nicht auf Ford und Brauner begrenzt. Erniedrigt hat man Jerzy Kawalerowicz für die Arbeit bei der Berliner-Synchron, Stanisław Wohl für ein Gespräch über Jugendfilme fürs Fernsehen mit dem Westdeutschen Rundfunk. Aber bei Dienstleistungen übertrifft niemand […] Jerzy Bossak […]. In der von Bossak geleiteten Filmgruppe ›Kamera‹ wurde nicht nur eine 30-minütige TV-Episode realisiert, die Bestandteil eines polnisch-deutsch-französischen Triptychons wurde, man hat nicht nur Dienste geleistet und Koproduktionsgespräche über mehrere andere Filme geführt, sondern, was viel schlimmer war, Bossak empfahl auch Film Polski die Zusammenarbeit mit den beiden Programmen des westdeutschen Fernsehens, weil es ›Institutionen sind, die nicht nur wirtschaftliche, sondern auch politische Solidität garantieren‹.«[12]

Ostpolitik 1969–1989: Polnischer Autorenfilm und »Auftragsarbeiten« in der Bundesrepublik

Mit der beginnenden Ostpolitik der Bundesrepublik veränderte sich seit Anfang der 1960er Jahre in Westdeutschland das Klima zugunsten des polnischen Kinos, was der Gründer der Berlinale-Sektion »Internationales Forum des jungen Films« und Herausgeber der Filmzeitschrift FILMKRITIK, Ulrich Gregor, anschaulich skizziert:

> »In den 1960er Jahren entdeckte man die Filme von Wajda, Kawalerowicz und Munk; diese Werke wurden zu Eckpfeilern des kinematografischen Weltbildes der Generation, die den ›Jungen deutschen Film‹ auslöste. *Asche und Diamant* war für diese Generation ein künstlerisches Monument, aber auch ein Ausdruck der eigenen Gefühle. Die Sympathie für den polnischen Film war nur ein Reflex des allgemeinen Interesses und der Aufgeschlossenheit gegenüber Polen und der polnischen Nachkriegspolitik, deren Nuancen bei uns (im ›Westen‹) aufmerksam registriert wurden.«[13]

---

12 Zajiček (wie Anm. 8), S. 198. – Alle Übersetzungen aus dem Polnischen – sofern nicht anders vermerkt – von der Verfasserin.

13 Ulrich Gregor: Vorwort. In: Freunde der Deutschen Kinemathek (Hrsg.): Kann denn Lüge Wahrheit sein? Stereotypen im polnischen und deutschen Film. In: KINEMATHEK 87 (Okt. 1995), S. 5f.

Nach der Unterzeichnung des Warschauer Vertrags 1970 konnten Filme-macher:innen beider Länder im Zuge der neuen Entspannungspolitik zunehmend ihre Projekte bzw. Auftragsarbeiten im jeweilen Nachbarland realisieren. Ein pro-minentes Beispiel: Volker Schlöndorffs *Die Blechtrommel*, gedreht 1978 an Original-schauplätzen der Romanvorlage von Günther Grass in Danzig und Umgebung unter Beteiligung bekannter polnischer Schauspieler:innen wie des Kinostars der 1970er Jahre Daniel Olbrychski (als Jan Bronski), der 1985 die Rolle von Leo Jogiches in Margarethe von Trottas Biopic *Rosa Luxemburg* übernehmen sollte. Auch Wajda machte seine ersten Erfahrungen mit Koproduktionen in der Bundesrepublik: Be-reits 1968 beteiligte sich die ZDF-Redaktion »Das kleine Fernsehspiel« in Zusam-menarbeit mit dem polnischen Fernsehen TVP an der Science-Fiction-Komödie *Organitäten* (*Przekładaniec*) nach Motiven einer Erzählung von Stanisław Lem. Drei Jahre später ermöglichte das ZDF Wajda erneut die Realisierung eines Fernsehex-periments: seines seit Mitte der 1960er Jahre entwickelten Wunschprojekts *Pilatus und andere – Ein Film für Karfreitag* (BRD 1972) nach Motiven des Romans *Der Meister und Margarita* von Michail Bulgakow. Es war eine rein deutsche TV-Pro-duktion mit starken regimekritischen Anklängen, deren Außenaufnahmen auf dem ehemaligen Reichsparteitagsgelände der NSDAP in Nürnberg realisiert wurden.[14]

Dass es gerade Krzysztof Zanussi in den 1970er Jahren gelungen ist, dank der Aufträge deutscher Produzenten oder Fernsehanstalten in der westdeutschen Film-branche Fuß zu fassen, lag wohl an der durch den Zeitgeist bedingten Offenheit der Verantwortlichen und der universellen Thematik seiner Projekte. Nach dem Spielfilmdebüt *Struktura kryształu* (*Struktur des Kristalls*, PL 1969), der 1969 im Wettbewerb von Mannheim lief, konnte Zanussi mit seinem zweiten Langspiel-film *Illumination* (Grand Prix in Locarno 1973) sein Renommee in der Bundes-republik festigen, was ihn früh in die Lage versetzte, westdeutsche Kino- und Fernsehprojekte umzusetzen, wie 1974 mit dem Westberliner Produzenten Man-fred Durniok die amerikanisch-deutsche Koproduktion *The Catamount Killing*, in der auch der deutsche Kinostar Horst Buchholz reüssierte. Im Auftrag des WDR drehte er mehrere TV-Filme, darunter das Sittengemälde *Die Versuchung* (BRD 1981) mit Helmut Griem und Maja Komorowska in den Hauptrollen und den Kinofilm *Wege in der Nacht* (BRD 1979), die Geschichte einer durch die Absurdität des Kriegs verhinderten Annäherung zwischen einem deutschen Wehrmachtsoffizier und einer polnischen Adeligen. Da Zanussi dabei den Ver-such unternahm, aufzuzeigen, warum der Krieg trotz gemeinsamer Interessen

---

14 Vgl. Konrad Klejsa: »Hier darf nichts zusammenpassen.« Einige Bemerkungen zu Andrzej Wajdas ›Pilatus und andere – ein Film für Karfreitag‹. In: Klejsa; Schahadat (wie Anm. 3), S. 164–175.

und gegenseitiger Sympathie keine Verständigung zuließ, wurde der Film nicht in den polnischen Kinos gezeigt.[15]

Artur Brauner, Regina Ziegler und der polnische Autorenfilm im »Exil«

In den 1980er Jahren waren es vor allem zwei westdeutsche Produzent:innen, die aus unterschiedlichen Erwägungen heraus Filme polnischer Regisseure realisierten: Artur Brauner und Regina Ziegler. Brauners CCC Filmkunst stand von Anbeginn für die Aufklärung über den verdrängten Holocaust und die Nazi-Diktatur. Seit der enorm erfolgreichen US-Serie *Holocaust* (Marvin J. Chomsky, 1978), die das Thema für ein breites Publikum enttabuisierte und damit einen Meilenstein in der Mentalitätsgeschichte der Bundesrepublik markiert, war die Bereitschaft der westdeutschen Fernsehsender, solche Stoffe zu realisieren, in den 1980er Jahren erheblich gestiegen. Davon konnten polnische Regisseure profitieren, die sich seit der Verhängung des Kriegsrechts in Polen Ende 1981 vorübergehend im Westen im Exil aufhielten. Darunter waren so renommierte Filmemacher wie Andrzej Wajda, mit dem Brauner 1983 die deutsch-französische Koproduktion *Eine Liebe in Deutschland* (BRD 1983) realisierte: die Adaption eines Romans von Rolf Hochhuth über eine nach Rassenkriterien in Nazi-Deutschland verbotene Liebe zwischen einer Deutschen und einem polnischen Zwangsarbeiter.

Doch auch Brauner war zunehmend auf die Zusammenarbeit mit dem Fernsehen angewiesen, da dessen Aufkommen eine Abwanderung der Zuschauer ausgelöst hatte und das Mitte der 1960er Jahre einsetzende Kinosterben eine Krise des Kinos nach sich zog. Jene Themen, die bisher den Publikumsgeschmack bedienten, entsprachen immer weniger den Erwartungen des Publikums. Als Hauptrepräsentant von »Opas Kino«, wie die Protagonisten des Neuen Deutschen Films das kommerzielle Genrekino der letzten zwei Dekaden verbal abtaten, geriet Brauners Filmproduktion in den 1970er Jahren in erhebliche Schwierigkeiten. Eine neue Strategie von ihm bestand darin, als Auftragsproduzent für das Fernsehen Kinofilme zu realisieren, die anschließend im Fernsehen als Programmfüller dienen konnten. Und seine Konzentration auf die Produktion von Filmen, die sich mit dem NS-Regime auseinandersetzten, ging auch einher mit den soziokulturellen Entwicklungen in der westdeutschen Gesellschaft.

Die Drehbuch-Koautorin zu *Eine Liebe in Deutschland*, Agnieszka Holland, die seit 1981 in Frankreich lebte, realisierte für die CCC Filmkunst mit den Fassbinder-Schauspieler:innen Martin Müller-Stahl und Elisabeth Trissenaar ihr für den Oscar

---

15 Zu Zanussis westdeutschen Filmproduktionen vgl. ausführlicher Margarete Wach: Gastarbeiter, Filmreisende, Grenzgänger: Filmemacher aus Polen und Deutschland »unterwegs zum Nachbarn« vor dem Hintergrund kinematografischer Europäisierungsprozesse vor und nach der Wende. In: Braun; Dębski; Gwóźdź (wie Anm. 6), S. 25–44.

nominiertes Kammerspiel *Bittere Ernte* (BRD 1984): eine intensive psychologische Studie über den Opportunismus eines polnischen Bauern, der im Kriegsjahr 1943 die Notsituation einer von ihm versteckten Jüdin ausnutzt und sie so in den Selbstmord treibt. Dem Engagement von Brauner verdankte sich auch Hollands bis dahin erfolgreichstes Kinoprojekt, die deutsch-polnisch-französische Koproduktion *Hitlerjunge Salomon* (*Europa Europa*, 1989). Der Film erzählt die absurde Geschichte von Sally Perel, der, getarnt als Mitglied der Hitlerjugend, die Zeit des Nationalsozialismus auf einer Nazi-Eliteschule in Deutschland überlebt. Das Holocaust-Drama gewann den Golden Globe für den besten ausländischen Film und galt als ein aussichtsreicher Oscar-Anwärter, bis das deutsche Auswahlgremium seine Kandidatur zurückzog. Den Anlass dafür lieferte Hollands österreichischer Koautor Paul Hengge, der sich vom fertigen Film distanzierte und meinte, dieser rechtfertige den Nationalsozialismus, obwohl die Handlung um Sally Perel auf einer wahren Begebenheit basierte. Daraufhin entfachte Brauner, tief verletzt, eine öffentliche Kontroverse über die angemaßte Deutungshoheit der Deutschen über den Holocaust und seine Paria-Stellung im Kontext dieses Eklats.

Mit Holland als Koautorin und Brauner als Produzent konnte schließlich Janusz Kijowski 1990/91 sein mit Julie Delpy, Hanna Schygulla und Lambert Wilson hochkarätig besetztes Holocaust-Drama *Der Daunenträger* (*Tragarz puchu*, D/F/PL 1992) drehen. In der Dreiecksgeschichte versucht ein aus dem Warschauer Ghetto geflohenes junges Ehepaar, Fotomaterial, das die Grausamkeiten der Nazis dokumentiert, an einen Kontaktmann zu überbringen und findet auf der »arischen Seite« bei einer 40-jährigen alleinstehenden Deutschen Unterschlupf. Das *Bittere-Ernte*-Szenario eines ambivalenten Abhängigkeitsverhältnisses zwischen den ausgelieferten Verfolgten und den daraus ihr emotionales Kapital schlagenden Rettern wird hier abermals durchgespielt.

Der polnische Autorenfilm genoss in den 1980er Jahren bereits hohes Ansehen in der Bundesrepublik. Die Produktionsbedingungen und die filmische Infrastruktur waren damals in Polen sehr günstig, so dass die junge Westberliner Produzentin Regina Ziegler sich schnell einen Namen machen konnte, als sie Projekte mit international angesehenen Regisseuren wie Wajda (*Schuld und Sühne*, BRD/FR 1986; *Korczak*, BRD/PL 1990) oder Zanussi (ko)produzierte. Mit Zanussi hat Ziegler fünf Filme realisiert, darunter zusammen mit dem WDR das Liebesdrama *Rok spokojnego słońca* (*Ein Jahr der ruhenden Sonne,* PL/BRD/USA 1984), 1984 mit dem Goldenen Löwen in Venedig prämiert, und die Adaption des gleichnamigen Tankred-Dorst-Romans *Das lange Gespräch mit dem Vogel* (D 1989/90). Bis 1990 profitierten beide Seiten von den Kooperationen, da die polnischen Filmemacher im Rahmen einer internationalen Produktion mit einem oder mehreren westlichen Partnern größere Freiheiten genossen und sich der Kontrolle des Staats als Financier und Monopolist ein Stück weit oder – wie im Fall von Zanussis rein deutschen Produktionen – ganz entziehen konnten. Im Rahmen solcher Arrangements realisierte Zanussi noch drei Filme: *Paradigma* (F/BRD/I 1985) mit dem Saarländischen Rundfunk, *Wo immer du bist* (BRD/PL 1987/88) mit dem WDR und Gerhard Schmidt Scripts&Films Produktion Köln sowie den Maximilian-Kolbe-Film *Leben für Leben* (PL/F/D 1990/91) mit der Ifage Film Production Wiesbaden.

FILMTRANSFER II – Import und Vertrieb

Kommerzieller Vertrieb von Filmen und die auf Filmkunst spezialisierten Verleihe

Westdeutsche Filmimporte in der Volksrepublik Polen

Die Grundlage der Vertriebspolitik in der Volksrepublik Polen bildete ein Präferenzsystem zugunsten von Produktionen aus den sozialistischen Ländern, die im Schnitt ca. 50–60 Prozent der neu in die Kinos eingeführten Titel pro Jahr bereitstellten. Im Jahr 1970 waren es statistisch 15 Prozent an heimischen Produktionen, 41 Prozent an Filmen aus den sozialistischen Ländern und 44 Prozent an Filmen aus dem »kapitalistischen Ausland«.[16] Dieses für die Filmwirtschaften der Sowjetunion und der »Bruderländer« protektionistische Prozedere fußte auf dem Beschluss des Zentralkomitees der Polnischen Vereinigten Arbeiterpartei bezüglich der Kinematografie vom Juni 1960.[17] Es setzte Richtlinien um, die von den Parteiführern der Ostblockländer festgelegt wurden und der Verbreitung der Idee des Sozialismus durch den Film dienlich sein sollten. Für den Vertrieb empfahlen polnische Parteiorgane auch das Prinzip der globalen Öffnung für das Schaffen ausländischer Filmemacher und die Verbreitung ideell, künstlerisch und pädagogisch wertvoller Errungenschaften der Kultur aus der ganzen Welt bei gleichzeitiger Priorisierung von Filmen aus den sozialistischen Ländern.[18]

Mit dem Rundschreiben des Kulturministers vom 31. März 1961 sollte das Repertoire der polnischen Kinos paritätisch mit Importen aus Ost und West bestückt werden. Die Filme der »Bruderländer« erhielten allerdings viermal so hohe Werbemittel, bessere Kinos und Spielzeiten sowie deutlich höhere Auflagen an Filmkopien

---

16 AAN (Archiwum Akt Nowych), NZK (Narodowy Zarząd Kinematografii), Signatur 2/171, Materiały informacyjno-statystyczne oraz tezowa analiza rozpowszechniania filmów socjalistycznych w aspekcie tematu i problemów narady kierowników kinematografii socjalistycznych w Moskwie 12 do 18 lutego 1973 r.

17 AAN, NZK, Signatur 4/43, Produkcja i rozpowszechnianie filmów w latach 1966–1971, 1967–1972.

18 AAN, NZK, Signatur 1/111, Koprodukcja z innymi kinematografiami oraz rozpowszechnianie i produkcja filmów w Polsce, 1974.

zugewiesen, die dazu noch einen höheren technischen Standard hatten. Trotzdem ließ sich diese Bevorzugung bei der Kinoauswertung nicht in einen Besuchererfolg ummünzen.[19] Die Parität in der Repertoirepolitik der Kinos und somit für Westimporte war erwartungsgemäß gebunden an ideologische Vorgaben: Eingekauft werden sollten Filme, die fortschrittliche Tendenzen des Weltkinos und herausragende künstlerische Werte repräsentierten, bzw. im Bereich der Unterhaltungsindustrie ausschließlich Filme auf höchstem Niveau.[20] Statistisch machten unter den Importen aus dem »kapitalistischen Ausland« über 50 Prozent aller Einkäufe auch in Polen kommerziell erfolgreiche Unterhaltungsfilme aus, ca. 30 Prozent politisch engagierte und gesellschaftlich präferierte Filme, ca. 17 Prozent Autoren- und Kunstfilme für die Diskutierfilmklubs und ca. 3 Prozent Kinderfilme.[21] Sieht man einmal von der reinen Unterhaltungsware und den Autorenfilmen international prominenter Regisseure ab, so hatten die größten Chancen für die Distribution in Polen solche Produktionen, die, wie zum Beispiel der Film-Noir-Thriller *Chinatown* (USA 1974) von Roman Polański, Kritik an den Lebensverhältnissen bzw. dem gesellschaftlichen System ihrer kapitalistischen Herkunftsländer implizierten.

Der Import westdeutscher Filme nach Polen[22] begann im Jahr 1956. Bis 1990 umfasste er 73 rein westdeutsche Produktionen in Regie westdeutscher Regisseure, darunter 68 Spiel- und 8 Dokumentarfilme; hinzu kamen 107 internationale Koproduktionen mit westdeutscher Beteiligung. Durchschnittlich handelte es sich um 2,7 Filme pro Jahr. Auf die Höhe des Imports hatten mehrere Faktoren einen Einfluss: Auf politischer Ebene waren dies das propagierte Feindbild einer revisionistischen Bundesrepublik, die die Oder-Neiße-Grenze in Frage stellte, sowie Kriegstraumata der polnischen Zivilbevölkerung, die von den kommunistischen Machthabern als Abschreckung gegen die Bundesrepublik instrumentalisiert wurden, um sich die Gesellschaft unterzuordnen. Ideologisch galt die Bundesrepublik als Klassenfeind, so dass die DDR bei Kontakten mit den anderen sozialistischen Ländern Anspruch auf die Alleinvertretung aller Deutschen erhob, was sich für den polnisch-westdeutschen Kulturaustausch oft genug als Barriere erwies. Und schließlich spielte die Qualität der Filme eine Rolle: Seit dem Ende der 1950er Jahre befand sich die westdeutsche Filmwirtschaft zunehmend in einer Krise. Der seit Mitte der 1960er Jahre tonangebende Neue Deutsche Film wiederum brachte

---

19 Vgl. Joanna Szczutkowska: Polityka kulturalna PRL w dziedzinie kinematografii w latach 70-tych. Bydgoszcz 2014, darin besonders Kap. II: Instrumenty polityki kulturalnej partii i państwa w dziedzinie kinematografii, S. 132–136.

20 Vgl. Gębicka (wie Anm. 2), S. 437–438, 442.

21 AAN, NZK, Signatur 2/171 (wie Anm. 16).

22 Zu dem Thema vgl. Bolesław Garbacik: Film zachodnioniemiecki w Polsce (1956–1990). In: Przegląd Zachodni (1992) Nr. 3, S. 135–153; Grzegorz Balski: Reżyserzy filmów zagranicznych rozpowszechnianych w Polsce 1945–1981. Warschau 1985.

ambitionierte Autorenfilme auf den Markt, die nur schwer ein Kinopublikum fanden. Diese beiden Faktoren bestimmten über Jahrzehnte die Einkaufspolitik des Zentralen Filmverleihs CWF. Denn sofern es keine politischen oder ideologischen Vorbehalte gab, sollten die eingeführten Filme künstlerisch oder gesellschaftlich wertvoll sein. Trotzdem oder gerade deswegen lesen sich die Namen von Regisseuren, deren Filme in den 34 Jahren zwischen 1956 und 1990 in die polnischen Kinos gelangten, wie ein *Who's who* der Filmgeschichte der Bundesrepublik: Wolfgang Staudte (7 Filme), Rainer Werner Fassbinder (5 Filme), Helmut Käutner und Werner Herzog (jeweils 4 Filme), Josef von Baky, Kurt Hoffmann, Geza von Radvanyi, Harald Reinl (jeweils 3 Filme), Rolf Hansen, Alexander Kluge, Paul May, Artur Maria Rabenalt, Robert Siodmak, Volker Schlöndorff, Georg Tressler und Wim Wenders (jeweils 2 Filme).

Zwischen 1956 und dem Aufkommen des Neuen Deutschen Films war es vor allem das westdeutsche Gattungskino, mit dem die polnischen Zuschauer Vorlieb nehmen mussten: Trümmerfilme wie Staudtes *Ciske, ein Kind braucht Liebe* (1954), Gesellschaftsdramen wie Käutners *Schwarzer Kies* (1961) und Militärsatiren wie die auch in Polen an den Kassen erfolgreiche Kriegstrilogie *08/15* (*Kaserne, Front, Kapitulation*, 1954/55) von Paul May, Abrechnungsfilme wie Siodmaks *Mein Schulfreund* (1960) und *Nachts, wenn der Teufel kommt* (1957) oder Staudtes *Kirmes* (1960) und *Herrenpartie* (1963). Auch die Wirtschaftswunder-Satire *Wir Wunderkinder* (1958) von Kurt Hoffmann und die Justiz-Satire *Rosen für den Staatsanwalt* (1959) von Wolfgang Staudte waren Abrechnungsfilme, deren formaler Rückgriff auf Groteske und Sarkasmus als Ausdrucksmittel von der Kritik in Polen sehr geschätzt wurde.[23]

Gehörten die beiden letztgenannten Filme zu dem Besten, was in der Bundesrepublik produziert wurde, so sorgte Georg Tresslers Kultfilm *Die Halbstarken* (1956) für Aufruhr im deutschen 1950er-Jahre-Kino und machte Horst Buchholz als »deutschen James Dean« zu einem internationalen Star. Der Film überragte die durchschnittliche Massenproduktion durch sein Thema der rebellierenden Jugend und seine Machart, die sich durch Außenaufnahmen an Originalschauplätzen und realistische Figuren auszeichnete. Dass Geza von Radvanyis 1930er-Jahre-Remake *Mädchen in Uniform* (1958) in Polen ausgewertet wurde, verdankte sich wohl mehr dem preußischen Drill im Höhere-Mädchen-Internat, der darin kritisch beleuchtet wurde, als der angedeuteten lesbischen Liebe zwischen einer Schülerin und ihrer Lehrerin. Auch westdeutsche Straßenfeger wie Fritz Langs Gruselkrimi *Die Tausend Augen des Dr. Mabuse* (1960) oder politische Skandalfilme wie *Das Mädchen Rosemarie* (1958) von Rolf Thiel, der den Fall der mutmaßlich wegen Wirtschaftsspionage

---

23 Vgl. Garbacik (wie Anm. 22), S. 142.

ermordeten Edelprostituierten Rosemarie Nitribitt aufrollte, fanden mit Unterstützung der polnischen Filmkritik ins Repertoire.

Politisch unverdächtig waren wohl die diversen Literaturadaptionen: von Staudtes *Rose Bernd* (1956) nach Gerhart Hauptmann über Käutners *Der Hauptmann von Köpenick* (1956) nach Carl Zuckmayer, Hoffmanns *Die Bekenntnisse des Hochstaplers Felix Krull* (1957) nach Thomas Mann bis Bernhard Wickis *Der Besuch der alten Dame* (1964) nach Friedrich Dürrenmatt. Den Dokumentarfilmsektor bestückten Naturfilme von Bernhard Grzimek und Heinz Sielmann. Sieben der genannten Titel stammten aus den CCC-Studios von Artur Brauner, weitere renommierte Produktionsfirmen wie Bavaria Filmkunst, Constantin Film, Real-Film, Tango-Film, Roxy-Film, Filmaufbau, Inter West oder die Neue Constantin waren vertreten.

Einige der Filme gelangten gar nicht in den breiten Kinovertrieb, sondern waren von Anfang an für den Einsatz in Diskutierfilmklubs und Studiokinos vorgesehen. Von den 68 eingekauften westdeutschen Spielfilmen betraf dies 12 Produktionen, die allesamt dem Neuen Deutschen Film zuzurechnen sind und von denen ein Teil später auch im polnischen Fernsehen ausgestrahlt wurde. Beinahe zeitgleich zum Kinostart in der Bundesrepublik kam Alexander Kluges Paukenschlag *Abschied von gestern* (1966) 1967 in die polnischen Kinos. In mehreren Episoden aus dem Leben einer jungen Frau, die, aus der DDR kommend, auf einer Odyssee durch die Bundesrepublik nicht Fuß fassen kann, machte der Film deutlich, dass die (Nazi-)Vergangenheit in der Gegenwart präsent war. Seine elliptische Diktion »sabotierte« die Zuschauererwartungen an eine spannende und kontinuierliche Handlung, was ihm zusammen mit seiner Gesellschafskritik und skeptischen Ironie bei der Fachöffentlichkeit in Polen Anerkennung einbrachte.

Ebenfalls 1967 war Volker Schlöndorffs Debüt *Der junge Törless* (1966) nach einer Romanvorlage von Robert Musil zu sehen. Das psychologische Drama um einen Außenseiter, der in einem k.u.k.-Schulinternat Opfer sadistischer Machtspiele wird, ist im Westen als ein Film über aufkeimenden Faschismus interpretiert worden, in Polen hingegen als eine ambitionierte Verbrechensstudie.[24] Zehn Jahre später folgte mit Schlöndorffs und Margarethe von Trottas *Die verlorene Ehre der Katharina Blum* (1975) eine Adaption des gleichnamigen Romans von Heinrich Böll. Die darin geschilderten Diffamierungspraktiken der Boulevardpresse in Zeiten des RAF-Terrors deutete man als Infragestellung der Pressefreiheit, gerade wenn sie in Kollision mit der Freiheit des Individuums gerät.[25]

Unter den fünf Filmen von Fassbinder, die in den Kinos oder DKF-Programmen gezeigt wurden, fanden sich *Der Händler der vier Jahreszeiten* (1971), *Angst essen Seele auf* (1974), *Effi Briest* (1974), *Mutter Küsters Fahrt zum Himmel* (1975) und

24 Aleksander Jackiewicz: Schlöndorff. In: Film (1967) Nr. 8.
25 Tadeusz Sobolewski: Stracony honor Katarzyny Blum. In: Film (1976) Nr. 8.

Die Ehe der Maria Braun (1978). Von der polnischen Filmkritik besonders hervorgehoben wurde 1982 *Die Ehe der Maria Braun*. In der Lebensgeschichte der Hel-
din entdeckte man eine Metapher für die westdeutsche Gesellschaft, die sich nach
dem kollektiven Untergang im Krieg auf das eigene wirtschaftliche Fortkommen
und den späteren Wohlstand fokussiert. Man stimmte darin überein, dass der Film
eine imponierende Leistung des Regisseurs darstelle, der die Nachkriegsgeschichte
der Bundesrepublik aus der Perspektive einer Frau einzufangen vermocht habe.[26]
    Sehr großer Beliebtheit beim DKF-Publikum erfreute sich der visionäre Stil von
Werner Herzog, dessen Filme *Jeder für sich und Gott gegen alle* (1974), *Herz aus
Glas* (1976), *Stroszek* (1977) und *Nosferatu* (1978) nicht nur den ewigen Konflikt
zwischen Kultur und Natur thematisierten, sondern auch eine entmenschlichte,
gleichgültige und dem Anderen gegenüber feindliche Gesellschaft zeigten. Herzog
lote gesellschaftliche Ränder aus, um nach Antworten auf die ihn umtreibenden
existenziellen Fragen zu suchen.[27] Zu den ambitioniertesten Vertretern des jungen Kinos zählte man auch Wim Wenders, von dem die Roadmovies *Im Laufe
der Zeit* (1976) und *Paris, Texas* (1984) in den Kinos liefen. Zu erwähnen wären
noch zwei weitere Filme, die es in die DKF-Kinos schafften: das Kammerspiel
Die linkshändige Frau (1978) von Peter Handke, eine Einsamkeitsstudie aus der
saturierten Gesellschaft der Bundesrepublik, und Percy Adlons skurrile Clash-of-
Cultures-Komödie *Out of Rosenheim* (1987), die im Jahr der deutschen Wieder-
vereinigung präsentiert wurde.

Filmnische und besonderes Marktsegment – polnische Filme in der Bundesrepublik
In der Adenauer-Ära der 1950er Jahre übte man sich in der Bundesrepublik in
Distanz gegenüber dem Kino des »russischen Satellitenstaates«, so dass nach 1956
zunächst Kurzfilme von Jan Lenica, Walerian Borowczyk oder Roman Polański in
den Filmklubs und Universitäten zu sehen waren. Dank der auswärtigen Kulturpolitik in der Tauwetter-Periode, diese über die Polnische Militärmission in Berlin
zugänglich zu machen, konnten interessierte Filmklub- und Festivalleiter sie für
ihre Filmreihen beschaffen.
    Von den kommerziellen Verleihen sind Kinospielfilme aus Polen bis auf weni-
ge Ausnahmen äußerst selten ausgewertet worden. Dazu gehörte der mit Hilfe der
DDR realisierte Streifen von Jan Rybkowski *Dziś w nocy umrze miasto* (*Die unver-
gessene Nacht*, 1960), in dem ein polnischer KZ-Flüchtling und die deutsche Ge-
liebte eines SS-Offiziers in Momenten der Todesangst zu einem Paar werden, das
in der Nacht vom 13. auf den 14. Februar 1945 die Zerstörung Dresdens durch die

---

26 Zygmunt Kałużyński: Hitler to tylko zły sen. In: Polityka (1982) Nr. 43.
27 Bolesław Michałek: Zagadka Kaspera Hausera. In: Kino (1975) Nr. 9, und Jacek
    Fuksiewicz: Stroszek. In: Kino (1977) Nr. 12.

Bomben der Alliierten miterlebt. Das nüchterne Kriegsdrama gehörte zu den wenigen polnischen Filmen, die einen westdeutschen Kinoverleih (Nora Filmverleih München 1961) fanden, aber keinen in der DDR, was sich wohl seinem brisanten, im Kalten Krieg tabuisierten Sujet verdankte.

Das vorbelastete deutsch-polnische Verhältnis zeitigte immer wieder seltsame Volten im Kino der Nachbarländer. Im April 1964 kam in die westdeutschen Kinos Jerzy Kawalerowiczs Glaubensdrama *Mutter Johanna von den Engeln*, das auf den historischen Fall der Teufel bzw. Besessenen von Loudun[28] und das Thema der Teufelsaustreibung und der 1633/34 von Kardinal Richelieu eingeleiteten Hexenverfolgung zurückgriff. Den Gewinner der Silbernen Palme in Cannes 1961 vertrieb der Münchner Großverleih Constantin. Während das heftig umstrittene Werk in der Bundesrepublik weithin als antikatholische Polemik interpretiert wurde, ist es in Polen insgeheim als eine verdeckte Parabel auf das totalitäre Machtsystem im kommunistischen Polen gelesen worden.[29] Ob Tabubruch oder vermeintliche Polemik – der Kalte Krieg warf seine Schatten in Ost wie West voraus. Im Regelfall waren die polnischen Autorenfilme in der Bundesrepublik so gut wie ausschließlich in Filmklubs, Programm- und kommunalen Kinos oder in der ARD, dem ZDF und den Dritten Programmen des öffentlich-rechtlichen Fernsehens zu sehen. Einige Klassiker der »Polnischen Schule« wurden von einem Verleih vertrieben, der mit seiner filmkünstlerischen Programmatik und seinem aufklärerischen Selbstverständnis die Westdeutschen mit dem Weltkino bekannt machte – die »Neue Filmkunst«. So hat etwa Andrzej Wajdas *Asche und Diamant* nicht nur in Polen das historische Bewusstsein von Generationen geprägt, sondern diente auch in den 1960er Jahren einer ganzen Generation von Cineasten in der Bundesrepublik als Bildungserlebnis. Dem Hauptdarsteller Zbigniew Cybulski, der darin den Protagonisten Maciek Chełmicki spielte, verhalf der Film zu einem gewissen Kultstatus: Mit seinen Markenzeichen Sonnenbrille, Parka und hochgekämmte Haare schien er auch in der Bundesrepublik mehr den jungen Menschen der 1950er Jahre denn der Kriegszeit zu verkörpern und wurde in der zeitgenössischen Rezeption zu einer Art polnischem James Dean.[30]

---

28 Der Klosterskandal von Loudun diente als Vorlage eines Romans von Aldous Huxley, eines Theaterstücks von John Whiting, einer Oper von Krzysztof Penderecki und des Films *Die Teufel* (The Devils, GB 1971) von Ken Russell.

29 Vgl. Lexikon des internationalen Films, Bd. 2, S. 2221 (fd 12755); Johannes Horstmann: Wider jedweden Totalitarismus. Mutter Johanna von den Engeln von Jerzy Kawalerowicz (1961). In: Peter Hasenberg; Wolfgang Luley; Charles Martig (Hrsg.): Spuren des Religiösen im Film. Meilensteine aus 100 Jahren Filmgeschichte. Mainz 1995, S. 168–170.

30 Vgl. Klaus Eder: Kommentierte Filmografie. In: Peter W. Jansen; Wolfram Schütte (Hrsg.): Andrzej Wajda. München 1980, S. 118.

Möglich gemacht haben diese cineastische Rezeption zwei auf Filmkunst spezialisierte Filmverleihe und ein Verein. Die »Neue Filmkunst«[31] nahm *Asche und Diamant* in ihr Programm auf. Der Verleih begann seine Arbeit am 30. Januar 1953 in Göttingen. Sein Gründer Walter Kirchner hatte seit 1947 den studentischen Filmklub der Universität Göttingen geleitet. Zunächst stand die Vermarktung des Kunstfilms im Zentrum seiner Programmarbeit: Kirchner ermöglichte u. a. die deutschen Erstaufführungen von Jean Cocteaus *La belle et la bête* (*Die Schöne und das Biest*, F 1946), Federico Fellinis *La dolce vita* (*Das süße Leben*, I 1959), Luis Buñuels *Los Olvidados* (*Die Vergessenen*, Mexiko 1950) oder Roberto Rossellinis *Roma città aperta* (*Rom, offene Stadt*, I 1945) sowie die Wiederaufführungen von Filmklassikern wie Fritz Langs *M – eine Stadt sucht einen Mörder* (D 1931) oder Sergej Eisensteins *Panzerkreuzer Potemkin* (SU 1925).

Später entwickelte sich die »Neue Filmkunst« neben dem Duisburger »Atlas«-Verleih zum wichtigsten Vermittler für Filme der verschiedenen Neuen Wellen, darunter der »Polnischen Schule« und des polnischen Autorenfilms. Für seine Programmkino-Kette »Lupe 2« agierte Kirchner wie ein Kurator von Weltkino-Programmen, indem er Filme vor dem Film zeigte: Kurzfilme aus seinem Filmstock wie zum Beispiel *Rondo* (1958) von Janusz Majewski oder die Animationsfilme *Dom* (Haus, 1958) und *Rosalie* (F 1966) von Walerian Borowczyk sowie *Monsieur Tête* (F 1959) und *A* (BRD 1965) von Jan Lenica. Begleitend publizierte er unter dem Label »Die kleine Filmkunstreihe« (1957–1973) umfangreiche Programmhefte mit Analysen zu den Filmen und filmhistorische Übersichten zu nationalen Kinematografien. Fünf Hefte waren Filmen aus Polen gewidmet, die die »Neue Filmkunst« im Verleih hatte: »Asche und Diamant« (Heft 21/Oktober 1961), »Nachtzug« (Heft 24/ September 1962) zu Kawalerowiczs psychologischem Kammerspiel *Pociąg* (1959), »Eva will schlafen« (Heft 31/April 1963) zu Tadeusz Chmielewskis absurder Komödie *Ewa chce spać* (1958) und »Andrzej Munk: Eroica Polen 44; Das schielende Glück« (Heft 38/März 1964) zu Andrzej Munks Episodenfilm *Eroica* (1958) und seiner grotesken Komödie *Zezowate szczęście* (1960), die einen ironisch-postheroischen Blick auf die polnische Geschichte in der ersten Hälfte des 20. Jahrhunderts warfen. In der Spielzeit 1972/73 wurde dem Verleihstock auch *Bariera* (*Barriere*, 1966) von Jerzy Skolimowski hinzugefügt. In dem der »Neuen Filmkunst« gehörenden Hamburger Liliencron-Theater fand 1962 im Rahmen der Internationalen Filmkunstwochen die westdeutsche Erstaufführung von Kawalerowiczs *Nachtzug*

---

31 Anlässlich einer Retrospektive im kommunalen Kino Metropolis in Hamburg erschien unter der Redaktion von Jörg Schöning der sehr informative Katalog Neue Filmkunst »Resurrected«. Internationale Filmkunst – Klassik der Moderne: Der Verleih »Neue Filmkunst Walter Kirchner«. Hrsg. von der Kinemathek Hamburg e.V. Hamburg 2016.

statt, was Die Welt zum Anlass für eine Würdigung des Regisseurs und des Engagements der »Neuen Filmkunst« nahm:

> »Jerzy Kawalerowicz, neben Andrzej Wajda und Andrzej Munk der dritte Regisseur der großen Zeit des polnischen Films, ist bei uns noch immer unbekannt. Wer sich darüber noch wundern kann, möge es tun. Freilich würde ein Erstaunen die tiefe Provinzialität und Geschäftsuntüchtigkeit vieler deutscher Filmimporteure und Verleiher verkennen, die einen wesentlichen Anteil an der westdeutschen Kinomisere haben. Selbstmörderisch und desorientiert hat man es schon in zahlreichen Fällen dem Fernsehen oder nichtkommerziellen örtlichen Vereinigungen überlassen, Kostbarkeiten der neueren Filmgeschichte bei uns einzuführen.«

Und weiter heißt es in Bezug auf *Mutter Johanna von den Engeln*:

> »Wie man im letzten Heft der ›Filmkritik‹ bestätigt finden konnte, hat ein tonanagebendes Mitglied des sogenannten ›Interministeriellen Ausschusses‹ in Bonn – einer Zensurinstanz für Filme aus Ostblockländern – seine Aufführung bei uns verhindert. Wohl weniger aus politischen als aus konfessionellen Gründen. A nous la liberté!«[32]

Ein Verbot, das gleichwohl zwei Jahre später fiel. Berühmt wurde der Verleih auch durch Filmplakate, u. a. von Isolde Baumgart und Hans Hillmann, die an das Design der Plakatkunst der 1920er Jahre anschlossen. Zu den ikonischen Entwürfen der »Neue-Filmkunst-Grafik« gehörte Hillmanns Plakat zu *Asche und Diamant*.

Der 1960 von Hanns Eckelkamp in Duisburg gegründete »Atlas«-Verleih vertrieb bis 1967 Filmklassiker sowie ambitionierte Autorenfilme bis hin zum Avantgarde- und Experimentalfilm. Angesichts des in der Publikumsgunst expandierenden Fernsehens verschrieb sich Eckelkamp der Aufgabe, die Filmkultur in Zeiten des Kinosterbens aufrechtzuerhalten, und setzte sich für die Erneuerung der westdeutschen Filmkultur ein. Gerade das polnische Kino sollte in seiner Arbeit eine wichtige Rolle spielen. Der Duisburger Filmkaufmann verlieh nicht nur polnische Kurzfilme von Jan Lenica und Roman Polański, sondern investierte auch vier Millionen D-Mark in den Weltvertrieb von Wajdas an den Kinokassen in der Bundesrepublik geflopptem Historienepos *Popioły* (*Legionäre*, 1965) und Kawalerowiczs Oscar-nominiertem Monumentalfilm *Faraon* (*Pharao*, 1966), was 1967 seine Insolvenz besiegelte.

Auch »Atlas«-Verleih vertrieb eigene Filmhefte und wurde bekannt durch seine vielgerühmten Filmplakate, die Eckelkamp u. a. beim international renommierten polnischen Grafiker Jan Lenica in Auftrag gab. Zwischen Filmarchiv, Filmverleih

---

32 Manfred Delling. In: Die Welt vom 15. September 1962.

und kommunaler Kinoarbeit bildete wiederum der in Berlin eingetragene Verein »Freunde der Deutschen Kinemathek« die Hauptsäule der kulturellen Filmarbeit in der Bundesrepublik. Seine Filmreihen zum polnischen Kino erlangten mit der Zeit einen Referenzcharakter für dessen Rezeption im gesamten Bundesgebiet.

FILMTRANSFER III – Distribution und Rezeption

Kommunalkinos und weitere Vermittlungsinstanzen in der Bundesrepublik

Programmpolitik als filmkulturelle Bildungspolitik: Kino Arsenal, Berlin

Der Verein Freunde der Deutschen Kinemathek wurde 1963 in West-Berlin gegründet, um die Filmbestände der unmittelbar zuvor ins Leben gerufenen Deutschen Kinemathek der Öffentlichkeit zugänglich zu machen und mit den Filmen anderer Archive sowie mit zeitgenössischen Filmen eine kontinuierliche filmkulturelle Arbeit durchzuführen. Anfangs in der Akademie der Künste, später im Kino Bellevue am Hansaplatz zeigte der Verein künstlerisch anspruchsvolle und filmhistorisch interessante Filmprogramme. Mit dem Einzug in das Kino Arsenal erhielt er 1970 eine eigene Spielstätte, deren Leitung Ulrich und Erika Gregor übernahmen und die sich bald zu einer Pilgerstätte der westdeutschen Cineasten entwickelte. Seit 1971 richtet der Verein das »Internationale Forum des jungen Films« aus, eine Sektion der Berlinale, die als autonomes, selbstverwaltetes und gleichberechtigtes Festival gegründet wurde und als Seismograf und Gedächtnis des unabhängigen internationalen Films galt und gilt. Gleichermaßen für das Programm des Arsenals wie des Forums gilt, dass die Auswahl von Filmen kompromisslos nach den eigenen Wertvorstellungen und Anschauungen des Auswahlkomitees erfolgte.

Dabei waren nicht nur der künstlerische Rang eines Films, sondern auch seine formale Neuartigkeit und sein Beitrag zur Entwicklung einer neuen Filmsprache und -ästhetik ausschlaggebend. Daneben standen Filme, die Zeugnis von sozialen und politischen Entwicklungen ablegten, im Mittelpunkt. Darüber hinaus richteten die »Freunde« ihre Anstrengung darauf, die Filme nach Beendigung des Forums in Berlin zu behalten und die Kopien für die kulturelle Filmarbeit zur Verfügung zu stellen (d. h. im Wesentlichen für Filmklubs, kommunale Kinos und Bildungseinrichtungen, je nach Lage der Verträge und Eigenart der Filme aber auch für Programmkinos). Seitdem unterhielten die »Freunde« einen angeschlossenen Filmverleih, in dessen Stock sie ausgewählte Beiträge des Forums aufnahmen, so etwa Krzysztof Zanussis *Illumination* (1972) und Krzysztof Kieślowskis *Blizna* (*Die Narbe*, 1978), *Amator* (*Der Filmamateur*, 1979) und *Krótki dzień pracy* (*Ein kurzer Arbeitstag*, 1981/96). Weiterhin gab der Verein Filmliteratur heraus, meist als Begleitlektüre zu aktuellen Filmreihen konzipierte Materialsammlungen und Aufsatzbände. In seiner Schriftenreihe »Kinemathek« erschienen seit 1965 mehrere Sammelhefte mit Besprechungen polnischer Filme oder thematische Aufsatzbände zu den polnischen Filmreihen der »Freunde«.[33] Ulrich Gregor setzte sich von Anfang an für einen kulturellen Filmaustausch mit Polen ein:

> »Tatsache ist, daß ›Polnische Filmwochen‹, wie wir [i. e. Kino Arsenal/Freunde der Deutschen Kinemathek] sie in den 1960er und 1970er Jahren häufig veranstaltet haben, in jedem Fall eines großen Interesses sicher sein konnten [...]. Diese Rezeption des polnischen Films, die sich niederschlug in vielen Artikeln und Rezensionen in der Tages- und Fachpresse (nicht zuletzt in der Zeitschrift Filmkritik), war vielleicht nicht ein statistisches Indiz dafür, wie viele Menschen in der damaligen BRD tatsächlich polnische Filme gesehen hatten, aber sie sicherte dem polnischen Kino auf jeden Fall eine aktive Präsenz im Bewußtsein der Künstler, Studenten und Intellektuellen.«[34]

Den Kinemathek-Begleittexten ist zu entnehmen, dass diese Präsenz nicht nur auf das Interesse der Veranstalter der Polnischen Filmwochen allein, sondern auch

---

33 Vgl. KINEMATHEK 21 (Dez. 1965: Neue Tendenzen im Film des Ostens), mit Besprechungen zu *Rysopis* (*Besondere Kennzeichen – keine*, 1964) und *Walkower* (*Walkover*, 1965) von Skolimowski und *Ssaki* (*Säugetiere*, 1962) von Polański; KINEMATHEK 33 (März 1967: Neue Filme aus Polen), mit Aufsätzen zu *Barriere* (1966) von Skolimowski, *Potem nastąpi cisza* (*Danach ist Stille*, 1966) von Janusz Morgenstern und *Bumerang* (1965) von Leon Joannot sowie den Credits zu *Rękopis znaleziony w Saragossie* (*Die Handschrift von Saragossa*, 1964) von Wojciech J. Has; KINEMATHEK 42 (Nov. 1969: Polnische Filmtage), zur Filmreihe mit Wajdas *Polowanie na muchy* (*Die Fliegenjagd*, 1968) und *Wszystko na sprzedaż* (*Alles zu verkaufen*, 1968), Munks *Człowiek na torze* (*Der Mann auf den Schienen*, 1957) und *Pasażerka* (*Die Passagierin*, 1961/63), Has' *Handschrift von Saragossa* und *Lalka* (*Die Puppe*, 1968), Wojciech Solarzs *Molo* (*Die Mole*, 1969), Witold Leszczyńskis *Żywot Mateusza* (*Die Tage des Matthäus*, 1969), Majewskis *Zbrodniarz, który ukradł zbrodnię* (*Der Verbrecher, der das Verbrechen stahl*, 1969), Zanussis *Struktur des Kristalls*, Kawalerowiczs *Gra* (*Das Spiel*, 1968), Janusz Nasfeters *Niekochana* (*Ungeliebte*, 1966) und den Dokumentarfilmen *Zbyszek* (*Cybulski*, 1969) von Jan Laskowski sowie *Między wrześniem a majem* (*Von September bis Mai*, 1969) von Roman Wionczek; KINEMATHEK 51 (Feb. 1974: Der polnische Film gestern und heute), mit Aufsätzen zu Zanussis *Życie rodzinne* (*Familienleben*, 1971), *Za ścianą* (*Hinter der Wand*, 1971) und *Illumination*, Wajdas *Wesele* (*Die Hochzeit*, 1972), Has' *Sanatorium pod klepsydrą* (*Sanatorium zur Todesanzeige*, 1973), Ryszard Bers *Chłopcy* (*Die Jungen*, 1973), Roman Załuskis *Zaraza* (*Die Seuche*, 1972), Edward Żebrowskis *Ocalenie* (*Die Errettung*, 1972), Bohdan Zarębas *Hubal* (*Major Hubal*, 1973) und Jan Łomnickis *Poślizg* (*Im Schleudern*, 1972); KINEMATHEK 87 (Okt. 1995: Kann denn Lüge Wahrheit sein? Stereotypen im polnischen und deutschen Film).
34 Ulrich Gregor. In: KINEMATHEK 87 (Okt. 1995), S. 5f.

auf Film Polski zurückzuführen war. Der polnische Weltvertrieb-Monopolist machte »eine rühmliche Ausnahme«, als die »Freunde« 1967 eine Woche des osteuropäischen Films veranstalten wollten und »mangelnder Wille zur Zusammenarbeit und politische Bedenken bei den Filmverwaltungen mehrerer osteuropäischer Länder [das] Projekt leider zu Fall« brachten.[35] So kam damals ein nicht geplantes Exklusiv-Programm mit polnischen Filmen zum Einsatz.

Zwei Jahre später standen die ersten Polnischen Filmtage (27.11.–8.12.1969) bereits ganz im Zeichen der sich ankündigenden Entspannungspolitik: »Es wäre töricht«, heißt es im Vorwort des begleitenden Kinemathek-Heftes,

> »›Polnische Filmtage‹ lediglich als eine Angelegenheit für Cineasten zu betrachten. Diese Veranstaltung, die nur durch großzügige Hilfe von Institutionen und Personen in beiden Ländern möglich wurde und im Rahmen der ›Polnischen Wochen 1969‹ vom Comenius-Haus, Akademie der Künste und den Freunden der Kinemathek getragen wird, ist durchaus politisch gemeint. Wer das Gespräch will, muß mit Informationen beginnen.«[36]

Die dritte Woche des polnischen Films fand 1974 (nach der zweiten 1970) mit Unterstützung von Film Polski, der Polnischen Militärmission in West-Berlin, Beta-Film München sowie Elisabeth Scotti von Interfilm Wiesbaden statt und war eine Doppelveranstaltung, bestehend aus zehn Filmen der Filmwoche und der parallel laufenden Retrospektive »Acht Etappen polnischer Filmgeschichte«, die unter dem Motto »30 Jahre Volksrepublik Polen« einen konkreten Bezug zur Nachkriegsgeschichte Polens mit acht Klassikern des polnischen Nachkriegskinos herstellte: Wanda Jakubowskas *Ostatni etap* (*Die letzte Etappe*, 1948), Munks *Der Mann auf den Schienen*, *Eroica* und *Die Passagierin*, Wajdas *Asche und Diamant* und *Krajobraz po bitwie* (*Landschaft nach der Schlacht*, 1970), Kawalerowiczs *Nachtzug* und Polańskis *Das Messer im Wasser*.

In einer 60-seitigen Dokumentation beider Reihen bescheinigte Gregor der polnischen Spielfilmproduktion einen nach wie vor »ungewöhnlich hohen Anteil künstlerisch ambitionierter Werke«.[37] In seiner und Enno Patalas' 1973–1978 erschienenen vierbändigen *Geschichte des Films* lieferte Gregor mit den Kapiteln zum polnischen Kino als erster deutschsprachiger Historiker eine analytisch profunde und lange Zeit einzige Informationsquelle. Die Programmpolitik der Freunde der

---

35 Ulrich Gregor: Enttäuschungen und Entdeckungen. In: Kɪɴᴇᴍᴀᴛʜᴇᴋ 33 (März 1967: Neue Filme aus Polen), S. 1.

36 Georg Gandert: Informationen für ein Gespräch. In: Kɪɴᴇᴍᴀᴛʜᴇᴋ 42 (Nov. 1969: Polnische Filmtage), S. 1.

37 Ulrich Gregor: Geschichte und Gegenwart im polnischen Film. In: Kɪɴᴇᴍᴀᴛʜᴇᴋ 51 (Feb. 1974: Der polnische Film gestern und heute), S. 1.

Deutschen Kinemathek und des Forums fand in der Übernahme der polnischen Filme aus dem »Freunde«-Verleih und den Arsenal-Filmreihen durch andere kommunale Kinos in der Bundesrepublik ihre Fortsetzung als Bildungspolitik.

Vermittlungsinstanz: Elisabeth Scotti und Interfilm Wiesbaden

Elisabeth Scotti, die seit dem Tod ihres Mannes die Produktions- und Vertriebsfirma Interfilm Wiesbaden alleine fortführte, galt jahrzehntelang sowohl für polnische Filmemacher wie für deutsche Festivalmacher als die Vermittlungsinstanz schlechthin in Sachen polnischer Film. Wie Heiner Roß in dem Jubiläumsband des Internationalen Forums des Jungen Films *Zwischen Barrikade und Elfenbeinturm* schreibt:

> »Elisabeth Scotti von Interfilm, Wiesbaden, darf nicht unerwähnt bleiben. Im März 1967 verhilft sie uns zur Aufführung polnischer Filme, darunter *Bariera* (*Barriere*, 1966) von Jerzy Skolimowski und *Rękopis znaleziony w Saragosie* (*Die Handschrift von Saragossa*, 1964) von Wojciech J. Has. Elisabeth Scotti hat viele polnische Filme in die Bundesrepublik gebracht, hat Drehbücher für Koproduktionen, zum Beispiel von Andrzej Wajda, übersetzt und zum Gedenken an ihren Mann Alexander den Westdeutschen Kurzfilmtagen Oberhausen einen Preis gestiftet. Sie hilft junge, unbekannte polnische Regisseure im Westen populär zu machen, und hat auch zahlreiche ungarische Filme, die das Forum in der Folgezeit präsentieren konnte, zugänglich gemacht. Das wirkliche Loblied auf sie muss noch gesungen werden.«[38]

Dank Scotti konnte Wajda mit Hilfe des ZDF *Pilatus und andere – Ein Film für Karfreitag* 1972 in der Bundesrepublik umsetzen. Fünfzehn Jahre später wandte sich Kieślowski an Elisabeth Scotti, als er nach Finanzierungsmöglichkeiten für die Kinoversionen von *Dekalog 5* und *Dekalog 6*, *Krótki film o zabijaniu* (*Ein kurzer Film über das Töten*, 1987) und *Krótki film o miłości* (*Ein kurzer Film über die Liebe*, 1988) suchte, um sie auf 35mm-Filmmaterial drehen zu können. Scotti warb für das gesamte *Dekalog*-Projekt (1987–1989) bei den deutschen TV-Anstalten. Das ZDF winkte ab, der SFB-Fernsehspiel-Chef Lothar Kompatzki erkannte das Potenzial der Serie. Für wenig Geld stieg der SFB als Koproduzent beim polnischen Fernsehen TVP ein, erwarb Lizenzrechte für den deutschsprachigen Raum und landete mit dem Welterfolg der Serie unerwartet einen Coup.

---

38 Heiner Roß: Für ein Gedächtnis des Kinos – die Filme, das Forum, der Verleih. In: Freunde der Deutschen Kinemathek (Hrsg.): Zwischen Barrikade und Elfenbeinturm. Zur Geschichte des unabhängigen Kinos. 30 Jahre Internationales Forum des Jungen Films. Berlin 2000, S. 12.

FILMTRANSFER IV – Distribution und Rezeption

Festivals – Programmpolitik als Vorhut der Entspannungspolitik

Westdeutsche Kurzfilmtage in Oberhausen

Die Westdeutschen Kurzfilmtage in Oberhausen, gegründet 1954 als erstes Kurzfilm-festival der Welt und bis heute die wichtigste internationale Plattform für die kur-ze Form, boten seit 1958 mit ihrem programmatischen Motto »Weg zum Nach-barn« – womit über die DDR hinweg vor allem Polen als Brücke nach Osteuropa gemeint war – vier Jahrzehnte lang dem polnischen Film ein aufgeschlossenes Fo-rum (Abb. 1–4). Ob die Kurzfilme von Roman Polański, Janusz Majewski, Andrzej Kondriatuk, Andrzej Barański, Piotr Andrejew oder Mariusz Grzegorzek; Doku-mentarfilme von Jerzy Bossak, Kazimierz Karabasz, Andrzej Munk, Jerzy Ziarnik, Tadeusz Makarczyński, Jerzy Hoffman und Edward Skórzewski, Władysław Śle-sicki, Andrzej Brzozowski, Marek Piwowski, Piotr Szulkin, Wojciech Wiszniewski, Irena Kamieńska oder Marcel Łoziński; Animationen von Jan Lenica und Walerian Borowczyk, Daniel Szczechura, Witold Giersz, Mirosław Kijowicz, Stefan Schaben-beck, Ryszard Czekała, Jerzy Kucia, Julian Antonisz[czak], Zbigniew Rybczyński oder Piotr Dumała – um nur die wichtigsten Preisträger und eine Preisträgerin zu erwähnen –, die Namen und die Filmtitel lesen sich wie ein Defilee renommierter Repräsentant:innen der Nachkriegsgeschichte des polnischen Films (Abb. 5–6).

Abb. 1: Europa-Palast in Oberhausen (1962). Bild: Archiv der Kurzfilmtage (Fotograf unbekannt).

Abb. 2: Plakat *Weg zum Nachbarn* (1968). Bild: Archiv der Kurzfilmtage.

Abb. 3: Plakat *Weg zum Nachbarn* (1983). Bild: Archiv der Kurzfilmtage.

Abb. 4: Plakat *Weg zum Nachbarn* (1985). Bild: Archiv der Kurzfilmtage.

Abb. 5: Roman Polański (1963). Bild: Rudolf Holtappel (Nachlass Holtappel).

Abb. 6: Jerzy Bossak (links) und Jan Lenica (1966). Bild: Archiv der Kurzfilmtage (Marco).

Unter dem Festivalgründer Hilmar Hoffmann (Abb. 7) entwickelte sich Oberhausen zu einem Mekka des Kurzfilms mit politischem Ruf, da man nur hier viele
Filme aus dem »Ostblock« sehen konnte. Der Kulturvermittler richtete 1953 zuerst
einen Filmklub in der Stadt ein. Als Direktor der Volkshochschule in Oberhausen
genoss Hoffmann die Unterstützung des Volkshochschulverbandes und der SPD-
Oberbürgermeisterin Luise Albertz, was ihm in der Adenauer-Ära ermöglichte, die
Kurzfilmtage zu einer progressiven Kulturaustauschstätte zu machen (Abb. 8): »In
den 50er und 60er Jahren«, schreibt sein Biograf Claus-Jürgen Göpfert,

> »versucht sich das Festival als kultureller Brückenschlag in die Staaten des
> Warschauer Paktes. Lange bevor Bundeskanzler Willy Brandt (SPD) im Jahre
> 1969 offiziell die neue Ostpolitik einleitet. Der Filmemacher und Schriftsteller
> Alexander Kluge […] würdigt heute im Gespräch die ›intensiven Beziehungen‹,
> die Hoffmann gerade in die Volksrepublik Polen und zur Filmhochschule in
> Lodz aufgebaut habe.«[39]

---

39 Claus-Jürgen Göpfert: Der Kulturpolitiker. Hilmar Hoffmann, Leben und Werk.
   Frankfurt am Main 2015, S. 80.

Abb. 7: Hilmar Hoffmann (links) und Will Wehling (1959). Bild: Archiv der Kurzfilmtage (Fotograf unbekannt).

Abb. 8: Luise Albertz (1969). Bild: Archiv der Kurzfilmtage (Heinz Marzina).

Diese Ausrichtung ließ die Kurzfilmtage zu einem Ärgernis für die Bundesregierung werden, die die Veranstaltung als »rotes Festival« einstufte. Solange Hoffmann das Festival leitete, gab es keine Unterstützung des Bundes für die Kurzfilmtage, was sich nach seinem Abgang 1970 dann in der Brandt-Ära ändern sollte. Bis dahin versuchte die Bundesregierung, die Aufführungen von Produktionen aus dem »Ostblock« systematisch zu verhindern, so dass alle Filme aus sozialistischen Ländern dem ›Interministeriellen Filmprüfungsausschuss‹ vorgelegt werden mussten, der ihre Vorführungen in Oberhausen vor dem Beginn des Festivals zu genehmigen hatte.

Hoffmann reagierte auf diese Praxis mit einem Trick: Er ließ die Filmemacher eine zweite Kopie ihrer Werke im Handgepäck über die deutsche Grenze schmuggeln, um so die Zensur zu umgehen. Eine Provokation, die »das Bundesinnenministerium zur Weißglut« brachte, »weil so auch Filme in Oberhausen gezeigt wurden, die in Deutschland verboten sind«.[40] So etwa *Mutter Johanna von den Engeln*, der 1963 mit dem Preis der Jungen Filmkritik für den »besten dem deutschen Publikum vorenthaltenen Film« ausgezeichnet wurde.[41] Für die jungen Filmemacher aus den osteuropäischen Staaten entwickelte sich das Festival zu einem Sprungbrett für ihre internationale Karriere, so etwa für Roman Polański. Mit seiner »Offenheit des Geistes«, die ihn sowohl Produktionsstudios, Filmhochschulen und Festivals besuchen als auch persönliche Kontakte in Osteuropa knüpfen ließ, unterlief Hoffmann die offizielle Haltung der CDU-geführten Bundesregierung, die solche Beziehungen nicht wünschte. Umgekehrt waren die Offiziellen in Polen und anderen östlichen Nachbarländern entsprechend beeindruckt von dieser Haltung, so dass der filmkulturelle Austausch mit Polen einen starken Anschub erhielt.

Die Bundesregierung übte mit der Zeit sogar ganz offen Druck aus, um Hoffmann abzulösen, etwa Bundespräsident Heinrich Lübke auf die Oberbürgermeisterin Albertz, der er eine umfangreiche Akte mit Angaben zu den Osteuropareisen des Festivalleiters präsentierte; oder der Bundesinnenminister Hermann Höcherl, der in einem polemischen Brief an einen lokalen CDU-Politiker, der an die Presse kolportiert wurde, gegen den »roten Geist« von Oberhausen wetterte. Der langjährige Ehrenpräsident der Kurzfilmtage und Regie-Dekan der Filmhochschule in Lodz, Jerzy Bossak (Abb. 6), konterte die Polemik mit der oft zitierten Formel: »Der gute Geist von Oberhausen entspricht leider nicht dem Geist von Bonn.«[42] Die Filmhochschule in Lodz galt international als innovative Talentschmiede, was sich auch in der westdeutschen Rezeption spiegelte. Polańskis preisgekrönte Studentenfilme und sein Debüt *Das Messer im Wasser* (Preis der Jungen Filmkritik,

---

40 Ebenda.

41 Jerzy Kawalerowicz: Mutter Johanna von den Engeln. Nachtzug. Zwei Filmtexte. München 1963, S. 5.

42 Ebenda, S. 86f.

Oberhausen 1964) gehörten zu jenen verblüffenden Filmentdeckungen aus Osteuropa, unter deren Eindruck 1962 das Oberhausener Manifest des Jungen deutschen Films verfasst wurde.[43]

Als die Kurzfilmtage 1979 ihren 25. Jahrestag feierten, schrieb Bossak,[44] dem auch der Status eines Doyens des polnischen Dokumentarfilms zukam, in der Jubiläumspublikation des Festivals *O. is for Oberhausen*:

> »Nur wenige [Festivals] bemühen sich, ein echtes Forum für die Filmschaffenden zu bleiben und sich sogar über die Zukunft des Kinos Gedanken zu machen. [...] Als besonders wichtig betrachte ich die Kontakte mit den jungen Dokumentaristen, die aus Ost und West, Nord und Süd nach Oberhausen kommen. Viele meiner Freundschaften sind gerade in Oberhausen geschlossen worden. Und manche Spuren der in Oberhausen geführten Gespräche sind nicht nur in Filmen, sondern auch in einigen Büchern über Filme zu entdecken. Im Großen und Ganzen halte ich das Oberhausener Motto ›Weg zum Nachbarn‹ für gerechtfertigt.«[45]

Ron Holloway, ein US-amerikanischer Filmjournalist und Filmhistoriker, schätzte in seinem Kapitel über Polen in der von ihm und seiner Frau redigierten Jubiläumspublikation die Bedeutung des Landes und Oberhausens für den kulturellen Ost-West-Dialog wie folgt ein:

> »Das Schlüsselland der ›Weg zum Nachbarn‹-Politik war Polen, wie ein Blick auf die Landkarte Mittel- und Osteuropas vor und nach dem Krieg sofort zeigt. Darüber hinaus machten das Konzentrations- und Vernichtungslager Auschwitz und die Qualen von Warschau [Warschauer Aufstand 1944] ein

---

43 Wie es nach Kluge und Edgar Reitz erneut ein Vertreter des Neuen Deutschen Films in Person Volker Schlöndorffs in der TV-Dokumentation zur Kulturgeschichte der Bundesrepublik *Bewegte Republik Deutschland* von Thomas von Steinaecker darlegte (gesendet in 3sat am 8. und 10. Dezember 2014). Schlöndorff bezeichnet darin die Entstehung des Oberhausener Manifestes als eine direkte Reaktion vor allem auf die Kurzfilme Polańskis, die damals bei Kurzfilmtagen in Oberhausen als Beispiel für ein neues Autorenkino rezipiert wurden: http://www.3sat.de/bewegterepublik/#/video/47771 (13.1.2015).

44 Für die westdeutschen Dokumentaristen, die jenseits der etablierten Produktions- und Vertriebsstrukturen arbeiteten, waren die privilegierten Kollegen in Osteuropa Vorbilder. So auch Bossak für Klaus Wildenhahn, den Nestor des westdeutschen Dokumentarfilms, der als zuständiger Redakteur des NDR in drei Jahrzehnten mehrere Dutzend Filme realisieren konnte. Für sein Doppelporträt *Ein Film für Bossak und Leacock* (1984) reiste er nach Warschau. Das Gros seiner dokumentarischen Huldigung an Jerzy Bossak entstand aber 1983 während der Kurzfilmtage in Oberhausen.

45 Ronald und Dorothea Holloway: O. is for Oberhausen. Weg zum Nachbarn. Oberhausen 1979, S. 223.

solches Motto unerläßlich – wenn überhaupt ein internationales Kurzfilm-festival auf dem deutschen Boden Erfolg haben sollte. Willy Brandts Ost-politik brachte Oberhausens ›Mission‹ zu einem gelungenen Abschluß. Die polnischen Preisträger sind mit Abstand die Crème de la crème des Archivs. […] Oberhausen hatte das Glück, zu dem Zeitpunkt eine Rolle zu spielen, als an der polnischen Filmakademie in Lodz eine Gruppe von hochtalentierten Regisseuren und engagierten Lehrern ihren Abschluß machte. […] Für jene Menschen im Ruhrgebiet, deren Väter und Großväter noch in Polen gebo-ren wurden, ist das polnische Festivalprogramm zur Institution geworden.«[46]

Der wachsende internationale Ruf des Festivals und seine dezidierte »Ost-Politik« bescherten ihm im sozialistischen Lager eine besondere Aufmerksamkeit kulturpoli-tisch verantwortlicher Kader. Sie nutzten es als Bühne für ihre vermeintlich liberale Kulturpolitik: Man schickte selbstkritische Filme, die zuhause verhindert wurden, oft nach Oberhausen, weil sie dort für das sozialistische Lager warben. »Die sozi-alistischen Länder suchten«, wie Wilhelm Roth, der langjährige Leiter der Film-zeitschrift EPD FILM, resümiert, »mit ihren Kulturleistungen die Anerkennung des Westens, zugleich fürchteten sie aber den Kontakt. Sie wollten weltoffen erscheinen, hatten aber Angst vor der Infiltration.«[47] Polen gehörte im Vergleich mit der DDR und der Sowjetunion zu den kooperativsten Ländern. Zuweilen konnte auch der Eindruck entstehen, dass manche Filme auf ihren Einsatz in Oberhausen hin erst produziert worden waren. Die schwierigen Verhandlungen der Festivalleitungen, die von den Filmfunktionären im Osten wie Entsandte der Bundesregierung be-handelt wurden, sowie die Präsenz von Botschaftern, Kulturattachés oder hochran-gigen Kulturvertretern bei den Kurzfilmtagen trugen gleichsam zur Nobilitierung der Oberhausen-Abgesandten wie des Festivals bei.

Von 1975 bis 1985 war Wolfgang J. Ruf Direktor der Westdeutschen Kurzfilm-tage (Abb. 9) und auch in seiner Amtszeit stand der Austausch mit Filmkünstlern aus den Ostblockstaaten im Zentrum, wobei das Oberhausener Festival die poli-tische Entwicklung in Polen besonders aufmerksam reflektierte. In seinem Auf-satz »Grenzverläufe, Grenzüberschreitungen. Reminiszenzen an die Oberhausener Ost-Politik«, erschienen im Sonderband *kurz und klein. 50 Jahre Internationale Kurzfilmtage Oberhausen*, beschreibt Ruf detailliert, welchen Fingerspitzengefühls und diplomatischen Geschicks es bei Verhandlungen auf staatlich-administrativer Ebene bedurfte. Um die Unabhängigkeit des Festivals an der Front zwischen den offiziellen/institutionellen Partnern aus den Ostblockländern, die sich gelegentlich

---

46 Ebenda, S. 317f.
47 Wilhelm Roth: Die schwierigen Nachbarn. Ein Festival und seine Mythen. In: Internationale Kurzfilmtage Oberhausen (Hrsg.): kurz und klein. 50 Jahre Internationale Kurzfilmtage Oberhausen. Ostfildern-Ruit 2004, S. 10.

ganz dreist die Deutungshoheit über das Festivalmotto anmaßten, und den einheimischen Entscheidungsträgern, Förderern und Teilnehmern zu wahren, mussten
sich die Kurzfilmtage sowohl gegen westdeutsche Eingriffe in ihre Programmpolitik
als auch gegen Versuche propagandistischer Vereinnahmung bzw. Instrumentali-
sierung aus dem Osten behaupten:

> »Da ging es bei der Auswahl einiger Kurzfilme oft tatsächlich um komplizier-
> te politische Balanceakte. Zumal wenn man die Chance hatte, den direkten
> Dialog mit wichtigen Filmemachern zu führen und dadurch über Informati-
> onen verfügte, deren Quelle nicht genannt werden konnte. Das offene Wort
> über einzelne Filme und die Intention ihrer Macher war mit den offiziellen
> Verhandlungspartnern, von deren Gunst es abhing, welche Filme man erhielt,
> meist nicht möglich. Man war sogar gut beraten, besondere Qualitäten eines
> Films, etwa seine kritische Metaphorik, nicht zu betonen.«[48]

Abb. 9: Wolfgang J. Ruf (1981). Bild: Archiv der Kurzfilmtage (Fotograf unbekannt).

---

48 Wolfgang J. Ruf: Grenzverläufe, Grenzüberschreitungen. Reminiszenzen an die
   Oberhausener Ost-Politik. In: Internationale Kurzfilmtage Oberhausen (wie Anm. 47),
   S. 57–66.

Ruf bescheinigt den Festivalmachern eine linksliberale Blauäugigkeit angesichts der Verhältnisse im Osten und ein übersteigertes Empfinden der eigenen Bedeutung als Elemente der Oberhausener Ost-Politik. Dennoch war dieser Dialog, wie er schreibt, »mochte er auch noch so kompliziert und grotesk gewesen sein, ein Fortschritt gegenüber der völligen Abgrenzung und dem eisigen Schweigen, die zuvor geherrscht haben«.[49] Dass das Festival gerade auch unter Filmemacher:innen im Osten einen wichtigen Ruf als »Plattform des freien Kultur- und Meinungsaustauschs«[50] genoss, sollte sich bei seiner 27. Edition im Mai 1981 bestätigen. Konservativen immer noch ein Dorn im Auge, sahen linke Kritiker:innen indes dasselbe Festival, das mittlerweile in Übereinstimmung mit der Staatsräson vom Bund bezuschusst wurde, von reaktionären Einflussnahmen und liberalem Opportunismus bedroht. Die politische Situation in Polen mit der »Solidarność«-Gewerkschaft als Fanal der sich ankündigenden Veränderungen in Europa verlangte nach Programmakzenten, die die DDR- und linken westdeutschen Filmkritiker:innen als »Solidarność-Selbstdarstellungen mit antisozialistischen bzw. konterrevolutionären Auslassungen« (*Film und Fernsehen*, Ost-Berlin) diffamierten oder dafür kritisierten, dass »die polnische Thematik in einer sensationsorientierten Weise herausgestellt« werde (*Die Wahrheit*, West-Berlin).[51]

Am Ende gewannen zwei polnische Filme den Großen Preis: Zbigniew Rybczyńskis Experimentalfilm *Tango*, der 1983 mit dem Oscar prämiert werden sollte, und Wojciech Wiszniewskis inszenierter Dokumentarfilm *Stolarz* (*Der Tischler*, 1976), der den Lebenskampf eines alten Handwerkers vor dem Hintergrund der vom Parteiapparat unablässig geleugneten Dauermisere im »sozialistischen« Alltag zu einer sarkastischen Metapher des real existierenden Sozialismus verdichtet. Wiszniewskis Film war bereits 1977 nach Oberhausen eingeladen. Um seine Teilnahme zu verhindern, sagte Polen damals seine Beteiligung an den 23. Westdeutschen Kurzfilmtagen ab. Eine kleine Delegation offizieller Vertreter aus Warschau hielt allerdings während des Festivals eine Pressekonferenz ab, in der sie dem Festivalleiter Ruf vorhielt, einen Film nach Oberhausen eingeladen zu haben, der gar nicht existieren würde. Vier Jahre später war er dank des Solidarność-Umbruchs verfügbar und erhielt in Oberhausen die höchste Auszeichnung. Das Warschauer Dokumentarfilmstudio WFD hat in der deutsch untertitelten Kopie für die Teilnahme in Oberhausen 1976 als Copyright-Jahreszahl stehen lassen. Für Ruf war das

»große polnische Programm der 27. Westdeutschen Kurzfilmtage mit künstlerisch herausragenden Filmen von Irena Kamieńska, Krzysztof Kieślowski,

---

49 Ebenda, S. 60f.
50 Ebenda, S. 61.
51 Ebenda, S. 63.

Wojciech Wiszniewski, Jerzy Kucia und Zbigniew Rybczyński, mit authenti-
schen Reportagen von der sich anbahnenden gesellschaftlichen Umwälzung
in Polen, mit Dokumentarfilmen zur unabhängigen Gewerkschafts- und
Demokratiebewegung Solidarność und auch zum polnischen Papst […] die
letzte große Schau der Möglichkeiten des klassischen Kurz- und Dokumentarfilms als Medium der Gegeninformation und auch der unmittelbaren politischen Wirkung.«[52]

1986 übernahm Carola Gramann die Festivalleitung. Im Rahmen einer umfas-
senden Retrospektive 1988 gastierte anlässlich ihres 40. Jubiläums die Filmhochschule Lodz in Oberhausen.[53] Das Filmprogramm wurde um eine Ausstellung zur
Geschichte der Filmhochschule ergänzt. Im Verlauf der Festivalgeschichte beauf-
tragte man polnische Preisträger (u. a. Rybczyński) damit, den aktuellen »Weg zum
Nachbarn«-Festivaltrailer herzustellen. Jedes Jahr zeigten die Kurzfilmtage auch
eine Auswahl mit Filmen von ihrem Partner-Festival für Kurz- und Dokumentarfilme in Krakau. Rückblickend lässt sich mit dem Filmkritiker Wilhelm Rot sagen:
»Die historische und bleibende Leistung der Kurzfilmtage war und ist sicherlich
die Öffnung nach dem Osten zu einer Zeit, da dies noch nicht opportun war.«[54]

Internationale Filmwoche Mannheim

Auch andere wichtige internationale A-Filmfestivals wie Mannheim und die Berlinale ermöglichten in ihrem damaligen Selbstverständnis eines »Fensters zum Osten«
polnischen Filmemacher:innen, den Kontakt mit westeuropäischen Zuschauern zu
halten. Gegründet wurde das Festival in Mannheim als »Mannheimer Kultur- und
Dokumentarfilmwoche« (1952–1960), die damals vor allem Kurzfilme zeigte. 1961
wurde sie in »Internationale Filmwoche Mannheim« umbenannt und nahm neben
Kultur- und Dokumentarfilmen zunehmend auch Spielfilme ins Programm auf.[55]
Zu ihrer jetzigen Form fand sie 1973, als sich das Festival auf Spielfilm-Debüts und
Dokumentarfilme spezialisierte und außerdem Kurzfilme zeigte.

Die langjährige künstlerische Leiterin der Internationalen Filmwoche Mannheim, Fee Vaillant, verfügte über ein besonderes Gespür für die Erstlingswerke

---

52 Ebenda, S. 64.
53 Vgl. Westdeutsche Kurzfilmtage Oberhausen (Hrsg.): Staatliche Hochschule für Film,
   Fernsehen und Theater, Łódź. Eine Retrospektive 1948–1988. Redaktion Elisabeth
   Scotti; Klaus Gronenborn; Dieter Reifarth. Oberhausen 1988.
54 Zit. nach Ruf (wie Anm. 48), S. 61.
55 Zur Geschichte des Mannheimer Festivals vgl. Michael Kötz; Günter Minas: Zeitgeist
   mit Eigensinn. Eine Filmfestivalgeschichte. Zum 50. Geburtstag des Internationalen
   Filmfestivals Mannheim-Heidelberg. Mannheim 2001.

später berühmt gewordener Regisseur:innen und ein ausgeprägtes Interesse am osteuropäischen Kino. Unter ihrer Leitung 1973–1991 entwickelte sich Mannheim[56] zu einer internationalen Startrampe für polnische Regisseur:innen. 1973 wurde Grzegorz Królikiewiczs *Na wylot* (*Durch und durch*) mit drei Preisen bedacht; 1974 gewann das Festival *Zapis zbrodni* (*Protokoll eines Verbrechens*) von Andrzej Trzos-Rastawiecki; 1975 konnte hier mit dem Großen Preis für *Personel* (*Personal*) Krzysztof Kieślowski seinen Durchbruch im Westen feiern; 1976 erhielten Piotr Szulkin für *Dziewczę z ciortem* (*Maid mit dem Teufel*) und 1980 Barbara Sass für *Bez miłości* (*Ohne Liebe*) den Filmdukaten, einen der Hauptpreise in Mannheim; 1978 wurde auch *Zmory* (*Gespenster*) von Wojciech Marczewski prämiert.

Nach der Aufhebung des Kriegszustands in Polen ging 1985 ein Mannheimer Filmdukat an *Łagodna* (*Die Sanfte*) von Piotr Dumała, 1986 gab es einen Filmdukaten für *Szczurołap* (*Rattenfänger*) von Andrzej Czarnecki, 1987 mit Preisen überhäuft wurde das zuvor verbotene Debüt *Niedzielne igraszki* (*Sonntagsspielereien*) von Robert Gliński, 1989 verzeichnete man sogar einen Doppelerfolg: Filmdukaten für Andrzej Fidyks *Defilada* (*Defilade*) und Dorota Kędzierzawskas *Koniec świata* (*Das Ende der Welt*), für den letzten sogar noch drei weitere Preise. Eine beeindruckende Bilanz angesichts anderer Debütanten und Preisträger des Festivals wie zum Beispiel François Truffaut, Wim Wenders, Rainer Werner Fassbinder, Mike Leigh, Jim Jarmusch, Atom Egoyan, Lars von Trier, Zhang Yimou oder Thomas Vinterberg. Wie die Gründer:innen des Internationalen Forums des Jungen Films der Berlinale, Ulrich und Erika Gregor, kamen die Festivalmacher:innen in Oberhausen (Hoffmann, Ruf, Gramann) und Mannheim (Vaillant) aus der westdeutschen Filmklub-Bewegung. Unterstützt vom deutschen Volkshochschulverband, um nach den Verwüstungen des Kriegs einen bildungspolitischen Auftrag zu verfolgen, hat diese die Geschichte des unabhängigen Kinos in Deutschland maßgeblich mitgeprägt.[57]

---

56 Aber auch vor 1973 gab es polnische Preisträger in Mannheim: 1972 gab es einen Preis für Julian Antoniszs *Jak działa jamniczek* (*Wie funktioniert ein Dackel*); 1970 Filmdukaten für Ryszard Czekałas *Syn* (*Der Sohn*) und Stefan Schabenbecks *Wiatr* (*Der Wind*); 1967 für *Śmierć prowincjała* (*Der Tod eines Provinzials*) von Krzysztof Zanussi; 1966 FIPRESCI-Preis für *Sublokator* (*Der Untermieter*) von Janusz Majewski; 1965 einen der Hauptpreise für Jerzy Skolimowskis *Walkover*; 1962 Preis für *Zaduszki* (*Allerheiligen*) von Tadeusz Konwicki; 1961 für *Noc* (*Die Nacht*) von Tadeusz Makarczyński; 1958 Filmdukaten für *Był sobie raz* (*Es war einmal*) von Jan Lenica und Walerian Borowczyk.

57 Vgl. dazu Anne Paech: Die Schule der Zuschauer. Zur Geschichte der deutschen Filmclub-Bewegung In: Hilmar Hoffmann; Walter Schobert (Hrsg.): Zwischen Gestern und Morgen. Westdeutscher Nachkriegsfilm 1946–1962. Frankfurt am Main 1989, S. 226–245; Wieland Becker; Volker Petzold: Tarkowski trifft King Kong. Geschichte der Filmclubbewegung in der DDR. Berlin 2001 (enthält einen aufschlussreichen Exkurs zur westdeutschen Filmklubbewegung).

Zentrum und Peripherie: Berlinale und Grenzland-Filmtage in Selb

Neben dem Festival von Cannes und der Mostra in Venedig gehört die Berlinale zu den drei wichtigsten Filmfestspielen der Welt. Sie wurde 1951 im amerikanischen Westsektor des geteilten Berlins gegründet und somit an der Frontlinie des Kalten Kriegs. Für die Alliierten, insbesondere für die Amerikaner, schien die Berlinale ein »ideales Schaufenster der Freien Welt« zu sein, was sie von Anfang an zu einem Instrument im politischen Konflikt zwischen Ost und West machte. Bis 1974 hatte die Sowjetunion alle Einladungen der Berlinale zur Teilnahme abgelehnt, weil sie den Status West-Berlins als Teil der Bundesrepublik Deutschland nicht anerkannte. Dank des »Tauwetters« in den Ostblockländern und des Prager Frühlings hatten bereits in den Jahren zuvor einige Satellitenstaaten der UdSSR (besonders die Tschechoslowakei und Rumänien) Filme auf die Berlinale oder deren Markt entsandt. »Mitte der Siebzigerjahre«, kolportiert der britische Filmpublizist Peter Cowie, »drängten Delegierte aus den sozialistischen Ländern auf das Festivalparkett. Diese Leute treffen zu können, gehörte zu den Vorzügen der Berlinale.«[58]

Mit der Entspannungspolitik nach der Unterschreibung der Ostverträge veränderte sich das Selbstverständnis der Berlinale, die sich jetzt als ein »Fenster zum Osten« begriff. Da die Filmfunktionäre in Polen ihre Festivalbeiträge lieber in die Wettbewerbe von Cannes und Venedig entsandten, waren es bis Ende der 1960er Jahre zwei Filme von Exil-Regisseuren, die nacheinander in Berlin mit dem Goldenen Bären und dem FIPRESCI-Preis ausgezeichnet wurden: 1966 Roman Polańskis *Cul-de-sac* (*Wenn Katelbach kommt*, GB 1966) und 1967 Jerzy Skolimowskis *Le Départ* (*Start*, B 1967). Nach dem Ende des UdSSR-Boykotts Mitte der 1970er Jahre kam 1978 noch der Silberne Bär für Jerzy Kawalerowiczs Politdrama *Śmierć prezydenta* (*Der Tod des Präsidenten*, 1977) hinzu, eine Rekonstruktion des Attentats von 1922 auf den ersten Präsidenten Polens Gabriel Narutowicz. Die filmpolitischen Fallgruben und Konflikte verliefen in Berlin aber nicht auf der Schiene westdeutsch-polnischer Filmbeziehungen, sondern direkt auf der Achse der Großmächte USA – UdSSR. Symptomatisch dafür war der Skandal um die Wettbewerb-Teilnahme von Michael Ciminos Vietnamkrieg-Drama *The Deer Hunter* (*Die durch die Hölle gehen*, USA 1978) im Jahr 1979, als unter der Führung der Sowjetunion die Ostblockländer die Berlinale wegen des fünffachen Oscar-Gewinners erneut boykottierten.

Lange bevor im wiedervereinten Deutschland zwei auf das Kino Osteuropas spezialisierte Festivals in Cottbus (1991) bzw. Wiesbaden (2001) entstehen sollten, erfüllten diese Rolle die Grenzland-Filmtage im oberfränkischen Selb. Das 1977 in Wunsiedel gegründete Festival vergibt bis heute einen Preis für den besten osteuropäischen Film und organisierte in seiner 42-jährigen Geschichte zahlreiche

---

58 Peter Cowie: Die Berlinale. Das Festival. Berlin 2010.

Filmreihen und Retrospektiven, u. a. zu Marek Piwowski, Krzysztof Kieślowski oder Krzysztof Zanussi. Seiner Lage an der bayerisch-tschechischen Grenze verdankt das Festival seinen Namen, seine Orientierung nach Osteuropa und den Leitgedanken, jegliche Grenzen überwinden zu wollen. Getragen wird es von einem Verein zur Förderung grenzüberschreitender Film- und Kinokultur in Selb. Das Festival wird bis heute von Filmenthusiast:innen ehrenamtlich organisiert und durchgeführt.

FILMTRANSFER V – Distribution und Rezeption

Dyskusyjne Kluby Filmowe, »Konfrontacje« und Verleihe in Polen

Rezeption – DKFs und »Konfrontacje«

Die DKFs, Diskutierfilmklubs, entstanden in der Volksrepublik Polen geradezu explosionsartig im Zuge des Polnischen Oktobers, also ab Mitte der 1950er Jahre.[59] Der erste DKF »Po prostu« (Geradeheraus) wurde bereits im November 1955 von der »Wochenzeitung für Studenten und die junge Inteligencja« Po prostu (1947–1957) gegründet, die unter dem Chefredakteur Eligiusz Lasota eine führende Rolle bei den politischen Ereignissen des Polnischen Oktobers spielen sollte.[60] Am 27. Mai 1956 wurde unter der Federführung von Antoni Bohdziewicz der Polnische Verband der Diskutierfilmklubs (Polska Federacja Dyskusyjnych Klubów Filmowych) ins Leben gerufen.[61] In der Vorkriegszeit hatte Bohdziewicz in Paris Filmregie studiert und drehte danach dokumentarische Kurzfilme im Umfeld der Warschauer Vereinigung der Filmkunst-Liebhaber »START« und deren Produktionseinheit SAF,[62] einem Avantgarde-Zirkel linker Filmemacher:innen, dem auch Aleksander Ford und Wanda Jakubowska angehörten. Der polnische Verband trat der Internationalen Vereinigung der Filmklubs FICC (Fédération internationale des ciné-clubs) bei. Seit 1962 war Bohdziewicz zugleich der Vizepräsident der FICC, zwischen 1966 und 1970 ihr Präsident.

---

59 Zur Geschichte der Diskutierfilmklubs in der Volksrepublik Polen vgl. Mirosław Walas: 30 lat działalności dyskusyjnych klubów filmowych. Kraków 1986.

60 Vgl. Norman Davies: Boże Igrzysko. Historia Polski. Kraków 1999; Dominika Rafalska: Między marzeniami a rzeczywistością. Tygodnik Po prostu wobec głównych problemów społecznych i politycznych Polski w latach 1955–1957. Warszawa 2008; Jacek Szczerba: Drugi obieg kina w PRL. 50 lat Dyskusyjnego Klubu Filmowego »Po prostu«. In: Gazeta Wyborcza vom 5./6. November 2005, S. 12.

61 Vgl. Stenogram I Ogólnopolskiego Zjazdu D.K.F.: Warszawa – 27.V.1956 r. Polska Federacja Dyskusyjnych Klubów Filmowych. Warszawa 1956.

62 Stowarzyszenie Miłośników Filmu Artystycznego START und Spółdzielnia Autorów Filmowych SAF (1935–1939).

Die DKFs spielten in der Volksrepublik Polen eine wichtige kulturelle und gesellschaftliche Rolle. Sie dienten, vereinfacht formuliert, der Erweiterung der Horizonte,
indem sie den Zugang zu anspruchsvollen oder künstlerisch herausragenden Filmen
ermöglichten, die offiziell nicht vertrieben wurden. Dafür legte der Zentralvertrieb
CWF exklusiv für die DKFs, hauptsächlich in den 1960er Jahren, die sogenannte
»pula dkf-owska«[63] (DKF-Filmpool) an, ein Sonderkontingent von nur zu diesem
Zweck eingekauften Filmen. Die Diskutierfilmklubs galten auch als Orte relativ
freier Meinungsäußerung und boten ihren Leitungen seit den 1970er Jahren die
Möglichkeit, im Rahmen der FICC-Jurys, die den internationalen FICC-Preis »Don
Quijote« vergaben, an Filmfestivals im Westen teilzunehmen. Die Anzahl der DKFs
wuchs stetig und erreichte in den 1980er Jahren den Höchststand von ca. 500 Klubs.

Der Verband verfügte über ein eigenes Publikationsorgan, die Monatszeitschrift
FILM NA ŚWIECIE (Film in der Welt), die dank ihrer internationalen Vernetzung
über freie Mitarbeiter:innen von Berlin über Los Angeles, Moskau, New York,
London und Stockholm bis Paris verfügte und einen regen Austausch mit wichtigen Filmzeitschriften wie CAHIERS DU CINÉMA, POSITIF, IMAGE ET SON, JEU-
NE CINÉMA, L'AVANT-SCÈNE CINÉMA, LA REVUE DU CINÉMA, SIGHT AND SOUND,
FILM COMMENT, AMERICAN CINEMATOGRAPHER, CHAPLIN u. v. a. betrieb, deren
ins Polnische übersetzte Texte sie abdruckte. Anlässlich großer Filmreihen in den
Schlüsselklubs des Landes stellte FILM NA ŚWIECIE thematische Schwerpunkthefte
zu nationalen Kinematografien und cineastischen Phänomenen aus der ganzen Welt
mit Beiträgen aus dem In- und Ausland zusammen, so auch im April 1978, als die
Ausgabe Nr. 236, »Kino RFN«, dem Kino in der Bundesrepublik gewidmet war.

Das 128 Seiten starke Schwerpunktheft stellte engbedruckt das cineastische
Phänomen des Neuen Deutschen Films vor, mit Beiträgen zu Volker Schlöndorff,
Alexander Kluge, Peter Fleischmann, Werner Herzog, Wim Wenders, Bernard
Sinkel, Hans Jürgen Syberberg, Rainer Werner Fassbinder sowie Jean-Marie
Straub und Danielle Huillèt. Die Ausgabe enthielt zwei Beiträge renommierter
polnischer Filmkritiker und Abdrucke aus JEUNE CINÉMA (ein langes Interview
mit Schlöndorff, ein Text von Ulrich Gregor über Alexander Kluge, Interview mit
Kluge, Texte zu Sinkel), FILMKRITIK (Interview von Rainer Gansera mit Kluge
zur Montage), POSITIF (ein Text zu Herzog und Interview mit Wenders), FILM
COMMENT (mit einem Beitrag von Amos Vogel zu Herzog und einem Text über
Wenders), SIGHT AND SOUND (ein Text zu Hans Jürgen Syberberg), einem inter-
nen Special zu Fassbinder mit Texten und Interviews aus CINÉMA 74, ECRAN,
NEWSWEEK und einem weiteren Special zu Straub und Huillèt mit einem langen

---

63 Oder »pula specjalna«, siehe Konrad Eberhardt (Red.): Filmy Tylko dla DKF. Omó-
    wienie 50 filmów z puli specjalnej dla Dyskusyjnych Klubów Filmowych. Warszawa
    [1956]–1967 (monatlich).

Essay aus CINÉMA 77. Abgerundet wurde das Heft mit einer Biofilmografie der besprochenen Regisseure.

Im Januar 1983 folgte mit der Ausgabe Nr. 289 ein Schwerpunktheft zu Fassbinder, wohl als Reaktion auf seinen frühen Tod im Juni 1982, mit Texten und Interviews aus CINÉMA 82, SIGHT AND SOUND, CINEFORUM, POSITIF, JEUNE CINÉMA, LA REVUE DU CINÉMA sowie einem Werkverzeichnis. Angesichts der tief verankerten Homophobie und der staatlichen Restriktionen gegen Homosexuelle in der Volksrepublik Polen erscheint auch bemerkenswert, dass dem Heft ein Essay von Aleksander Ledóchowski mit dem Titel »Homoseksualizm« vorangestellt wurde. Darin liefert er eine kurze Kulturgeschichte der Homosexualität von der griechischen Antike bis zu Werken von Pier Paolo Pasolini, Joseph Losey oder Luchino Visconti, in denen Homosexualität thematisiert wird, und von Fassbinder: wohl eine einen möglichen Schock vorbeugende Intervention in einem Land, in dem Homosexualität als Krankheit eingetragen und ihre Darstellung in Filmen verboten war.

Charakteristisch für die Jahre 1975–1985 sind viele große Veranstaltungen, die allgemein zugänglich waren und im Verbund mehrerer DKFs und sie unterstützender Institutionen organisiert wurden. Es handelte sich dabei um verhältnismäßig gut ausgestattete Klubs in den Großstädten, allen voran in Warschau und Krakau, die erkannt hatten, dass es einfacher war, eine große Filmreihe auf die Beine zu stellen, als auf der Basis der Bestände eines staatlichen Zentralverleihs fortlaufend ein Repertoire auf hohem Niveau zu sichern. Dafür fehlten schlicht Filme, die nicht mehr im bisherigen Maßstab eingekauft wurden. Diese letzte Dekade der Volksrepublik zeichnete sich durch massive Versorgungsengpässe, Devisenmangel, steigende Staatsverschuldung, eine dauerhafte Wirtschaftskrise und gesellschaftliche Desintegration aus.

Die erste dieser alle Kräfte bündelnden Veranstaltungen galt der Polnischen Schule und fand im Januar 1975 im DKF »Kwant« in Warschau statt. Zwei weitere »Kwant«-Reihen zum lateinamerikanischen und ungarischen Kino folgten 1975 und 1977. Der DKF »Rotunda« in Krakau widmete sich 1978 dem Werk von Carlos Saura und dem spanischen Kino, die lokalen Konkurrenten »Kinematograf« und »Student« organisierten 1981 eine Reihe zu christlichen Themen und 1984 mit Hilfe der australischen Botschaft zum Kino des fünften Kontinents »Na antypodach« (Auf den Antipoden). Den Warschauer DKFs »Hybrydy« und »zygzakiem« gelang 1983/84 eine dreiteilige Filmschau zur Identitätssuche im neuen spanischen Kino und »Hybrydy« 1984 ein Panorama des griechischen Kinos. Der DKF »Hybrydy« war es auch, der im Herbst 1984 die erste Filmreihe zum Kino der Bundesrepublik »Niemcy jesienią« (Deutschland im Herbst) in Warschau vorstellte.

Seit dem Ende der 1960er Jahre wurden in den Großstädten jährlich »Konfrontacje Filmowe« (Filmische Konfrontationen) organisiert, außergewöhnliche Ereignisse, die den Besucher:innen die Gelegenheit boten, ein Dutzend Tage lang die interessantesten aktuellen Filme – mehrheitlich aus dem Westen – zu sehen, die in Polen nicht in den Vertrieb kommen würden. Das Publikum, das ein attraktives Kino herbeisehnte, stand in endlosen Schlangen, um Tickets zu ergattern. Die Eintrittskarten für »Konfrontacje« trugen zum sozialen Status bei und waren eine unverzichtbare Voraussetzung für private wie mediale Debatten zum zeitgenössischen Kino, die damals noch mit großer Reichweite geführt wurden. Die Veranstaltung versah man mit den Beinamen »Festiwal festiwali« (Festival der Festivals) bzw. »Uczta polskiego kinomana« (Bankett des polnischen Cineasten), weil sie die wichtigsten Filme, die bei internationalen Festivals für Aufsehen gesorgt hatten, und anspruchsvolle Blockbuster aus Hollywood zeitnah zeigten, was sicherlich eine gesellschaftliche Ventil-Funktion hatte, da so der Anschein einer gewissen kulturellen Liberalität erweckt werden konnte. Im Rahmen von »Konfrontacje« waren in Polen auch die Filme von Herzog und Wenders zu sehen.

Fallstudie DKF »Hybrydy« – vom kulturellen Filmtransfer zum »zweiten Umlauf«
Die Leitung des DKF »Hybrydy« an der Warschauer Universität übernahm 1982 Roman Gutek. Inspiriert von den damals im akademischen Milieu sehr populären Filmen Werner Herzogs organisierte er in »Hybrydy« 1982 die Retrospektive »Wernera Herzoga esej o człowieku« (Werner Herzogs Essay über den Menschen) mit Vorträgen von Andrzej Werner und Maria Janion, einem renommierten Filmwissenschaftler und -kritiker und einer sehr angesehenen Professorin der Warschauer Universität, spezialisiert auf Mythen der Romantik. Der Klub brachte eine spezielle Broschüre heraus, und der renommierte Grafiker Andrzej Pągowski entwarf das Plakat zur Veranstaltung.

Da der Filmvertrieb und -einkauf einem Staatsmonopol unterlag, konnten die DKFs keine Devisenkonten führen. Gutek besorgte sich auf dem Schwarzmarkt die nötigen D-Mark und griff auf die Vermittlung der bundesdeutschen Botschaft zurück, deren Mitarbeiter bei Heimfahrten für dieses Geld Filme bei westdeutschen Verleihern ausliehen und einschmuggelten. Einer der Mitarbeiter bot Gutek Filme an, die im Keller der Botschaft deponiert waren: sieben 35-mm-Kopien in hervorragendem Zustand und polnisch untertitelt. Die Kopien waren Ende der 1970er Jahre für eine offizielle Retrospektive erstellt und nie nach Deutschland zurückgeschickt worden. Sie stammten aus dem Fundus von Inter Nationes, einem 1952 in Bonn gegründeten Verein, der im Auftrag der Bundesregierung für die Herstellung von Informationsmaterial über deutsches Kulturgut und dessen Vertrieb im Ausland zuständig war. Inter Nationes verteilte über die Botschaften der Bundesrepublik und später auch über die Goethe-Institute in der ganzen Welt Informationen, Literatur und auch Filmkopien westdeutscher Provenienz. Gutek nahm direkten Kontakt mit der Zentrale von Inter Nationes in Bonn auf, die ihm *ad hoc* Unmengen an Materialien zum deutschen Film schickte und bei der Ausrichtung der nächsten

Filmreihe half: einer Retrospektive des westdeutschen Films von 1962 bis 1984 unter dem Titel »Niemcy jesienią – nowe kino zachodnioniemieckie 1962–1984« (Deutschland im Herbst – neues westdeutsches Kino 1962–1984), in Anspielung auf den Gruppenfilm *Deutschland im Herbst* (BRD 1978) von Alexander Kluge, Volker Schlöndorff, Edgar Reitz und Rainer Werner Fassbinder. Das Plakat zur Reihe entwarf erneut Pągowski und eine Broschüre erschien auch.

Im Herbst 1984 (Oktober–Dezember) wurden im Rahmen der Retrospektive über 90 Filme aus der Bundesrepublik gezeigt, ausschließlich Autorenfilme der Protagonist:innen des Neuen Deutschen Films und Experimentalfilme, darunter die in Polen völlig unbekannten Werke von Kluge, Peter Lilienthal, Werner Nekes, Ulrike Ottinger, Helga Sanders-Brahms, Peter Schamoni, Werner Schroeter, Straub/Huillèt und Syberberg. Die Reihe war ein großer Publikumserfolg und kam nach dem Kriegszustand den Erwartungen eines nach geistiger Nahrung hungernden Publikums entgegen. Ein Drittel der Filme blieb bis Juni des folgenden Jahres in Polen und wurde im ganzen Land von den DKFs in ihre Programme integriert. Darunter befand sich auch Schlöndorffs *Die Blechtrommel*, die in Polen verboten war und so von mehreren Zehntausend Zuschauer:innen gesehen wurde.[64] Bei der Retrospektive war als Gast der Regisseur Reinhard Hauff zugegen. In der Ausgabe Nr. 313–315 (Jan.–März 1985), von FILM NA ŚWIECIE erschien unter dem Titel »Wypełnić puste miejsce« (Eine Lücke füllen) ein Special zu der Filmreihe mit einem umfangreichen Aufsatz zum westdeutschen Film[65] und einem Interview mit Roman Gutek.

1986 organisierte Gutek eine Retrospektive mit Werken deutscher Filmemacherinnen, zu der Ulrike Ottinger anreiste. Im Rahmen des von ihm 1985 gegründeten Internationalen Filmfestivals Warschau zeigte Edgar Reitz seinen ersten Mehrteiler *Heimat – Eine deutsche Chronik* (BRD 1984). Und als die UFA Produktion 1988 Egon Günthers Fernseh-Dreiteiler *Heimatmuseum* (ARD), nach dem gleichnamigen Roman von Siegfried Lenz, vor der offiziellen Welturaufführung in Warschau zeigen wollte, musste Gutek einspringen, weil alle polnischen Filminstitutionen aufgrund der brisanten Thematik abgelehnt hatten. Die Trilogie behandelt das

---

64 »Nach unserer Retrospektive blieben um die 30 Filme aus den 1960er und 1970er Jahren in der Botschaft der Bundesrepublik in Warschau und sie sind jetzt in ganz Polen im Umlauf. Der Kulturattaché hat ausgerechnet, dass vom Oktober 1984 bis Mitte März 1985 über 70.000 Zuschauer diese Filme gesehen haben. Das ist eine sehr hohe Zahl, in der Regel sehen während eines Kalenderjahres Filme, die in der Botschaft deponiert sind, 10.000–12.000 Leute«, siehe Roman Gutek in dem Interview »To co najciekawsze, najlepsze, najnowsze« (Nur vom Interessantesten, Besten, Neuesten) mit Jerzy Uszyński in: FILM NA ŚWIECIE (Jan.–März 1985) Nr. 313–315, S. 148.

65 Krzysztof Stanisławski: Nowy film zachodnioniemiecki 1962–1984. In: FILM NA ŚWIECIE (Jan.–März 1985) Nr. 313–315, S. 138–145.

Schicksal der deutschen Bevölkerung in Masuren und fand beim neugierigen Publikum regen Anklang. Nach der Freigabe des polnischen Filmmarkts 1987[66] begann Roman Guteks Zusammenarbeit mit den ersten unabhängigen Verleihen, bis er 1994 seinen eigenen gründete – Gutek Film, der seit damals ca. 450 Filme, vorwiegend Arthouse und Independents aus dem Westen, in die polnischen Kinos brachte, die von 17 Millionen Zuschauer:innen gesehen wurden. Gefragt nach der Quelle seines Interesses am deutschen Film antwortete Gutek in einem Interview:

> »Ich wuchs in der Gegend von Lublin auf, von wo aus man die Gedenkstätte Majdanek sehen konnte. Eines Tages fragte ich meine Großmutter: ›Was ist dieses Majdanek?‹ Und sie erzählte mir, dass sich dort im Krieg ein Konzentrationslager befunden hatte, in dem die Deutschen Zehntausende von Menschen vergast und verbrannt hatten. Ich war vielleicht acht oder neun Jahre alt und konnte nicht begreifen, wie so etwas möglich war. Später las ich viel über die Ursachen des Nationalsozialismus, des Kriegs und des Holocausts. Ich wollte mich mit Deutschen über dieses Thema unterhalten, wollte sie und ihre Geschichte wenigstens ein bisschen verstehen lernen. Ich interessierte mich dafür, wie sich der deutsche Film mit der jüngsten Vergangenheit auseinandersetzte – Filmemacher aus der Generation von Herzog und Fassbinder, die während des Kriegs oder unmittelbar danach geboren wurden und deren Väter eine nationalsozialistische Vergangenheit hatten.«[67]

2001 gründete Gutek das in Polen heute sehr bedeutsame Filmfestival »Nowe horyzonty« (Neue Horizonte), das seit 2006 in Breslau (Wrocław) veranstaltet wird. Jedes Jahr zeigt er auf dem Festival neue deutsche Filme, auch eine Fassbinder- und eine Werner-Nekes-Retrospektive waren dort zu sehen. In Guteks eigenen Kinos in Breslau und Warschau fanden regelmäßig Retrospektiven mit zeitgenössischen deutschen Filmen statt. In Zusammenarbeit mit dem Goethe-Institut entstanden zwei neue Herzog- und Wenders-Reihen. Dank seines auf Arthouse-Filme spezialisierten Verleihs ist es Gutek gelungen, die 30 Jahre währende DKF-Praxis, durch den Zugang zu anspruchsvollen oder vorenthaltenen Filmen eine Erweiterung der Horizonte zu ermöglichen, auch in die marktbestimmte »Neue Horizonte«-Ära zu überführen.

---

66 Mit der Novellierung des Kinematografie-Gesetzes vom 16. Juli 1987 wurde im Bereich der Produktion, Distribution und sonstiger kinematografischer Aktivitäten privatwirtschaftliche Initiative zugelassen. Vgl. Zajiček (wie Anm. 8), S. 91.

67 Roman Gutek: Von Werner Herzog bis »Toni Erdmann«. Ein Interview von Jakub Majmurek. Goethe-Institut Polen, Mai 2017, https://www.goethe.de/ins/pl/de/kul/mag/20981682.html?forceDesktop=1 (25.7.2019).

Fazit

Bezeichnend für den polnisch-westdeutschen Filmtransfer in den Zeiten der Block-konfrontation war ein sich je nach politischer Wetterlage intensivierendes oder nachlassendes ›Tauziehen‹ offizieller Stellen in der Logik des Kalten Kriegs. Ob die zensuralen Maßnahmen der Adenauer-Regierung, die den osteuropäischen Filmen prinzipiell abweisend gegenüberstand, ob die totale Kontrolle und ideo-logischen Instrumentalisierungsversuche der Staats- und Filminstanzen der so-zialistischen Länder – bis zur 1969 einsetzenden Neuen Ostpolitik der Brandt-Regierung blieb das Verhältnis unverändert. Nur dank individueller Akteure und nichtkommerzieller örtlicher Vereinigungen kam in dieser Zeit ein filmkultureller Austausch im Rahmen von Filmfestivals zustande, die der Vernetzung von Filme- und Festivalmacher:innen, Filmkritikern und Kuratoren eine Plattform boten.

Solche Initiativen halfen, die offizielle Ebene zu umgehen und die Zensur zu unterlaufen. Galten die westdeutschen Filmfestivals dem Publikum als ein »Fenster zum Osten«, so bildeten sie für die polnischen Filmemacher ein potenzielles Sprung-brett für ihre internationale Karriere. In den 1970er Jahren konnten im Zuge der Entspannungspolitik auch kommunale Kinos ihre Ost-Kontakte ausweiten. Ihr Anliegen, das osteuropäische und gerade das polnische Kino in die Bundesrepublik zu holen, stimmte jetzt mit der Staatsräson der Bundesrepublik überein und stieß in Polen auf größere Bereitschaft der Filminstitutionen, die polnischen Filme im Westen zugänglich zu machen. Nach dem Solidarność-Umbruch Anfang der 1980er Jahre trugen dann die polnischen Diskutierfilmklubs dazu bei, die Rezeptionslücke des westdeutschen Kinos in Polen in Kooperation mit westdeutschen Regierungs-organen zu füllen, so dass eine Form des »zweiten Umlaufs« für die nicht verliehe-nen oder verbotenen Filme entstand. Rekapitulierend ist festzuhalten, dass für den kulturellen Filmtransfer zwischen der Volksrepublik Polen und der Bundesrepublik primär die persönlichen Kontakte und die individuellen Initiativen der beteiligten Akteure entscheidend gewesen sind.

Andreas Lawaty

Politik des Apolitischen.
Die Anfänge des Deutschen Polen-Instituts um 1980

Das Deutsche Polen-Institut in Darmstadt (DPI) kann – zwecks zeithistorischer Einordnung – als Produkt einer chronologischen Äquidistanz betrachtet werden. Es wurde am 13. Dezember 1979 in Bonn als Verein gegründet und am 11. März 1980 in Darmstadt mit einem Festakt eröffnet. Dies geschah also neun Jahre nach dem Abschluss des »Vertrags zwischen der Bundesrepublik Deutschland und der Volksrepublik Polen über die Grundlagen der Normalisierung ihrer gegenseitigen Beziehungen« (Warschauer Vertrag) vom 7. Dezember 1970. Und es dauerte weitere neun Jahre bis zur demokratischen Wende in Polen (den halbfreien Wahlen am 6. Juni 1989) und dem Mauerfall in Berlin (9. November 1989). Während die Gründungsvorbereitungen noch im Zeichen der »Normalisierung« zwischen der Bundesrepublik und dem kommunistischen Polen sowie der Entspannungspolitik zwischen Ost und West als Ausdruck kultureller Annäherung im Geist von Helsinki (Schlussakte der Konferenz für Sicherheit und Zusammenarbeit in Europa [KSZE] in Helsinki am 1. August 1975) getroffen wurden, standen die ersten, prägenden Jahre der Arbeit des Deutschen Polen-Instituts unter dem Eindruck brodelnder Ereignisse in Polen selbst: der großen Streikwelle, der Gründung der unabhängigen Gewerkschaft »Solidarność«, des Danziger Abkommens vom 31. August 1980 und der Verhängung des Kriegsrechts am 13. Dezember 1981.

Auch am Standort des Deutschen Polen-Instituts, in der Bundesrepublik, brodelte es politisch, als der Kanzler der sozialdemokratisch-liberalen Verständigungspolitik Helmut Schmidt unter Verlust des Koalitionspartners FDP am 1. Oktober 1982 von Helmut Kohl als Kanzler abgelöst wurde. Knapp einen Monat zuvor, am 2. September 1982, hatte Schmidt noch in seiner Eigenschaft als Regierungschef den Sitz des neuen Instituts, die Villa Olbrich auf der Mathildenhöhe in Darmstadt, besucht und war dabei von der Präsidentin des Deutschen Polen-Instituts Marion Gräfin Dönhoff und dem Gründungsdirektor Karl Dedecius empfangen worden. Das politische Erdbeben in einem verfassungsrechtlich-demokratisch gefestigten Staat sollte keine unmittelbaren Auswirkungen auf die außenpolitische Kulturarbeit des Instituts haben, wurde es doch bewusst überparteilich finanziert (vom SPD-regierten Hessen und dem CDU-regierten Rheinland-Pfalz) und durch das unverändert von Hans-Dietrich Genscher (FDP) geleitete Auswärtige Amt unterstützt. Die Gründungsphase und die ersten Jahre des Instituts sind aber noch in den außenpolitischen Kontext der »Neuen Ostpolitik« zu stellen. Die 1980er Jahre mit dem Kriegsrecht in Polen haben dann einerseits eine Welle gesellschaftlicher Solidarisierung, andererseits aber auch neue Ängste in der Bundesrepublik ausgelöst. Die 1990er Jahre wiederum standen im Zeichen einer neuen Form der politischen und gesellschaftlichen Normalisierung zwischen Deutschen und Polen in Europa. Die kulturelle Vermittlungsarbeit und das Selbstverständnis des Deutschen Polen-Instituts standen in beiden letztgenannten Phasen unter anderen Herausforderungen, als die Zielvorgaben in der Gründungsphase es ihm in die Wiege gelegt haben.

Dennoch wird man von einer gewissen Kontinuität des Arbeitsprogramms und der Arbeitsphilosophie des Instituts für die Zeit ausgehen dürfen, in der es unter der Leitung von Karl Dedecius stand, also in den Jahren 1979–1997. Das hatte viel mit der Persönlichkeit und mit dem »Sendungsbewusstsein« des Gründungsdirektors zu tun, der 1921 in Lodz (Łódź) geboren wurde und zum Zeitpunkt der Institutseröffnung 58 Jahre alt war. Über Jahrzehnte hinweg – nach der Rückkehr aus sowjetischer Gefangenschaft 1949 und der Flucht aus der DDR in die Bundesrepublik 1952 – war Dedecius gleichsam nebenberuflich als Übersetzer und Vermittler der polnischen (und generell der slawischen) Literatur tätig gewesen. Selbst inzwischen zur »Institution« an der deutsch-polnischen Schnittstelle des Literaturbetriebs geworden, dachte er gegen Ende seiner beruflichen Laufbahn in einer Versicherungsgesellschaft daran, seine Mittlerfunktion auch institutionell abzusichern, was seinerseits freilich ein vollzeitliches Engagement für Literatur und Übersetzung erforderlich machen würde. Mochten also die bundesdeutschen politischen Stellen bei der Gründung des Deutschen Polen-Instituts an eine kulturpolitische Institutionalisierung des deutsch-polnischen Verständigungsprozesses gedacht haben, etwa nach dem Vorbild des bereits 1948 in Ludwigsburg gegründeten Deutsch-Französischen Instituts, so dachte Dedecius eher an ein »Übersetzerinstitut«, das sich restlos der deutschsprachigen Rezeption der polnischen Literatur widmen und damit indirekt, oder gewissermaßen automatisch, auch der Versöhnung zwischen Deutschen und Polen dienen würde.[1] Umgekehrt mochte der vermeintlich apolitische Charakter des bisherigen Engagements von Dedecius für die polnische Literatur den

---

1 In einem Interview, das er dem in Berlin lebenden polnischen Schriftsteller Witold Wirpsza gab und das in der in Paris erscheinenden polnischen Exilzeitschrift KULTURA im Mai 1979 veröffentlicht wurde, sagte Dedecius, es gehe ihm bei dem Deutschen Polen-Institut darum, das, was er bisher allein gemacht habe, mit Hilfe von ein oder zwei jungen Polonisten weiter zu tun, damit sie die Übersetzungsarbeit nach seinem »Abgang« fortsetzen können. Hinzu würden Veranstaltungen und Publikationen über polnische Kultur und Literatur kommen. Vgl. Witold Wirpsza: Rozmowa z Karlem Dedeciusem. In: KULTURA 380 (1979) Nr. 5, S. 116–118.

politischen Instanzen nützlich erscheinen, die unter Bedingungen des andauernden Ost-West-Konflikts die Nachbarschaftsbeziehungen zu Polen intensivieren wollten.

Es gibt mehrere Anzeichen dafür, dass die Bundesregierung damals nach neuen Wegen der Intensivierung von kulturellen Kontakten zur Volksrepublik Polen gesucht hat. Unter normalen Umständen wäre das Goethe-Institut für die Vorbereitung solcher Beziehungen zuständig, doch es konnte nicht in Polen direkt aktiv werden. Als im März 1977 Klaus von Bismarck zum Präsidenten des Goethe-Instituts gewählt wurde, suchte er in Bezug auf Kontakte zu Polen nach Ratgebern und Verbündeten. Am 21. Mai 1977 schrieb er an Karl Dedecius über seine Pläne und die etwas verwirrende politische Lage:

> »Es geht für mich um die Frage, welche Möglichkeiten es unter Umständen seitens des Goethe-Instituts gibt, bestimmte gemeinsame Kulturveranstaltungen mit Polen zu fördern oder durchzuführen. Sie werden gelesen haben, daß man mich am 31.3. zum Präsidenten des Goethe-Instituts gewählt hat und es liegt bei meinem besonderen Engagement in Richtung Polen nahe, daß ich darüber nachdenke, was sich mit den begrenzten Möglichkeiten dieser Institution tun lässt. Ich habe Anlaß zu der Annahme, daß man bei den polnischen Partnern wenig Gegenliebe finden wird, solange nicht das Kulturabkommen bei uns ratifiziert ist. Nach meiner Information beurteilt das Auswärtige Amt die baldige Ratifizierung sehr optimistisch, während man auf polnischer Seite noch mit allerhand Schwierigkeiten in der Bundesrepublik Deutschland rechnet. Es kann aber gut sein, daß diese kritischen Stimmen nur eine polnische Problematik auf die Bundesrepublik projizieren. Auf jeden Fall scheint es mir nützlich, mit einigen Kennern der Lage und der Materie darüber nachzudenken, was man tun kann, wenn formale Barrieren früher oder später überwunden sind. Bisher habe ich mich außer an Sie, mit dieser Frage nur noch an Ludwig Zimmerer gewandt.«[2]

In Antwort darauf hatte Dedecius (im Brief an von Bismarck vom 8. Juni 1977) Gedanken zur »Pflege der deutschen Sprache im Ausland«, zum »Informationsdienst für Germanisten« und zur »Förderung der internationalen kulturellen Zusammenarbeit« entwickelt. In weiterer Korrespondenz unterstützte Dedecius aber einen anderen Vorschlag Klaus von Bismarcks:

> »Am besten gefällt mir Ihre konstruktive Schlußfolgerung, einen Verein bzw. ein Kuratorium zu gründen, das sich sofort mit den Voraussetzungen [für deutsch-polnische kulturelle Zusammenarbeit] befassen könnte und die

---

2 Klaus von Bismarck an Karl Dedecius, 21.5.1977, auf dem Briefbogen des Goethe-Instituts. Karl Dedecius Archiv der Europa-Universität Viadrina Frankfurt (Oder) am Collegium Polonicum in Słubice (Signatur: 02-01-81).

Sache nicht, wie es im Augenblick den Anschein hat, auf dem Instanzwege, der Jahre dauern kann, bürokratisch schrumpfen bzw. sogar sterben ließe.«[3]

Dedecius stand also als Polen-Experte durchaus im Blick der Institutionen deutscher »auswärtiger Kulturpolitik«, die bei der Entstehung des Deutschen Polen-Instituts eine wichtige Rolle gespielt haben. Und Dedecius »spielte« mit.[4] Das Deutsche Polen-Institut war im Ergebnis eine politische Veranstaltung, in der die Person des Gründungsdirektors eine Idealfigur für bundesdeutsche auswärtige Kulturpolitik im Rahmen der »ungewöhnlichen Normalisierung«[5] zwischen Deutschen und Polen abgegeben hatte. Institution und Person verschmolzen zu einer Symbolpolitik des westdeutschen Verhältnisses zur Volksrepublik Polen. Das Spannungsfeld von Literatur und Politik, sofern es Außenpolitik betrifft, wird so in einer »Übersetzerbiografie« und in einer »Institutsgründung« besonders augenfällig. Wenn man dieses Spannungsfeld in seinen komplexen Zusammenhängen analysiert, kommt man freilich über das biografische Interesse hinaus zu neuen Erkenntnissen, die das Handeln einer Person (in dem Fall eines Literaten oder Übersetzers) in einem systemischen Kontext der Felder »Literatur« und »Politik« (konkret: auswärtiger Kulturpolitik) besser verstehen lernen lassen.[6]

Das Auswärtige Amt hat seine Sicht auf die Funktion Dedecius' im Rahmen einer Politik der »Völkerverständigung« bereits im Vorfeld der Institutsgründung informell kommuniziert. Der Ministerialdirigent im Auswärtigen Amt und promovierte Historiker Barthold C. Witte (1928–2018) gratulierte am 11. Januar 1979 Dedecius offiziell zum Literaturpreis für das Jahr 1978, der ihm vom Polnischen Schriftstellerverband zuerkannt worden war. Witte, zu dem Zeitpunkt im

---

3 Karl Dedecius an Klaus von Bismarck, 9.12.1977. Karl Dedecius Archiv (02-01-83).

4 Im gleichen zeitlichen Umfeld machte Dedecius auch Bundeskanzler Helmut Schmidt auf sich aufmerksam und schickte ihm u. a. sein Buch *Deutsche und Polen* von 1973 mit einem Begleitschreiben: »Sehr geehrter Herr Bundeskanzler, mit Anteilnahme habe ich Sie im Geiste auf Ihrer Polen-Reise begleitet und mit großer Befriedigung in der polnischen wie in der deutschen Presse gelesen, was Sie zum deutsch-polnischen Verhältnis gesagt hatten. Als Nachlektüre für Sie und Ihre Gattin darf ich Ihnen mit separater Post ein paar Bücher übersenden: vielleicht zur Verstärkung der Eindrücke, die Sie in Polen gesammelt hatten.« Karl Dedecius an Bundeskanzler Helmut Schmidt, 28.11.1977. Der Bundeskanzler antwortete am 9.12.1977: »Der Besuch in Polen hat mich tief beeindruckt. Ich werde vor dem Hintergrund meiner Reiseeindrücke die Bücher mit noch grösserem Interesse lesen.« Karl Dedecius Archiv (ohne Signatur).

5 So der Titel eines 1984 publizierten Sammelbandes – Werner Plum (Hrsg.): Ungewöhnliche Normalisierung. Beziehungen der Bundesrepublik Deutschland zu Polen. Bonn 1984.

6 Vgl. die mit Hilfe archivalischer Tiefbohrungen betriebene analytische Untersuchung von Paweł Zajas: Verlagspraxis und Kulturpolitik: Beiträge zur Soziologie des Literatursystems. Paderborn 2019.

Grundsatzreferat und im Planungsstab des Auswärtigen Amts tätig, war später, von 1983 bis 1991, als Leiter der Kulturabteilung mit der auswärtigen Kulturpolitik befasst und begleitete die Arbeit des Instituts. In diesem Brief, an die Privatperson Dedecius gerichtet, hielt er zunächst fest: »Ihr Tun bleibt nicht beschränkt auf die literarische Qualität Ihrer Arbeiten, auf die Meisterschaft in der Kunst der Übersetzung und Kommentierung, die von berufenen Kennern mit Recht gerühmt wird.« Dem folgte die Beschreibung des Idealtypus einer auswärtigen Kulturpolitik, die in der Person Dedecius' verkörpert zu sein schien:

> »Völkerverständigung und Völkerfreundschaften werden an den grünen Tischen der Politiker und an den weißen der Diplomaten angebahnt, abgesprochen, bekräftigt, möglicherweise auch programmiert – als Wirklichkeit aber existiert Völkerverständigung in der lebendigen Begegnung und Zusammenarbeit vieler einzelner und Gruppen. Sie geschieht meist in der Stille, ist nicht spektakulär, bewährt sich aber in Zeiten geschichtlicher Spannungen, die sie überdauert. Hier ist, meine ich, der eigentliche Ort Ihres Wirkens, Ihres unermüdlichen Bemühens, Ihres Engagements als Entdecker der polnischen Literatur, als Mittler und Brückenbauer, der den geistigen Dialog wiederaufnahm, festigt und fortführt. Ihre Arbeiten sind wesentlicher Beitrag zu den Voraussetzungen und zu dem Fundus, aus dem heraus Völkerverständigung lebt. Ihr Lebenswerk ist verläßlicher Bestandteil deutsch-polnischer Verständigung.«[7]

Zu diesem Zeitpunkt, im Januar 1979, waren Gespräche über die Gründung eines Instituts bereits im vollen Gange und das Auswärtige Amt war an ihnen maßgeblich mitbeteiligt. Die Idee eines solchen Instituts wurde sogar deutsch-polnisch verhandelt, wenn auch nicht auf hoher diplomatischer Ebene, sondern auf dem sogenannten Forum der Bundesrepublik Deutschland und der Volksrepublik Polen, an dem »Politiker, Wirtschaftler und Publizisten beider Länder […] diskutieren sowie Anregungen für den Ausbau der Beziehungen geben« sollten.[8] Für die Organisation des Forums waren zwei mit internationalen Beziehungen befasste Institutionen verantwortlich: das Forschungsinstitut der Deutschen Gesellschaft für Auswärtige Politik (DGAP) und das Polnische Institut für Internationale Angelegenheiten (PISM). Auf dem ersten Forum, das im Juni 1977 in Bonn stattfand, standen verschiedene Ideen künftiger wirtschaftlicher und kultureller Zusammenarbeit, Probleme der Sicherheit und der sogenannten Normalisierung im Raum.

---

7   Barthold C. Witte (Auswärtiges Amt) an Karl Dedecius, 11.1.1979. Archiv des DPI Darmstadt.

8   Alfred Blumenfeld: Das Forum der Bundesrepublik Deutschland und der Volksrepublik Polen. In: Plum (wie Anm. 5), S. 267–271, hier S. 267.

Über die Arbeit des Forums berichtete einige Jahre später Alfred Blumenfeld (1912–1992), der 1977 gerade emeritiert wurde und vom diplomatischen Dienst zur ehrenamtlichen Tätigkeit in der DGAP wechselte. In den Jahren 1963 bis 1966 war er stellvertretender Leiter der Handelsvertretung in Warschau gewesen,[9] danach bis zur Pensionierung Generalkonsul in Leningrad. Nach der Gründung des Deutschen Polen-Instituts wurde er im Rahmen der Vereinsstruktur des Instituts Mitglied des Präsidiums, neben Gotthold Rhode als zweitem Vizepräsidenten und Gräfin Dönhoff als Präsidentin. Blumenfeld berichtete, wie im Bereich der Kultur kontrovers über den Aufbau des Jugendaustauschs und die Zukunft der deutsch-polnischen Schulbuchempfehlungen gestritten wurde. Er hatte allerdings »einen konkreten Erfolg« des I. Forums zu vermelden, der mit der Umsetzung des Artikels 5 des beiderseitigen Kulturabkommens vom 11. Juni 1976 zu tun hatte, in dem es um die Förderung des Sprachunterrichts sowie »die Entwicklung der germanistischen beziehungsweise polonistischen Studien« gegangen war.[10] Die vom I. deutsch-polnischen Forum im Juni 1977 in Bonn empfohlene »Gründung eines Instituts oder eines Lehrstuhls, der sich mit der Verbreitung der polnischen Literatur und der polnischen Gegenwartskunde befassen würde«, sei, so Blumenfeld, mit der Gründung des Deutschen Polen-Instituts in Darmstadt realisiert worden. Die Idee wurde offenbar von Dedecius selbst eingebracht und von einer Arbeitsgruppe des I. Forums unter Leitung des Vertreters des Journalistenverbandes und PAX-Mitglieds Janusz Stefanowicz zu einer weiter gefassten Empfehlung ausgearbeitet.

Die Umsetzung der Empfehlung des Forums zielte wohl von Anfang an auf die Person von Karl Dedecius. Der Polenexperte in der DGAP, Eberhard Schulz, verfasste am 18. Januar 1978 einen Vermerk zum deutsch-polnischen Forum mit der Überschrift »Verwendung von Dr. Dedecius«. Darin begründete er auf zwei Seiten, warum es von größter Bedeutung sei, »Herrn Dr. h.c. Karl Dedecius für die aktive Mitwirkung an den Verständigungsbemühungen zu gewinnen«:[11] »Dr. Dedecius

---

9 Diplomatische Beziehungen wurden erst in der Folge des Warschauer Vertrags von 1970 aufgenommen; bereits 1963 hatten Polen und die Bundesrepublik zunächst die Einrichtung von Handelsvertretungen im jeweils anderen Land vereinbart.

10 »Abkommen zwischen der Regierung der Bundesrepublik Deutschland und der Regierung der Volksrepublik Polen über kulturelle Zusammenarbeit« [11. Juni 1976]. In: Winfried Lipscher, unter Mitarbeit von Krystyna von Schuttenbach: Bundesrepublik Deutschland – Volksrepublik Polen. Kulturelle Zusammenarbeit. Ein Bericht. Darmstadt 1982, S. 281.

11 Dr. Eberhard Schulz: »Vermerk. Betr.: Deutsch-polnisches Forum – Verwendung von Dr. Dedecius, 18. Januar 1978 schu-gb«. Kopie im Karl Dedecius Archiv (07-07-4). Zur Bedeutung von Eberhard Schulz für die Ideenentwicklung zur Polenpolitik im DGAP siehe: Estelle Bunout: Politikberatung in der jungen Bundesrepublik. Die Rolle der DGAP bei der Entwicklung der Neuen Ostpolitik am Beispiel der westdeutsch-polnischen Beziehungen. Berlin 2012.

ist im deutsch-polnischen Verhältnis in der Tat eine einzigartige Erscheinung«, schrieb Schulz und verwies auf die besonderen Sprach- und Literaturkenntnisse des in Lodz geborenen Übersetzers:

> »Im Verlauf der vergangenen zwanzig Jahre hat er in ca. 25 Bänden Übersetzungen und Interpretationen polnischer und russischer Dichtung veröffentlicht, wobei besonders bemerkenswert ist, daß er sowohl exilpolnische Literatur als auch Werke aus der Volksrepublik Polen übersetzt hat. Dr. Dedecius, dem für seine Verdienste die Ehrendoktorwürde einer deutschen Universität [Köln 1976] zuerkannt wurde, ist damit eine der wenigen Persönlichkeiten, die über dem politischen Streit stehen und für alle Seiten in gleicher Weise akzeptabel sind. Wenn es gelänge, ihn zu einer aktiven Mitwirkung zu gewinnen, wäre das zweifellos ein besonderer Erfolg.«[12]

Im Folgenden führte Schulz aus, dass inzwischen »Bestrebungen im Gange [sind], ihn als Professor für slawische Literatur an eine Hochschule zu berufen«, dass aber mit dem Arbeitgeber von Dedecius, der Allianz-Gruppe, zu verhandeln wäre, um für Dedecius einen finanziellen Ausgleich für die minderen Bezüge bei einer Professur zu gewährleisten: »Eine großzügige Regelung dieses Problems wäre sicherlich ein äußerst verdienstvoller Beitrag zur Förderung der Wissenschaft und der kulturellen Beziehungen sowie des gegenseitigen Verstehens zwischen dem deutschen und dem polnischen Volk.« Diese Ausführungen von Schulz enthalten noch keinen Hinweis auf die Alternative zu einer Professur, nämlich eine Institutsgründung. Schulz beschließt seinen Vermerk vom Januar 1978 mit der Ermahnung:

> »Inzwischen hat die polnische Seite zu dem II. deutsch-polnischen Forum Ende des Jahres 1978 nach Warschau eingeladen. Es wäre eine Geste von großer politischer Bedeutung, wenn bei dieser Gelegenheit mitgeteilt werden könnte, daß Herr Dr. Dedecius sich voll in den Dienst der Verständigung zwischen unseren beiden Völkern stellen kann.«

Die Idee der »Gründung eines Instituts« und nicht die »eines Lehrstuhls« – beide Varianten waren in der Empfehlung des I. Forums vom Juni 1977 enthalten – hat sich durchgesetzt. Es bleibt aber unklar, wann genau und wie diese Entscheidung zustande gekommen ist. Dedecius selbst hat sicherlich die Institutsidee favorisiert, war er doch viel mehr in Kunst und Dichtung als in der Wissenschaft verwurzelt.

Im Karl Dedecius Archiv in Słubice ist ein von Dedecius verfasster, undatierter Entwurf eines »Rundbriefs« zu finden, mit der Präambel: »zum Plan der Gründung

---

12 Schulz (wie Anm. 11).

einer Deutsch-slawischen Bibliothek mit Übersetzerzentrum, versandt im Jahre
1961 an mehrere Persönlichkeiten des Bildungswesens und an das Kultusministe-
rium in Wiesbaden, wieder aufgegriffen im Zusammenhang mit der Diskussion
um die künftige ›Deutsche Nationalstiftung‹ von der ›Kulturpolitischen Korrespondenz‹ Nr. 170 im August 1973 Bonn.«[13] Der Entwurf ist also eher zeitnah nach
1973 entstanden und beginnt mit folgender Lagebeurteilung:

> »In der Bundesrepublik Deutschland existieren mehrere Institutionen, die sich
> mit Fragen des europäischen Ostens befassen. Allerdings gilt ihr Hauptinter-
> esse den wirtschaftlichen, sozialen und politischen Fragen, weshalb sie – von
> Berufs wegen mit den Gegensätzlichkeiten von Ost und West beschäftigt –
> als Forum für Kontakte und Gespräche, die vorrangig den Gemeinsamkeiten
> und dem praktischen kulturellen Austausch dienen könnten, weniger geeignet
> scheinen. […] Es liegt daher nahe, an die Schaffung einer Institution zu den-
> ken, die vor allem den Gegenwartsfragen des deutsch-slawischen Verhältnisses
> dienen und die kulturelle Wechselwirkung fördern könnte.«[14]

Dieser zu gründenden deutsch-slawischen Einrichtung wies Dedecius drei Aufgaben zu, die sich *mutatis mutandis* im Arbeitskonzept des Deutschen Polen-Instituts
wiederfanden.

(1) Ein *Übersetzer-Zentrum*, also ein »kollegialer Zusammenschluß der aktiven
Übersetzer aus slawischen Sprachen, Bildung von Arbeits- und Interessengruppen,
Austausch von Arbeitsplänen und Informationen […] unterteilt nach Sprachen und
Ländern. Erfahrungsaustausch mit den slawischen Seminaren und Instituten in
der BRD und mit den germanistischen Seminaren und Instituten bzw. Übersetzer-
Organisationen des Auslands, auch mit deutschen Übersetzern in slawischen Län-
dern. Hilfe für jüngere Übersetzer. Auftragsvermittlung und Beratung bei Ver-
handlungen mit Verlagen« etc.

(2) Eine *Bibliothek* der »Literatur der Slawen (zunächst beschränkt auf das
20. Jahrhundert), Sammlung der in deutscher Sprache vorhandenen und neu erscheinenden Übersetzungen dieser Literatur«. Im Rahmen dieser Bibliothek sollten
auch »Lektoratsgutachten« angefertigt und eine Zeitschrift herausgegeben werden.

(3) Ein *Kontaktbüro* sollte Veranstaltungen organisieren, »Informationsreisen
deutscher Übersetzer ins Ausland und slawischer Übersetzer in die BRD« fördern,

---

13 Karl Dedecius: »Rundbrief«. Karl Dedecius Archiv (07-07-2). Dieser Text ist wahrscheinlich nur eine Variante des Konzepts, das Paweł Zajas auf der Grundlage eines
   Dokuments aus dem Siegfried Unseld Archiv im Deutschen Literaturarchiv Marbach
   als 1967 entstandene »Denkschrift zum Plan der Gründung einer deutsch-slawischen
   Bibliothek und Übersetzerzentrum« zitiert. Vgl. Zajas (wie Anm. 6), S. 91f.
14 Ebenda.

aber auch »Informationsreisen osteuropäischer Verleger und Lektoren, die sich mit Herausgabe deutschsprachiger Literatur befassen« vermitteln. Dedecius hat unter diesem Punkt auch an Seminare, Fortbildungen und eine »systematische Erforschung slawischer Gegenwartsliteratur« gedacht.

Zum Schluss war er darum bemüht, den Verdacht auszuräumen, mit seinem Vorschlag »den komplizierten und differenzierten Bereich der Kultur […] bürokratisieren und […] musealisieren« zu wollen. »Auf keinen Fall käme es darauf an«, fasst Dedecius zusammen,

> »nach der Zeit der offiziellen Distanz und der inoffiziellen, mühsamen Einzelversuche, nun eine Zeit der ›verwalteten Kontakte‹ und eines uniformen Gesamteinerleis anbrechen zu lassen, eine Zeit der auf bloßen ›Betrieb‹ abzielenden Funktionalität der Funktionäre. Eine falsch verstandene Zentralisierung der Aufgaben und der Arbeit hätte für die Kultur und für ihren Austausch eher negative als positive Auswirkung.«

Mit diesem Entwurf bekundete Dedecius seine Ambition, sich nicht in der Rolle des Übersetzers einschließen zu lassen: Er repräsentiert quasi den Berufsstand der Übersetzer slawischer Literaturen, er vertritt die Interessen der slawischen und der deutschen Literatur im jeweiligen Ausland und betreibt damit als Privatier auswärtige Kulturpolitik. Da er nicht die wirtschaftlichen Mittel besitzt, um als Financier der ihm vorschwebenden Einrichtung aufzutreten, wird er bei der Realisierung seiner Pläne auf politische, staatliche Unterstützung und auf das Wohlwollen von Stiftungen angewiesen sein. Geist, Macht und Geld gehen – unschön formuliert – in der Person des Gründungsdirektors des Deutschen Polen-Instituts eine Symbiose ein. Positiv gewendet wird man Dedecius bescheinigen können, dass es ihm weitgehend gelungen ist, gegenüber »Macht« und »Geld« doch seine eigene Agenda einer literarischen und kulturellen Verständigungspolitik durchzusetzen, die sich moralisch engagiert und politisch neutral bzw. apolitisch zeigte, was den außenpolitischen Interessen der Bundesrepublik Deutschland gegenüber der Volksrepublik Polen der 1970er und 1980er Jahre durchaus entgegenkam. Damit ließ sich Dedecius aber auch auf Kompromisse gegenüber dem kommunistischen Regime in Volkspolen ein, die insbesondere einigen Emigranten und dezidiert antikommunistisch gestimmten Kräften in Polen entschieden zu weit gingen. U. a. darin lag die Ursache für den Bruch zwischen Dedecius und Zbigniew Herbert, der ihm 1984 explizit die Freundschaft aufkündigte.[15] Die meisten Autoren

---

15 Vgl. Andreas Lawaty: Karl Dedecius und Zbigniew Herbert. Eine prekäre Freundschaft. In: Herr Cogito im Garten: Zbigniew Herbert. Hrsg. von Andreas Lawaty, Piotr Przybyła und Marek Zybura. Osnabrück 2018, S. 251–296, hier S. 283, 290.

und Kulturschaffenden in Polen und in der Bundesrepublik hatten aber Vertrauen in die Fähigkeit von Dedecius, sich politisch nicht instrumentalisieren zu lassen, und haben von ihm auch nicht die heroischen Gesten des Widerstands etwa in der Zeit des Kriegsrechts in Polen erwartet, auch wenn sie sich diese vielleicht insgeheim gewünscht hätten.

Sowohl in seiner »privaten« wie in seiner »institutionellen« Phase als Literaturvermittler war Dedecius bemüht, die politischen Hindernisse von der hohen Warte der Kunst und der Völkerverständigung zu betrachten und sie zu umschiffen. Das war meine persönliche Beobachtung. Dem ist aber unbedingt der »ergänzende Kommentar« von Heinrich Olschowsky hinzuzufügen:

> »Es stimmt gewiss, dass der ›eiserne Vorhang‹ nicht im Zentrum des Interesses des Übersetzers und Nachdichters gestanden hat. Aber den eisernen Vorhang gab es nun mal und seine feindseligen Wirkungen beiderseits der ideologischen Trennlinie waren nicht einfach auszublenden, auch wenn sich Dedecius das gewünscht hat. Einerseits hielt er Distanz zur Politik, wusste andererseits aber stets sich ihre Konjunktur zunutze zu machen […].«[16]

Zum 1. Januar 1979 schied Dedecius »nach 25 Dienstjahren« aus dem aktiven Dienst bei der Allianz-Versicherung A.G. aus. Das Auswärtige Amt und die DGAP hatten für die Zeit bis zur Gründung des Vereins und des Instituts die Voraussetzungen dafür geschaffen, indem Dedecius ab Zeitpunkt des Ausscheidens aus der Allianz von Inter Nationes e.V. Werkverträge bekam, mit dem Auftrag, sich ganz dem Aufbau des Deutschen Polen-Instituts in Darmstadt zu widmen. Nach der offiziellen Institutsgründung sollte die Finanzierung der Direktorenstelle von den zwei Bundesländern übernommen werden – dem SPD-geführten Hessen und dem CDU-geführten Rheinland-Pfalz –, die aus Gründen eines politischen Proporzes oder einer nach außen gekehrten politischen Überparteilichkeit die finanzielle Trägerschaft am Anfang zusammen und allein gestemmt hatten.

Das Auswärtige Amt unterstützte das Institut auch nach dessen offizieller Eröffnung nur auf der Basis einer Projektförderung und ›lieh‹ mit Winfried Lipscher einen Mitarbeiter der bundesdeutschen Botschaft in Warschau zu diesem Zweck an das Institut aus. Als langjähriger Dolmetscher aus dem Polnischen war Lipscher mit den diplomatischen Gepflogenheiten und politischen Erfordernissen im Verhältnis zur Volksrepublik Polen gut vertraut. Am Institut betreute Lipscher neben

---

16 Heinrich Olschowsky: Karl Dedecius. Der Schöngeist und die Politik. Deutsch-polnische Literaturvermittlung in einem zerklüfteten Gelände: BRD, DDR, VRP. In: Die Botschaft der Bücher – Leben und Werk von Karl Dedecius. Hrsg. von Ilona Czechowska, Krzysztof A. Kuczyński und Anna Małgorzewicz. Wrocław, Dresden 2018, S. 21–33, hier S. 29f.

den Projekten auch die Öffentlichkeitsarbeit.[17] Er hatte bereits Ende der 1960er Jahre brieflichen Kontakt mit Dedecius und verfiel allmählich dessen »poetischem« Charme. Es war auch sein persönlicher Wunsch, sich für das neu zu gründende Institut engagieren zu dürfen. Als er 1984 an die Botschaft in Warschau zurückkehrte, gründete er in seiner privaten Residenz in Warschau eine Art Ableger des Deutschen Polen-Instituts: Dort wurden viele informelle Kontakte zu polnischen Literaten und Intellektuellen geknüpft, was insbesondere in den 1980er Jahren von großer praktischer Bedeutung war.

Die Stadt Darmstadt hat Anfang 1979 auf Betreiben des aus Breslau stammenden Oberbürgermeisters Heinz Winfried Sabais (1922–1981), der selbst auf eine Karriere als Literat und Theatermensch zurückblickte, die Renovierung des Hauses Olbrich auf der Mathildenhöhe beschlossen, die Übernahme der laufenden Betriebskosten der Villa zugesagt und Dedecius vorübergehend Büroräume zur Verfügung gestellt (Adresse: Deutsches Polen-Institut, Luisenstraße 12, Rathaus 2, 6100 Darmstadt). Der praktischen, operativen Unterstützung von Sabais maß Dedecius in seinen Erinnerungen eine sehr wichtige Rolle zu.[18] Sabais, der nur ein Jahr jünger als Dedecius und bereits am 11. März 1981 verstorben war, gehörte zu jenen deutschen »Vertriebenen«, die sich gerade wegen der Herkunft aus den ostdeutschen Gebieten, die nach dem Krieg Polen zugefallen waren, für eine friedliche deutsch-polnische Zukunft besonders verantwortlich fühlten. Auch für ihn spielten dabei Poesie, Literatur und Theater eine wichtige Rolle.

Im Jahr 1979 schrieb Dedecius vierteljährlich ausführliche Arbeitsberichte an Inter Nationes, die eine Rekonstruktion einzelner Arbeitsvorgänge bei der Ausgestaltung des künftigen Instituts ermöglichen. Dazu gehörten die Anwerbung für die Gremien des Instituts (Mitglieder, Präsidium, Kuratorium), die Anbahnung der Förderungsbereitschaft der Robert Bosch Stiftung, die Pressearbeit, Arbeit in Gremien kultureller Einrichtungen, (persönliche) Anerkennung in Polen, Kontaktpflege etc. Das rastlose Treiben von Dedecius wird sichtbar, aber auch Zeichen der Unsicherheit und Unzufriedenheit:

---

17 Im Rahmen der Projektarbeit sind zwei Dokumentationen entstanden: Lipscher (wie Anm. 10) und Winfried Lipscher, unter Mitarbeit von Irena Fitting: Jugendaustausch zwischen der Bundesrepublik Deutschland und der Volksrepublik Polen. Ein Bericht. Darmstadt 1984.

18 Vgl. Karl Dedecius: Ein Europäer aus Lodz. Erinnerungen. Frankfurt am Main 2006, S. 315. An dieser Stelle nennt Dedecius auch eine Reihe weiterer Personen, die sich um die Entstehung des Instituts verdient gemacht haben: Hildegard Hamm-Brücher, Alfred Rammelmeyer, Gotthold Rhode, Barthold C. Witte (dort fälschlich »Bernhard« Witte). Im Zusammenhang mit dem ersten deutsch-polnischen Forum 1977 nennt Dedecius die Unterstützung von Hans-Adolf Jacobsen, Karl Kaiser, Eberhard Schulz, Philipp von Bismarck, Richard von Weizsäcker und Marion Gräfin Dönhoff (S. 318).

»Ganz zufrieden mit mir bin ich nicht. Noch leiste ich, verglichen mit dem kreativen Teil, zu viel Verwaltungsarbeit. Noch gibt es zu viel Leerlauf. Noch macht mir Sorge das landespolitische, vielleicht auch parteipolitische Gerangel der beiden Kultusministerien [Hessen und Rheinland-Pfalz], das die Zielsetzung des Deutschen Polen-Instituts am wenigsten vertragen kann.«[19]

Im Mittelpunkt des zweiten Quartalsberichts vom 20. August 1979 steht eine 20-tägige Polen-Reise von Dedecius, die der Kontaktaufnahme des Gründungsdirektors mit polnischen Intellektuellen und den Offiziellen des polnischen Kulturministeriums und des Kulturlebens diente. Kooperations- und Buchprojekte deutsch-polnisch in beide Richtungen wurden in großer Zahl avisiert, über das Interesse der polnischen Verlage an deutscher Literatur und die Lage der Germanistik in Polen wurde informiert. Zählt man die polnischen Gesprächspartner von Dedecius zusammen, kommt man auf gut über 150 Namen. Die Stationen waren Warschau, Krakau, Breslau und Posen. Auf dem Weg von Posen zurück nach Warschau (am 4. Mai 1979) war Zeit für ein langes Gespräch mit Prof. Maria Janion, die mitreiste. Die Grande Dame der polnischen Romantikforschung äußerte gegenüber Dedecius

»[g]roße Sorge und Bitte, die Bundesrepublik möge sich durch das Auf und Ab der politischen Entwicklung nicht entmutigen lassen und die Kontakte mit Polen, vor allem mit den Intellektuellen, nicht aufgeben. Die bundesdeutsche Präsenz bei der Warschauer Buchmesse (trotz geringer kommerzieller Erfolge) sei als Information und Kontinuität des deutsch-polnischen geisteswissenschaftlichen Gedankenaustausches für die polnischen Wissenschaftler und Studenten eminent wichtig. Auch unter den Polonisten werde es immer klarer, wie wichtig die Kenntnis der deutschen Sprache und Literatur ist, um Polnisches zu erforschen und in einen richtigen gesamteuropäischen Kontext einzuordnen. Immer wieder dafür sorgen, daß der akademische Reiseverkehr beiderseits nicht abebbt […]. Als Ziel im Auge behalten, daß auch bundesdeutsche Germanisten als Gastdozenten an den polnischen Universitäten zugelassen werden. Der ›Alleinvertretungsanspruch‹ der DDR-Germanistik in Polen mache den Professoren und Studenten wenig Freude. Sie möchten nicht nur ›Sächsisch‹ lernen und ›blockkonforme‹ weltanschauliche Belehrungen (die auf Kosten des Sachunterrichts gehen) entgegennehmen müssen.«[20]

---

19 Karl Dedecius an den Vorstand des Inter Nationes e.V. Bonn-Bad Godesberg, 15.4.1979: »Bericht über meine Tätigkeit in der Zeit vom 1. Januar bis zum 31. März dieses Jahres gemäß § 3(1) des mit Ihnen am 15.1.79 abgeschlossenen Werkvertrages«, S. 5. Karl Dedecius Archiv (07-07-9-a).

20 Karl Dedecius an den Vorstand des Inter Nationes e.V. Bonn-Bad Godesberg, 20.8.1979: »Bericht über meine Tätigkeit in der Zeit vom 1. April bis zum 30. Juni dieses Jahres gemäß § 3(1) des mit Ihnen am 15.1.79 abgeschlossenen Werkvertrages«, S. 6. Karl Dedecius Archiv (07-07-10).

In Warschau wieder angekommen, gab Dedecius der Chefredaktion der Wochen-zeitschrift POLITYKA ein zweistündiges Interview:

> »Text wurde mir am nächsten Tag vorgelegt, habe ihn korrigiert und auto-risiert (15 Schreibmaschinenseiten) – wurde anschließend jedoch von der Zensur nicht freigegeben – wegen meiner Beurteilung der positiven Rolle der Umsiedler aus Polen in der deutsch-polnischen Annäherung (besseres Verständnis für die beiderseitigen Probleme dank der Sprach- und Sachkennt-nisse dieser Bevölkerungsgruppe). Man hofft, daß dieses Interview zu einem späteren Zeitpunkt wird erscheinen können.«[21]

Mit dieser Aussage über die »Deutschen aus Polen« wird Dedecius nicht zuletzt sich selbst und seinesgleichen gemeint haben. Ein allgemeiner Lobgesang auf die Vertriebenen oder gar die Vertriebenenverbände ist damit freilich nicht erfolgt.

In dem Bericht versteckt ist ein Satz, mit dem Dedecius über Konsultatio-nen informiert, die er verschiedenen Besuchern gegeben habe, darunter »Frau Dr. Światłowska, Assistentin bei Prof. Szyrocki (Germanistik, Breslau) bei ihrer Habi-litationsarbeit über die Wirkung meiner Übersetzungen polnischer Poesie«.[22] Das avisierte Buch ist auf Deutsch erst 1996 erschienen.[23] Bereits ein Jahr nach der Be-gegnung, 1980, wurde dagegen ein Beitrag von Światłowska veröffentlicht, in dem sie über das »kulturpolitische Programm von Karl Dedecius« informiert, bezogen freilich auf das gesamte bisherige Lebenswerk von Dedecius, das er als Leiter des Deutschen Polen-Instituts allerdings fortsetzen sollte.[24]

Dieser zweite Arbeitsbericht von Dedecius enthielt schließlich eine Beschwerde und eine Entschuldigung. Die Beschwerde war emotional formuliert und betraf die künftige personelle Ausstattung des Instituts:

> »Etwas in meinem Enthusiasmus gehemmt und ein wenig enttäuscht bin ich über den schleppenden Fortgang der Dinge um die Gründung des Instituts. Die besten Bewerber [auf die Stelle eines wissenschaftlichen Mitarbeiters], die wir hatten, da sie mit uns kein konkretes Gespräch mit festen Zusagen führen konnten, sind inzwischen anderweitig Verpflichtungen eingegangen. [...] Es ist illusorisch anzunehmen, daß gute Bewerber monatelang arbeitslos und jederzeit zu haben sein werden. [...] Wenn das Institut mit Leistungen

---

21 Ebenda, S. 6f.
22 Ebenda, S. 9.
23 Irena Światłowska: Polnische Literatur in der Bundesrepublik Deutschland bis 1970. Wrocław 1996.
24 Irena Światłowska: Deutsch-polnische Begegnungen. Einige Bemerkungen zum kultur-politischen Programm von Karl Dedecius. In: GERMANICA WRATISLAVIENSIA XXXVI (1980), S. 215–224.

aufwarten soll, braucht es leistungsfähige Mitarbeiter. Wenn es zunächst nur eine ›Brutstätte‹ für junge Polonisten-Anfänger sein soll, kommen wir auch mit geringeren Personalkosten aus, dann allerdings auch mit geringerer Qualität und Quantität der Arbeit.«

Die Entschuldigung betraf »die Verspätung in der Abfassung dieses Berichts« – sie sei der »Arbeit an den Papst-Gedichten« geschuldet, »die sehr dringend war«.[25] Die Ausgabe der Gedichte des im Oktober vorigen Jahres zum Papst Johannes Paul II. gewählten Karol Wojtyła war ebenfalls Bestandteil dessen, was Światłowska das »kulturpolitische Programm von Karl Dedecius« genannt hatte.

Die Verschiebungen des Gründungstermins führten dazu, dass die Haushaltspläne für 1979/80 mehrfach geändert werden mussten. Dedecius hat hierzu den Direktor des Deutsch-Französischen Instituts in Ludwigsburg, Robert Picht, konsultiert. Auch wurden in Zusammenarbeit mit der DGAP Vorbereitungen zum III. deutsch-polnischen Forum getroffen, das im Mai 1980 in Darmstadt stattfinden sollte.[26]

Zuvor hatte aber das Deutsche Polen-Institut am 1. November 1979 die Villa Olbrich auf der Mathildenhöhe als seinen Sitz bezogen. Am 13. Dezember 1979 wurde der Gründungsakt in Bonn vollzogen und die Satzung angenommen. In diesem Zeitraum, Ende 1979, wurden auch mehrere Gespräche »mit dem Suhrkamp Verlag (dem Verlagsleiter Dr. Unseld, dem Hersteller Staudt und dem Werbeleiter Carlé) betreffs der Einrichtung einer ›Polnischen Bibliothek‹ in den Verlagen Suhrkamp/Insel« geführt.[27] Mit Unterstützung der Robert Bosch Stiftung wurden 1980 dann zur Vorbereitung der »Polnischen Bibliothek« drei Übersetzer-Kolloquien durchgeführt, an denen drei Dutzend Fachleute aus den Bereichen Übersetzung, Polonistik und Geschichtswissenschaft teilnahmen (18./19. April; 24./25. Oktober; 19./20. Dezember).[28] Die Teilnehmenden hatten bibliografische Informationen über

---

25 Dedecius (wie Anm. 20), S. 9f.

26 Karl Dedecius an den Vorstand des Inter Nationes e.V. Bonn-Bad Godesberg, 7.11.1979: »Bericht über meine Tätigkeit in der Zeit vom 1. Juli bis zum 30. September dieses Jahres gemäß § 3(1) des mit Ihnen am 15.1.79 abgeschlossenen Werkvertrages«, S. 2. Karl Dedecius Archiv (07-07-12).

27 Karl Dedecius an den Vorstand des Inter Nationes e.V. Bonn-Bad Godesberg, 1.2.1980: »Bericht über meine Tätigkeit in der Zeit vom 1. Oktober bis zum 31. Dezember 1979 gemäß § 3(1) des mit Ihnen am 15.1.79 abgeschlossenen Werkvertrages«, S. 1, 3. Karl Dedecius Archiv (07-07-16).

28 Die Unterlagen der drei Kolloquien sind in den Sammlungen des Deutschen Polen-Instituts weitgehend erhalten geblieben. Für die Rekonstruktion des am DPI in den Anfängen interessierten Übersetzer- und Polonisten-Kreises mag die Nennung der Teilnehmenden von Interesse sein. Für das erste Kolloquium (am 18./19. April 1980) kann allerdings nur die Liste der Interessierten rekonstruiert werden, von denen nicht alle teilnahmen: Armin Th. Dross (Vlotho/Weser), Rolf Fieguth (Berlin), Wolfgang Grycz (Königstein/

eigene Übersetzungstätigkeit auf eigens dafür entwickelten Formularen eingereicht, aus denen eine »Polonisten- und Polnisch-Übersetzerkartei« angelegt werden sollte. Sie sollte als Informationsquelle für Verlage und für Auskünfte dienen, die das Institut an Interessenten weitergeben wollte. Viele haben auch Projektideen vorgelegt, worum sie gebeten worden waren (»innerhalb von vierzehn Tagen«, wie einer süffisant anmerkte), Autoren und Werke genannt, die sie selbst oder in Kooperation mit dem Institut noch übersetzen wollten. Ein Netzwerk von Autorinnen und Autoren wurde geschaffen oder erneuert, die sich für polnische Literatur und Kultur nicht nur interessierten, sondern auch engagierten. Freilich waren die Zukunft und die Funktionsweise des Netzwerks individuellen Interessen der Übersetzerinnen und Übersetzer und dem persönlichen Gestaltungswillen des Institutsleiters unterworfen.

Damit hat ein Abenteuer des Instituts angefangen, das bis zum Herbst 2000 mit dem Erscheinen des 50. Bandes fortdauerte und das einer eigenen Erzählung bedarf. Für die frühe Phase der Arbeit des Instituts ist allerdings erwähnenswert, dass schon bei den ersten fünf Bänden der Polnischen Bibliothek, die im Herbst 1982 erschienen (*Die Dichter Polens*; *Das Junge Polen*; Czesław Miłosz *Gedichte*; Leon Kruczkowski *Rebell und Bauer*; J.C.F. Schulz *Reise nach Warschau*), insbesondere aber 1983 (Stefan Żeromski *Vorfrühling*; Jan Sobieski *Briefe an die Königin*), die Kooperation mit Polonisten und Übersetzern in der DDR gesucht wurde. Die Tugend ist aus der Not entstanden, weil viele der auf den Übersetzer-Kolloquien vorgeschlagenen und versprochenen Buch-Projekte für die Polnische Bibliothek nicht oder nicht rechtzeitig geliefert wurden.

Spiegelbildlich zur Förderung deutscher Übersetzerinnen und Übersetzer polnischer Literatur stand von Anfang an im Programm des Instituts die Förderung der polnischen Übersetzerinnen und Übersetzer der deutschsprachigen Literatur.

Taunus), Carl H. Hiller (Eitorf-Obereip), Witold Kośny (Berlin), Peter Lachmann (Radolfzell), Dietger Langer (Offenbach), Jeannine Luczak-Wild (Basel), Theo Mechtenberg (Bad Oeynhausen), Jens Reuter (München), Anneliese Danka Spranger (Much), Klaus Staemmler (Frankfurt am Main), Oskar Jan Tauschinski (Wien), Christa Vogel (Berlin). Teilnehmende des zweiten Übersetzerkolloquiums (24./25. Oktober 1980): Alexander Darlowski (Wiesbaden), Mikolaj K. Dutsch (Seefeld), Jan Goślicki (Zürich), Gerda Hagenau-Leber (Wien), Hans Henning Hahn (Köln), Heinz Kneip (Regensburg), Walter Kroll (Ludwigshafen), Ernst Josef Krzywon (Neubiberg), Renate Lachmann (Konstanz), Antonín Měšťan (Freiburg), Michael G. Müller (Gießen), Andrzej de Vincenz (Heidelberg), Jörg Hummel (Fürstenfeldbruck-Buchenau), Rüdiger Stephan (Robert Bosch Stiftung, Stuttgart). Teilnehmende des dritten Kolloquiums (19./20. Dezember 1980): Jan Goślicki (Zürich), Jürgen Hensel (Warschau), Heinz Kneip (Regensburg), Witold Kośny (Amsterdam), Walter Kroll (Ludwigshafen), Ernst Josef Krzywon (Neubiberg), Renate Lachmann (Konstanz), Dietger Langer (Offenbach), Jeannine Luczak-Wild (Basel), Alek Pohl (Braunschweig), Andrzej de Vincenz (Heidelberg), Peter Payer (Robert Bosch Stiftung, Stuttgart), Rüdiger Stephan (Robert Bosch Stiftung, Stuttgart).

Die erste vom Institut und der Robert Bosch Stiftung durchgeführte Studienreise
polnischer Übersetzer in Deutschland fand vom 30. August bis 6. September 1981
statt. Darauf folgte die erste Informationsreise polnischer Verleger (13. bis 22. Oktober 1981). Kurz davor, am 5. September 1981 in Darmstadt, wurde zum ersten
Mal der Preis der Robert Bosch Stiftung für polnische Übersetzer deutscher Literatur vom Deutschen Polen-Institut – an Sławomir Błaut – verliehen.[29] Die Idee
eines Übersetzerpreises wurde neu eingeführt, die Studienreisen der Übersetzer erinnern an das Modell, das bereits zuvor von Inter Nationes praktiziert worden war.

Am 11. März 1980 fand dann im Kleinen Haus des Staatstheaters Darmstadt die
Eröffnung statt. Der Oberbürgermeister der Stadt Darmstadt, Heinz Winfried Sabais, eröffnete die Veranstaltung mit der Feststellung: »Das Deutsche Polen-Institut
in Darmstadt, aus dem versöhnlichen, zukunftsoffenen Geiste des Warschauer Ver-
trages von 1970 zwischen der Bundesrepublik Deutschland und der Volksrepublik
Polen geboren, nimmt heute seine völkerverbindende, dem gemeinsamen Frieden
dienende Arbeit auf.«[30] Die danach auftretenden Personen haben in ihren Reden
die Rhetorik der Neuen Ostpolitik aufgenommen und erweitert.

Die Staatsministerin im Auswärtigen Amt Hildegard Hamm-Brücher verwies
auf die Aufgabe des Instituts, »den begonnenen Prozeß der deutsch-polnischen
Aussöhnung und Verständigung fortzusetzen«, und betonte zugleich: »Dazu gehört auch, daß dieses Institut ein reichhaltiges Programm anbietet, das nicht nur
literarisch orientiert ist, sondern auch kulturelle und gesellschaftliche im weitesten
Sinne des Wortes Aspekte mit einbezieht.« Das kulturpolitische Programm von
Dedecius, das eindeutig auf Literatur und Buchkultur ausgerichtet war, wurde
damit, zumindest für das Institut, zu einer Erweiterung verpflichtet. Hätte Dedecius am liebsten ein Institut für polnische Literatur gegründet, so wurde er Direktor eines programmatisch entgrenzten Deutschen Polen-Instituts, an dem er sich
auch mit Städtepartnerschaften oder Jugendaustausch beschäftigen musste. Die
Zusammenarbeit des Instituts mit deutschen Städten, die mit polnischen Städten
Partnerschaften eingegangen waren, erwies sich auch für das Institut im Rahmen
der Pflege kultureller Kontakte als wichtig und nützlich. Das Interesse etwa von
Gewerkschaften, Mitglied im Deutschen Polen-Institut zu werden, bemühte sich
das Institut mit Unterstützung von Gräfin Dönhoff allerdings abzuwehren.

Mit dem zweiten Teil der von Hamm-Brücher definierten auswärtigen Kulturpolitik des Bundes bezogen auf das Institut dürfte Dedecius weniger Probleme
gehabt haben. Sie setzte ihre Rede unverblümt fort: »Wir hoffen ja, daß wir eines

---

29 Nähere Angaben in: Fünf Jahre Deutsches Polen-Institut: Arbeitsbericht 1980–1984.
   Darmstadt 1985, S. 95–101.
30 Deutsches Polen-Institut Darmstadt: Reden zur Eröffnung des »Deutschen Polen-
   Instituts Darmstadt« am 11. März 1980 im Kleinen Haus des Staatstheaters Darmstadt.
   Hrsg. vom Magistrat der Stadt Darmstadt. Darmstadt 1980, S. 3.

Tages sowohl in der Bundesrepublik Deutschland ein offizielles polnisches Kultur-institut eröffnen können und ein deutsches Kulturinstitut in Polen. Das ist unser Ziel in diesem Bereich der kulturellen Zusammenarbeit.« Auf das von der DDR in Anspruch genommene Vetorecht gegenüber der Gründung eines Goethe-Instituts in Polen ging Hamm-Brücher wohlweislich nicht ein.[31]

Hessens Kultusminister Hans Krollmann verwies dagegen auf die vereinsrecht-lich garantierte inhaltliche Selbstständigkeit des Instituts und verwahrte sich gegen laut werdende konservative Vorwürfe in der Bundesrepublik, »das Institut sei ein Sprachrohr der polnischen Regierung auf deutschem Boden und könne mangels Gegenseitigkeit nicht gegründet werden«. Für noch abwegiger erklärte er die Forde-rung, »eine finanzielle Gegenrechnung mit der Bewahrung ostdeutschen Kulturgutes aufzumachen. Die Bewahrung dieses kulturellen Erbes« – setzte Krollmann fort – »ist eine gesetzliche Aufgabe der Bundesregierung und der Länder und darf nicht in Gegensatz zur Verständigung zwischen Ost und West gestellt werden. Jede andere Haltung einzunehmen, hieße Gräben aufzureißen statt Brücken zu bauen.« Damit differenzierte Krollmann klar zwischen Aufgaben des Deutschen Polen-Instituts und den aus dem § 96 Bundesvertriebenengesetz resultierenden Verpflichtungen der Bundesregierungen.

Es konnte freilich nicht ausgeschlossen werden, dass dem Institut Verrat deutscher Interessen vorgeworfen würde. Ebenso wenig war es möglich auszuschließen, dass, umgekehrt, dieser Einrichtung deutscher auswärtiger Kulturpolitik »antipolnische« oder »antikommunistische« Umtriebe vorgeworfen würden. Bei der Eröffnungsfeier saßen der erste Stellvertreter des Botschafters der Volksrepublik Polen (Botschaftsrat Mirosław Wojtkowski) und der Kulturattaché (Botschaftsrat Janusz Szmyt) im Raum. Wenige Monate später, während des III. deutsch-polnischen Forums in Darmstadt (Mai 1980), hat sich der damalige polnische Botschafter in Bonn, Wacław Piątkowski, geweigert, dem Deutschen Polen-Institut einen Besuch abzustatten.

Die Gründung und die Gestaltung des Deutschen Polen-Instituts 1980 nann-te Dedecius eine »vertrauensbildende Maßnahme«, also gleichsam ein Mittel der Ostpolitik. Ich habe bei meinem Versuch der Rekonstruktion des Gründungspro-zesses des Instituts eher die Binnenperspektive gewählt in der Hoffnung, dass dar-aus auch Erkenntnisse für die Analyse der auswärtigen Kulturpolitik zu gewinnen sind.[32] Welche Perspektive auch immer man wählt, scheint mir hier der Versuch

---

31 Ebenda, S. 8f.
32 An dieser Stelle wird es angebracht sein, anzumerken, dass der Autor dieser Zeilen von Januar 1982 bis 2002 am Deutschen Polen-Institut tätig war. Dementsprechend ist ein Text entstanden, der sich einer Binnenperspektive verdankt, andererseits aber kein »Zeu-genbericht« ist, weil ich zum Zeitpunkt der Gründung des Instituts keine Kontakte mit Dedecius oder mit der Einrichtung hatte.

einer auswärtigen Kultur- und Geschichtspolitik vorzuliegen, die zwar politisch handelte, aber in apolitisch imaginierten Begriffen wie »Kulturdialog« oder »Völkerverständigung« schützende Rückzugsräume gesucht hat. Der von mir genutzte Begriff des »Apolitischen« bezieht sich freilich auf die Ambivalenz der auswärtigen Kulturpolitik der Bundesrepublik und ist nicht etwa mit dem Begriff der »Antipolitik« zu verwechseln, den György Konrád für die ostmitteleuropäische Realität des Ost-West-Konflikts geprägt hat. Für ihn war »Antipolitik eine Gegenmacht, die nicht an die Macht kann und das auch nicht will. Die Antipolitik besitzt auch so schon und bereits Macht, nämlich aufgrund ihres moralisch-kulturellen Gewichts.«[33] Bei der Vorstellung vom angestrebten »moralisch-kulturellen Gewicht« könnten sich die beiden Begriffe allerdings durchaus begegnen.

---

33 György Konrád: Antipolitik. Mitteleuropäische Meditationen. Frankfurt am Main 1985 (Umschlag).

Rüdiger Ritter

Polski Jazz.
Vom Hassobjekt des polnischen Stalinismus zur international erfolgreichen Marke staatssozialistischer Kulturpolitik

Einführung: Gab es in Polen überhaupt eine staatssozialistische Kulturpolitik gegenüber dem Jazz?

Der Gegensatz könnte nicht größer sein: Während des polnischen Stalinismus, also in der Zeit von etwa 1947/48 bis mindestens zum Jahr 1953, eigentlich aber noch bis ins Jahr 1956, mussten Jazzmusiker in Polen sich verstecken. Jazz war zwar nicht formell verboten, wie man immer noch hin und wieder lesen kann, aber Angriffspunkt einer offiziellen Kampagne, die sowohl die Musik als auch die Musiker mit Vehemenz diffamierte. Nur wenige Jahre später sah das ganz anders aus: Jazz war nicht nur anerkannt, sondern Gegenstand staatlicher Förderung, etwa in Gestalt des seit 1958 alljährlich stattfindenden Warschauer Jazzfestivals *Jazz Jamboree*, und die einstmals so geschmähte Musik diente dem sozialistischen Staat jetzt als Aushängeschild für seine Progressivität und kulturelle Leistungsfähigkeit.

Wie ist dieser Gegensatz zu erklären? Wieso vertraten polnische Kulturpolitiker seit den 1960er Jahren dem Jazz gegenüber eine so diametral andere Linie? Der Gegensatz fordert zur Frage heraus, ob sie überhaupt so etwas wie eine konsistente Politik dem Jazz gegenüber hatten oder ob die Politiker des staatssozialistischen Polen nicht eher doch vor der Beliebtheit des Jazz kapitulierten und ihn schließlich zulassen mussten – so lautet jedenfalls eine, von der polnischen Jazzszene immer wieder gerne vorgetragene, zum Mythos erhobene Interpretation. Diese passte interessanterweise bestens zur Überzeugung der Kalten Krieger aus den USA der 1960er und 1970er Jahre, die Warschau, Moskau und andere Großstädte des Ostblocks mit John Coltrane und Kollegen sozusagen sturmreif schießen wollten.[1]

Statt solche und andere mythisierende Erklärungen im Einzelnen zu diskutieren, erscheint es sinnvoller, die Vorgehensweise polnischer Kulturpolitiker gegenüber

---

1 Leonard Feather: Let Hot Jazz Melt Joe's Iron Curtain. In: New York Journal American vom 4. Oktober 1952.

dem Jazz aus den Grundlagen staatssozialistischer Kulturpolitik, ihren Zwängen und ihren Möglichkeiten heraus zu begreifen. In der Tat gab es nämlich sehr wohl eine staatssozialistische Kulturpolitik gegenüber dem Jazz, die sich nicht nur im Reagieren auf äußere Einflüsse erschöpfte. Ihre Erforschung steht jedoch, verglichen mit den Forschungsaktivitäten hinsichtlich der Kulturpolitik des Westens, noch am Anfang. Während für die Kulturpolitik der USA Konzepte wie »cultural diplomacy« oder die Rolle von Musik und Kultur als »soft power« mit ihren jeweiligen speziellen Möglichkeiten seit Längerem in der Forschung diskutiert werden,[2] fehlen vergleichbare Untersuchungen für das kulturelle Vorgehen der Ostblockstaaten weitgehend.[3] Dieser Beitrag kann angesichts dieser Lage lediglich schlaglichtartig einzelne Faktoren der staatssozialistischen Kulturpolitik dem Jazz gegenüber aufzeigen.

Stalinistische Jazzpolitik in Polen

Polen, wie auch die anderen Länder des östlichen Mitteleuropa, lernte staatssozialistische Jazzkulturpolitik zuerst in ihrer stalinistischen Ausprägung kennen, als nämlich im Zuge der politischen, wirtschaftlichen und kulturellen Sowjetisierung von Stalins Machtbereich auch der Musikbereich unter direkten staatlichen Einfluss gebracht wurde. Das äußerte sich u. a. darin, dass sämtliche Kulturschaffende in staatlich organisierte Künstlervereinigungen eintreten mussten, um legal arbeiten zu können, also auch Komponist:innen und Musikaufführende jeder Stilrichtung. Zugleich wurden Künstler:innen in speziellen Kongressen auf die offizielle staatliche Kunstdoktrin eingeschworen, den sogenannten sozialistischen Realismus, der für alle Kulturerzeugnisse der Staaten des sowjetischen Machtbereichs bindende Funktion haben sollte. In Polen fand der entscheidende Kongress im Jahr 1947 in Lagow (Łagów Lubuski) statt, und das Gremium, dessen Mitgliedschaft für alle Musikschaffenden in der Volksrepublik Polen gleich welcher Stilrichtung verbindlich war, war der Polnische Komponistenverband.[4] Durch die Mitgliedschaft wurden Künstler:innen und Musikschaffende zur unbedingten Beachtung der ästhetischen Doktrin des sozialistischen Realismus verpflichtet, konnten im Gegenzug

---

2 Vgl. etwa Emily Abrams Ansari: Shaping the Policies of Cold War Musical Diplomacy: An Epistemic Community of American Composers. In: DIPLOMATIC HISTORY 36 (2012) Nr. 4, S. 41–52; Danielle Fosler-Lussier: Music in America's Cold War Diplomacy. Oakland 2015; Jessica Gienow-Hecht: Sound Diplomacy: Music and Emotions in Transatlantic Relations, 1850–1920. Chicago 2009.

3 So konstatiert es auch Nigel Gould-Davies: The Logic of Soviet Cultural Diplomacy. In: DIPLOMATIC HISTORY 27 (2003) Nr. 2, S. 193–214.

4 Vgl. David G. Tompkins: Composing the Party Line. Music and Politics in Early Cold War Poland and East Germany. West Lafayette, Indiana 2013.

aber auch mit legalen Betätigungsmöglichkeiten und sogar mit Förderung ihres Wirkens durch den Staat rechnen.[5]

Jazz wurde in diesem System stalinistischer Musikpolitik genauso behandelt wie andere Musikstile auch – es gab keine spezielle Unterabteilung des Komponistenverbands für Jazzmusiker oder Jazzkomponisten.[6] Wohl aber war gerade diese Musik den staatlichen Kulturpolitikern ein Dorn im Auge. Jazz galt ihnen als Musik des US-amerikanischen Klassenfeinds und wurde daher von vorneherein, fern jeglicher ästhetischer Betrachtung des klingenden Materials, mit politischer Bedeutung aufgeladen. Zusätzlich ergab sich das Problem, dass Jazz als vorwiegend instrumentale und improvisierte Musik denkbar schlecht zum Konzept des sozialistischen Realismus passte, der eine Musik forderte, die von den »Massen« leicht verstanden und daher am besten vokal, die kontrollierbar und nicht improvisatorisch sein sollte. Jazz stellt also die genaue Antithese zu den Wunschvorstellungen »sozrealistischer« Theoretiker dar, so dass diese Musik auch mit musiktheoretischen Argumenten heftig umkämpft wurde. Das gipfelte in der polemischen Schrift *Die Musik der geistigen Nichtigkeit* des sowjetischen Musikästhetikers Vladimir Gorodinskij, die in die Sprachen aller Länder des Ostblocks übersetzt wurde und von den Musikpolitikern im ganzen Ostblock befolgt werden musste.[7]

Eigentlich ging es den Kulturpolitikern aber gar nicht so sehr um den Jazz als Musik, sondern um die herrschaftspolitische Bedeutung, die er hatte. Für jeden staatssozialistischen Kulturpolitiker, nicht nur zur Zeit des Stalinismus, spielte Musik eine zentrale Rolle als Mittel, Einfluss auf die »Massen« nehmen zu können und dadurch sozialistischen Inhalt in der Bevölkerung zu verankern (diese Bedeutung der Musik wurde direkt aus Aussagen Lenins abgeleitet). Musik musste also unter staatlicher Aufsicht stehen, so dass sichergestellt war, dass sie diese Funktion auch erfüllen konnte. Die rigorose Kontrolle des gesamten Musikbereichs war für die staatssozialistische Musikpolitik somit nicht einfach nur Beiwerk, sondern stand im Zentrum ihres Denkens. Freiheit und Willkür im Musikbereich zuzulassen würde

---

5 Zum sozialistischen Realismus vgl. u. a. Jiří Fukač: Socialist Realism in Music: An Artificial System of Ideological and Aesthetic Norms. In: Socialist Realism and Music. Musical Colloquium at the Brno International Music Festival. Hrsg. von Mikuláš Bek, Geoffrey Chew und Petr Macek. Praha 2004, S. 16–21; Hans Günther; E. A. Dobrenko (Hrsg.): Socrealističeskij kanon. Sankt Peterburg 2000.

6 In der Tschechoslowakei hingegen entstand im Jahr 1971 als Unterabteilung der Musiker-Union eine Jazz-Sektion, die schon bald eine starke Eigenständigkeit entwickelte. Vgl. Martina Winkler; Rüdiger Ritter (Hrsg.): Ein schmaler Grat. Die Jazz-Sektion, zeitgenössische Kunst und Musik in der Tschechoslowakei / Složité hledání rovnováhy. Jazzová sekce, moderní umění a hudba v Československu. Begleitbuch zur Ausstellung. Bremen, Dortmund 2016.

7 Vladimir Gorodinskij: Muzyka duchovoj niščety. Moskva 1950.

bedeuten, ein zentrales Mittel der emotionalen Steuerung der Bevölkerung aus der Hand zu geben, und das stand im Widerspruch sowohl zur marxistisch-leninistischen Ideologie als auch zur eigenen Staatsräson.

Der Zielkonflikt für staatssozialistische Musikpolitiker bestand darin, dass es wenigstens in den gesamten 1950er Jahren und auch noch später Jazz war, der vor allem für junge Leute die mit Abstand attraktivste Musikform darstellte. Kampf gegen Jazz war für die staatssozialistischen Kulturpolitiker dementsprechend ein integraler Teil der Erziehung der Jugend im staatssozialistischen Geist. In der Zeit des Stalinismus entwickelten staatliche Stellen daher eine Reihe von gezielten Abwehrmaßnahmen gegen den Jazz. Zunächst wurde in musikalischen Fachblättern eine gezielte Kampagne gegen diese Musik eröffnet, die auf die ästhetische Verderbtheit, den minderen musikalischen Wert und das zerstörerische Potenzial dieser Musik hinwies – bei alledem handelte es sich allerdings nicht um tatsächliche Argumente, die aus einer intensiven Beschäftigung mit dieser Musik entstanden waren, sondern um eine Aneinanderreihung vorgefertigter argumentativer Versatzstücke, die immer wieder neu kombiniert wurden.

Neben diesen ästhetischen Diffamierungen des Jazz war ein weiteres Mittel der staatlichen Abwehrstrategie die Verunglimpfung dieser Musikform. In Satireblättern wie den SZPILKI, die mit den Mitteln eines oft giftigen Humors die Vorstellungen stalinistischer Kulturpolitiker zu vermitteln suchten, wurde Jazz als Musik der *bikiniarze*, der Anhänger einer jugendlichen, stark vom Jazz beeinflussten Subkultur,[8] verunglimpft und lächerlich gemacht. Nicht ungeschickt appellierten die Kulturpolitiker dabei an den Wertekanon »anständiger« Erwachsener, von denen viele, auch ohne Anhänger der stalinistischen Kulturpolitik zu sein, die Subkultur der *bikiniarze* und den Jazz als Ausdruck von Verwahrlosung und mangelnder Erziehung der Jugend verabscheuten. Durch ein geschicktes Spiel mit der Warnung vor Jazz als der Musik des Klassenfeinds, der heimtückisch durch das musikalische Einfallstor die heile Welt der polnischen Gesellschaft unterwandere, gelang es den staatlichen Kulturpolitikern, bis weit in die gesellschaftliche Mitte hinein Zustimmung für ihre aggressive anti-amerikanische Jazzpolitik zu erhalten.

Endlich bestand ein wesentliches Element der stalinistischen Jazzpolitik darin, den Jazzliebhabern einen Ersatz anzubieten. Der Spielraum war hier durch die engen ästhetischen Vorgaben des sozialistischen Realismus zwar sehr begrenzt. Jedoch wurden Versuche unternommen, die polnische Unterhaltungsmusik stilistisch dem Jazz anzunähern[9] oder aber ganz andere Musikformen als Ersatz zu propagieren. Gerade für das Jazzpublikum jedoch war die für die staatliche Kulturpolitik

---

8 Maciej Chłopek: Bikiniarze. Pierwsza polska subkultura. Warszawa 2005.
9 Vgl. Marek Gaszyński: Fruwa twoja marynara. Lata czterdzieste i pięćdziesiąte – jazz, dancing, rock and roll. Warszawa 2006.

wichtigste Musikform, nämlich das sozialistische Massenlied, als Ersatz für Jazz denkbar ungeeignet. Auch wenn man sich der Mitarbeit bekannter und beliebter polnischer Unterhaltungskünstler wie etwa Władysław Szpilman zu versichern wusste, konnte das sozialistische Massenlied auf das Jazzpublikum keine Attraktivität ausüben und erst recht nicht die Beliebtheit des Jazz reduzieren.[10]

Hinzu kam, dass Jazz ganz unabhängig von ästhetischen Kriterien nicht nur von staatlichen Kulturpolitikern, sondern auch von der Fangemeinde als etwas Amerikanisches perzipiert wurde – selbst wenn eine polnische Jazzband also ein ästhetisches Pendant präsentiert hätte, wäre dieser Musik kein vergleichbarer Erfolg beschieden, da ihr der Nimbus des Amerikanischen fehlte. In dieser Amerikaorientiertheit liegt sicherlich der Schlüssel für die seinerzeit so starke emotionale Wirkung der Jazzmusik als einer Chiffre für den »american way of life«, für ein imaginiertes Anderes und für einen stark empfundenen, wenn auch selten klar definierten Freiheitsbegriff.[11]

Wie stark diese Empfindungen waren, zeigte sich beispielhaft im Jahr 1952, als eine Ausstellung in Warschau mit dem Titel *Oto Ameryka* (Das ist Amerika) dem Publikum die Verderbtheit des amerikanischen Klassenfeinds vor Augen führen sollte. Hier wurde auch ganz offiziell, wenn auch nur von der Schallplatte, echter amerikanischer Jazz zu Gehör gebracht, um den Warschauern die angebliche Kläglichkeit dieser Musik zu demonstrieren. Anstatt jedoch, wie es die Ausstellungsmacher erwartet hatten, empört nach Hause zu gehen, strömten die Ausstellungsbesucher in Scharen herbei, da sie neugierig waren, endlich einmal den so sehr im Vorfeld gebrandmarkten, aber insgeheim bewunderten Jazz tatsächlich hören zu können.[12] Es war den stalinistischen Kulturpolitikern innerhalb weniger Jahre gelungen, die polnische Öffentlichkeit so sehr von Entwicklungen im Ausland fernzuhalten, dass die Neugierde, die Entwicklungen auf der Welt kennenzulernen, immer mehr zur bestimmenden Handlungsmotivation wurde.

Verräterisch ist auch die Tatsache, dass sich nicht nur in Satirezeitschriften wie den Szpilki, sondern auch in den Radiozeitschriften der damaligen Zeit immer wieder Angriffe auf die USA, den Westen und insbesondere den Jazz häuften, meist

---

10 Das sozialistische Massenlied konnte eine gewisse Akzeptanz erreichen, als es den Wiederaufbau Warschaus musikalisch begleitete.

11 Vgl. Rüdiger Ritter: Mentale Fluchthilfe. Amerikanische Musik im Nachkriegspolen. In: Osteuropa 1 (2011), S. 251–264.

12 Vgl. Tomasz Głogowski: Tyrmand. Bikiniarz konserwatysta. Szkice o literaturze i obyczaju. Katowice 2001, S. 67 f.; http://muzeumtechniki.eu/wydarzenia/25/oto-ameryka-2-zapraszamy-na-wernisaz (17.6.2020). Marek Hłasko berichtet: »Man wartete stundenlang in der Schlange auf den Eintritt, wollten die Leute doch irgendetwas Amerikanisches sehen.« (Marek Hłasko: Piękni dwudziestoletni. In: Ders.: Utwory wybrane. Bd. 5. Warszawa 1989, S. 85).

in Form von aggressiven Karikaturen. Das lässt den Schluss zu, dass es den stalinistischen Kulturpolitikern keineswegs gelungen war, die Wirksamkeit des Jazz so stark zurückzudrängen, wie sie es glauben machen wollten. Nach wie vor erklang Jazz in der stalinistischen Gesellschaft Polens, nur nicht mehr in der Öffentlichkeit, sondern in Privatwohnungen oder abgelegenen Kellern. In der polnischen Jazzgeschichte spricht man vom Jazz dieser Jahre mit Stolz als dem »Katakomben-Jazz«.

Die Erosion stalinistischer Kulturpolitik im Jahr 1956

Das Jahr 1956 brachte die Abkehr von dieser Linie. Der Versuch, den Jazz durch gesellschaftliche Ächtung, mehr oder weniger starke Repressionen und durch Bereitstellung von Surrogaten in seiner Attraktivität zu reduzieren, war ganz offensichtlich fehlgeschlagen. Es hatte sich als unmöglich erwiesen, eine Kulturpolitik gegen die Bedürfnisse der Szene durchzuführen, jedenfalls, wenn diese einen nachhaltigen Erfolg haben sollte.

Die Abkehr von der stalinistischen Version der Kulturpolitik war radikal.[13] Jazz wurde nun nicht mehr verunglimpft, sondern staatlich gefördert. Es wurden Formen der Zusammenarbeit mit dem Jazzmilieu installiert, die nicht nur die Förderung dieser Musik gestatteten, sondern auch die ganz andersartige Musikästhetik des Jazz zuließen. Diese Wende hatte sich bereits nach Stalins Tod angekündigt, als führende polnische Komponisten wie Henryk Czyż im Komponistenverband die Einbeziehung des Jazz in die polnische Musikkultur forderten. Den ersten Höhepunkt bildeten die staatlich geförderten Ensembles, insbesondere von Krzysztof Komeda,[14] und das Jazzfestival in Zoppot (Sopot), das unversehens zu einer Leistungsschau des im Untergrund nach wie vor präsent gewesenen Jazz wurde. Enthusiastisch feierten Jazzanhänger die Möglichkeit, ihren Jazz wieder öffentlich darzubieten. Diese Zeit ging als »*karnawał radości*« (»Karneval der Freude«) in die polnische Kulturgeschichte ein.[15]

Dabei handelte es sich allerdings nicht um die Bankrotterklärung der staatssozialistischen Jazzkulturpolitik, auch nicht um die Willkür eines politischen Apparats, auch wenn im staatlichen Kulturbetrieb die stalinistischen Hardliner durch

---

13 Zum Folgenden vgl. Christian Schmidt-Rost: Jazz in der DDR und Polen. Geschichte eines transatlantischen Transfers. Frankfurt am Main 2015, S. 119–127; David G. Tompkins: Composing the Party Line (wie Anm. 4).

14 Vgl. Marek Hendrykowski: Komeda. Poznań 2009.

15 Vgl. Andrzej Krzywicki: Poststalinowski karnawał radości. V. Światowy Festiwal Młodzieży i Studentów o Pokój i Przyjaźń, Warszawa 1955 r. Przygotowania – przebieg – znaczenie. Warszawa 2009.

Vertreter eines Stalin-kritischen Kurses abgelöst worden waren.[16] Nach wie vor begriffen auch die neu im Amt befindlichen Musikfunktionäre Musik ganz im Sinne der Staatsideologie als wichtiges Mittel der emotionalen Steuerung und Vermittlung von Inhalten an die »Massen«. Aus dem Scheitern der stalinistischen Jazzpolitik, die auf gezielte Diffamierung des Jazz und die Schaffung von Ersatzangeboten gesetzt hatte, nahmen sie jedoch die Lektion mit, dass ihr Ziel nicht durch Verunglimpfung, sondern durch eine Strategie gezielter Lenkung und Kooperation mit der Szene besser zu erreichen sei.

Tatsächlich bedeutete das für die Jazzszene zunächst eine Erweiterung der Möglichkeiten. Die Wiederzulassung kultureller Kontakte zum Westen, sei es auch nur durch das Hören westlicher Radiosendungen, beseitigte die als hinderlich empfundene Isolierung der kulturellen und musikalischen Szene von den Entwicklungen in der Welt. Jazzensembles wurden in die staatliche Förderung des Komponistenverbands aufgenommen, das wichtigste bereits bestehende Jazzfestival in Polen, das Warschauer *Jazz Jamboree*, wurde seither alljährlich mit einem nicht unbeträchtlichen Geldbetrag gefördert und konnte sich zu einem Zentrum des polnischen Jazzlebens entwickeln.

Ergebnis dieser neuen kulturpolitischen Linie war eine Symbiose von Jazzkulturpolitikern und Jazzszene. Im Bestreben, den Jazz zu etwas Polnischem zu machen, konnten sich beide Seiten wiedererkennen. Die Kulturpolitiker versuchten, mit dieser Strategie den immer noch als gefährlich erachteten amerikanischen Jazz zu domestizieren und beherrschbar zu machen, und die Anhänger der Jazzszene erhielten die Möglichkeit, ihre eigenen musikalischen Vorstellungen zu verwirklichen. Unterstützt wurden sie dabei von keinem Geringerem als dem wichtigsten Jazz-Radiomoderator des US-amerikanischen Auslandsradiosenders Voice of America, Willis Conover. Dieser hatte während seiner Reise nach Polen 1959 die polnischen Jazzmusiker ausdrücklich dazu aufgerufen, sich in ihrer Musik an den eigenen kulturellen Traditionen Polens zu orientieren und nicht lediglich US-amerikanische Vorbilder zu kopieren.[17] Die von den staatlichen Kulturpolitikern geforderte »Polonisierung« des Jazz wurde also seitens des ideologischen Gegners noch gefördert, so dass die polnische Jazzszene sozusagen von zwei Seiten Rückenwind erhielt. Das bot ihr die Möglichkeit, die Schaffung polnischer Formen des Jazz sowohl als Widerständigkeit gegen das Regime (in Form der Aufnahme der Ratschläge Conovers) als auch als Kollaboration

---

16 Eine Zusammenfassung der wichtigsten Änderungen geben Danuta Gwizdalanka und Krzysztof Meyer: Lutosławski. Droga do dojrzałości. Bd. 1. Kraków 2003, S. 273–279, 288–299.

17 Vgl. Rüdiger Ritter: Willis Conover a Polska. In: Rafał Ciesielski (Hrsg.): Jazz w kulturze polskiej. Bd. 2. Zielona Góra 2016, S. 9–22. Zu Conover vgl. ders.: Broadcasting Jazz into the Eastern Bloc – Cold War Weapon or Cultural Exchange? The Example of Willis Conover. In: Jazz Perspectives 7 (2014) Nr. 4, S. 111–131.

mit dem Regime (als Aufnahme der Forderungen der Kulturpolitik) zu verkaufen. Die Stabilität der polnischen Jazzszene, die bis 1989 im staatssozialistischen Polen eine starke Stellung behielt, ist sicher von dieser und weiterer doppelter Unterstützung von zwei Seiten her zu verstehen.[18]

Bedeutungsverlust des Jazz und die Antwort der Kulturpolitik

Etwa zeitgleich mit der Erosion der stalinistischen Jazzpolitik verschwand eine weitere entscheidende Funktion des Jazz, was seine Stellung in der staatssozialistischen Kulturpolitik wesentlich verändern sollte: Bis 1956 hatte Jazz unangefochten als die Musik der Jugend schlechthin gegolten. Er war diejenige Musikform, die als Ausdruck von Widerständigkeit, alternativer Lebensform und Amerikaorientierung ein Alleinstellungsmerkmal hatte. Darauf hatte auch seine herrschaftspolitische Bedeutung für die polnische Jazzkulturpolitik beruht. Mit dem weltweiten, explosionsartigen Siegeszug des Rock 'n' Roll – symbolhaft sichtbar an der Wirkung von Bill Haleys *Rock around the Clock* nicht nur im Westen, sondern auch, fast zeitgleich, in den Ostblockländern – schwand diese Alleinstellung des Jazz. Sehr schnell entwickelte sich Rock 'n' Roll und dann die sich daraus entwickelnde Rockmusik als nun neue Musik des Protests, alternativer Lebensformen und Ausdruck von Westorientierung.[19] Jazz hingegen wandelte sich mehr und mehr zu einer Musikform für ein etabliertes, langsam alterndes Publikum. Dadurch verlor Jazz ein Stück weit sein rebellisches, provokatives Potenzial, auch wenn die Szene, vor allem aufgrund der Erfahrungen im Stalinismus, das Selbstbild als *per se* widerständiges gesellschaftliches Feld bis heute hochhält.

Für die Jazzkulturpolitik des polnischen Staats bedeutete diese Entwicklung, dass Jazz als Musikform und als Chiffre für eine gesellschaftliche Haltung sein herrschaftspolitisches Potenzial in weiten Teilen eingebüßt hatte. Der nunmehr harmlose, gezähmte Jazz war nicht mehr diejenige Musik, von der eine Gefahr für den Staat auszugehen schien, andererseits hatte er aber auch seine Bedeutung als Musikform verloren, mit deren Steuerung man Einstellungen und Ansichten der Jugend bestimmen konnte. Die Aufmerksamkeit der Kulturpolitiker verlagerte sich daher in der Folge zunehmend auf Formen der Rockmusik.

---

18 Andrzej Friszke spricht für die Zeit von 1956 bis 1970 von einer Art »Markt« zwischen Machthabern und Kulturschaffenden. Vgl. Andrzej Friszke: Przystosowanie i opór. Rozważania nad postawami społecznymi 1956–1970. In: Ders.: Przystosowanie i opór. Studia z dziejów PRL. Warszawa 2007, S. 124–139, hier S. 136.

19 Vgl. Timothy Ryback: Rock around the Bloc. A History of Rock Music in Eastern Europe and the Soviet Union, 1954–1988. Oxford 1990.

Jazz als Aushängeschild für den modernen sozialistischen Staat

Gleichwohl wurde Jazz auch in den Augen staatssozialistischer Kulturpolitiker nicht bedeutungslos. Darauf verweist die Tatsache, dass nicht nur das zentrale Jazzfestival Polens, das *Jazz Jamboree*, weiterhin staatlich gefördert wurde, sondern auch, dass an vielen größeren und kleineren Orten Polens weitere Jazzfestivals entstanden (das bekannteste und bedeutendste dieser Festivals war das *Jazz nad Odrą* [Jazz an der Oder], das seit 1964 existiert)[20] und sich ein reges Jazzleben entwickelte und halten konnte. Die staatliche Kulturpolitik entdeckte Jazz nun zunehmend als Möglichkeit, den eigenen Staat als weltoffen, modern und auf international anerkanntem Niveau darzustellen. Polen konnte sich somit nicht nur innerhalb des Ostblocks, sondern weltweit als führendes Jazzland präsentieren und dadurch seinen Ruf gerade angesichts seiner wirtschaftlichen Schwierigkeiten international wesentlich verbessern.

Dass sich diese Perspektive auf Jazz als moderne Musik von Weltgeltung staatlicherseits durchsetzen konnte, hatte sicher auch damit zu tun, dass nach der Generation stalinistischer Kulturpolitiker nunmehr eine junge Generation die polnischen Führungspositionen besetzte, die in ihrer Jugend, d. h. in den 1940er Jahren, mit Jazz aufgewachsen und in ihm sozialisiert war. Hier liegt eine Erklärung für die mitunter große Aufgeschlossenheit führender Kulturpolitiker gegenüber dem Jazz. Auch ihren Handlungsspielräumen wurden jedoch Grenzen gesetzt, und zwar durch ihre sowjetischen Kollegen. Für die Kulturpolitiker aus diesem Land war es untragbar, dass das kleine, periphere Polen und nicht die Sowjetunion, als Führungsmacht des Sozialismus *per definitionem* und nach ideologischer Vorgabe das fortschrittlichste Land auf der Welt, die Vorreiterstellung beim Jazz haben sollte. Allerdings sprachen die aktuellen Jazzereignisse ganz eindeutig gegen diese ideologischen Vorgaben, wie auch sowjetische Jazzmusiker bezeugten.[21] Auch für sie war das *Jazz Jamboree* das Tor zum Westen und die im Ostblock beste Möglichkeit, die internationalen Entwicklungen auf dem Gebiet des Jazz kennenzulernen. Polnische Kulturpolitiker mussten dennoch aus machtpolitischen Gründen

---

20 Vgl. Bogusław Siwek; Wojciech Klimsa: JnO 1964–2014. Bd. I. Wrocław 2014.

21 Auf dem Gebiet des Jazz konnten sowjetische Kulturpolitiker nicht umhin, ihre Rückständigkeit nicht nur im Vergleich mit den USA, sondern auch im Vergleich mit den sozialistischen Bruderländern einzugestehen. Einige Beispiele dafür liefern die Diskussionen des Vierten Plenums des sowjetischen Komponistenverbands aus dem Jahr 1962. Hier wurde ausdrücklich das Engagement der DDR als Beispiel für ausstehende Anstrengungen in der Sowjetunion angeführt. Vgl. Stenogramm des Vierten, dem sowjetischen Lied und der sowjetischen Estradenmusik gewidmeten Richtungsplenums, Moskau, 13.–8.11.1962, Eröffnungsreferat von D. D. Šostakovič. In: RGALI (Rossijskij Gosudarstvennyj archiv literatury i iskusstva), Fond 2490 (Sojuz Kompozitorov SSSR), Opis' 2, ed. Chr. Nr. 28, S. 7.

auf diese Empfindlichkeiten der sowjetischen Führung Rücksicht nehmen und wenigstens nominell den Vorrang oder die Gleichberechtigung des Jazzlands Sowjetunion anerkennen.

Symbolhaft zeigte sich das, als die polnische Regierung den in Polen außerordentlich beliebten US-Radiomoderator Willis Conover mit dem polnischen Verdienstkreuz auszeichnete. Um dem Geltungsbedürfnis der Sowjetunion Genüge zu tun, wurde zugleich eine gleichrangige Auszeichnung an Aleksej Batašev, einen führenden sowjetischen Jazzpublizisten, vergeben. Allein die Tatsache jedoch, dass diese Auszeichnung in Warschau erfolgte, machte deutlich, dass die Volksrepublik Polen und nicht die Sowjetunion es war, die von diesem Symbolakt profitieren konnte.[22]

Jazz und Geheimdienst

Auch wenn Jazz spätestens mit der Verleihung von Ehrungen an Größen des Jazzmilieus Teil des offiziellen, anerkannten Kulturlebens der Volksrepublik Polen geworden war, schloss das für die Kulturpolitiker der Volksrepublik Polen keinesfalls die Notwendigkeit aus, den Jazz und die Jazzszene geheimdienstlich überwachen zu lassen. Zu den Grundfesten staatssozialistischer Kulturpolitik überhaupt gehörte die Kontrolle jedweder gesellschaftlichen Zusammenschlüsse oder Vereinigungen, also auch Jazzclubs, Jazzensembles und aller anderen Vereinigungen dieser Art. Galt Jazz nach 1956 zwar nicht mehr *per se* als gefährlich, so wurden die Musik und das Milieu von offizieller Seite doch argwöhnisch beäugt, da der Staatssicherheitsdienst hier ein Einfallstor staatszersetzender Einflüsse aus dem Ausland zu erblicken meinte.

Kontrolliert wurden auch einzelne Jazzmusiker. Zwar hatten gerade die bedeutendsten polnischen Jazzmusiker aufgrund ihrer internationalen Bekanntheit einen Status erreicht, aufgrund dessen die in Volkspolen üblichen Reisebeschränkungen in westliche Länder kaum noch eine Rolle spielten. Dennoch war die Kontrolle gerade dieser Musiker ein erklärtes Ziel des Geheimdiensts, zum einen, da sie als Gefahrenquelle für ausländischen Einfluss galten, zum anderen aber auch, um sie als mögliche Informanten nutzbar zu machen, Daher kam es immer wieder zu Anwerbeversuchen, wobei der Geheimdienst nach Möglichkeit persönliche Zwangslagen auszunutzen suchte. Im Jahr 1965 erhielt kein Geringerer als Zbigniew Namysłowski beispielsweise die Gelegenheit, sich nach einem positivem Test auf Alkohol

---

22 In den USA hingegen wurde die gleichzeitige Ehrung eines US-amerikanischen und eines sowjetischen Jazzkommentators als Beleg für die Verständigung beider Supermächte interpretiert. Vgl. George D. Berzins: New recognition for USIA's Ambassador of Jazz. In: USIA World [Zeitschrift der United States Information Agency] [1977]. In: University of North Texas, Denton, Conover Papers, Box 13.

am Steuer durch die Unterschrift unter eine Verpflichtungserklärung als geheimer Mitarbeiter der Sicherheitsdienstes von seiner Bestrafung freizukaufen.[23] Als der für ihn zuständige Offizier nach einigen Treffen jedoch feststellte, dass Namysłowski im Westen ausschließlich Kontakte zu Jazzkollegen unterhielt und als Informant über die Machenschaften US-amerikanischer Politiker gänzlich unbrauchbar war, beendete er die Zusammenarbeit mit Namysłowski wieder.

Zu den ständigen Aufgaben des Geheimdiensts gehörte die Überwachung der zahlreichen im Land bestehenden größeren und kleineren Jazzvereinigungen und Jazzfestivals.[24] Wie intensiv diese Überwachung betrieben wurde, hing zumeist von der politischen Großwetterlage ab. Auf eine Zeit der relativen Entspannung zu Beginn der 1970er Jahre folgte spätestens mit der Verhängung des Kriegsrechts im Dezember 1981 eine Phase, in der die Sicherheitskräfte eine aufgeregte Nervosität zeigten. Neugründungen von Jazzvereinigungen wurden entweder erschwert oder gar nicht zugelassen, und auch die Durchführung des bedeutendsten polnischen Jazzfestivals, des Warschauer *Jazz Jamboree*, war nun gefährdet. Dass es im Jahr 1982 nicht zu einem Verbot kam, lag nur daran, dass die Organisatoren nach kontroverser Diskussion in einer Art vorauseilendem Gehorsam das zentrale *Jazz Jamboree* durch eine Anzahl sogenannter »Jazz-Manöver« (*Manewry jazzowe*) ersetzten.

Fazit

Jazz wurde nach 1956 zu einem Teil der staatssozialistischen Kultur Volkspolens. Dies wurde möglich, da die Kulturpolitiker aus der Erfahrung des restriktiven Umgangs mit dieser Musikform in der Zeit des Stalinismus ihre Schlüsse gezogen hatten. Der Versuch, die Attraktivität des Jazz durch Verunglimpfung, durch Restriktion oder mit ästhetischen Argumenten zu mindern, hatte sich als wirkungslos erwiesen und offenbarte nur die Machtlosigkeit der stalinistischen Kulturpolitik. Es hatte sich als unmöglich herausgestellt, eine Kulturpolitik gegen die Bedürfnisse der Szene zu betreiben – das zeigt, dass auch während des polnischen Stalinismus von einem tatsächlichen Totalitarismus im Sinne einer vollkommenen Durchherrschung der Gesellschaft nicht die Rede sein konnte.

Fortan bestand staatssozialistische Kulturpolitik in Polen gegenüber dem Jazz in einer Strategie kontrollierter Förderung, wobei finanzielle Mittel zugleich zur Weiterentwicklung der Jazzszene als auch zu ihrer Steuerung eingesetzt werden sollten. Es entwickelte sich eine Symbiose von Jazzmusikern und staatlichen

---

23 Diese Informationen nach der Akte über Namysłowski im Polnischen Institut für Nationales Gedenken IPN, IPN BU 00 1121/518.
24 Vgl. Krystian Brodacki: Historia Jazzu w Polsce. Kraków 2010, S. 401.

Kulturpolitikern, die beiden Seiten half: Der Staat hatte sich die Kontrollmöglich-
keit über das Milieu gesichert, die Szene hingegen fand Möglichkeiten, innerhalb
dieses Systems ein Maximum an künstlerischen und habituellen Freiheiten zu realisieren. Das funktionierte deswegen, da beide Seiten ein und dasselbe Phänomen
jeweils als Erfolg der eigenen Seite und als Niederlage der anderen Seite verkaufen
konnten. Ein international besetztes Jazzfestival erschien zum einen der Szene als
Sieg über die staatliche Kulturpolitik, war aber zum anderen für die Kulturpolitiker
der Beweis dafür, dass es durch die eigene Politik gelungen war, das sozialistische
Volkspolen als attraktives Jazzland darzustellen und die heimische Jazzszene zur
Mitarbeit an diesem Projekt zu bewegen.

Staatssozialistische Jazzkulturpolitik in Polen war also keinesfalls lediglich reak-
tiv, indem sie sich in mehr oder weniger hilflosen Reaktionen gegen den übermäch-
tigen Jazz aus dem Westen erschöpfte, wie das die Kalten Krieger auf US-amerikanischer Seite glauben machen wollten. Vielmehr verfolgten sie als Grundsatz, diese
Musik für den staatssozialistischen Aufbau nutzbar zu machen. Nach der Einsicht,
dass das plumpe Verbot bzw. eine auf Restriktionen aufgebaute Politik nicht half,
entwickelten Kulturpolitiker Strategien, die jeweils von der musikalischen Situation
oder der politischen Lage gegebenen Möglichkeiten für ihre Zwecke auszunutzen.

Eine wesentliche Strategie bestand im gezielten Einsatz finanzieller Mittel: Nicht
mehr Verbote, sondern gezielte Förderung sollte nun die Jazzszene in eine bestimmte Richtung lenken. Sehr hilfreich war dabei, dass sich eine wesentliche Idee der
Szene, nämlich den Jazz mit Elementen der eigenen Musikkultur anzureichern,
seitens der Kulturpolitiker als Strategie anwenden ließ, dem US-amerikanischen
Jazz etwas Eigenes entgegenzusetzen. Diese beiden Punkte markieren die Geburt
der Symbiose zwischen Kulturpolitikern und Jazzmilieu. Geschickt verstanden es
die Kulturstrategen dabei, öffentlichkeitswirksame Ereignisse propagandistisch
für sich auszunutzen, wie etwa die Preisverleihung an Conover und Batašev zeigt.

Dass die Jazzkulturpolitik Polens über ihre ideologischen Begrenzungen jedoch
nicht hinauskam, zeigt die Tatsache, dass die Idee der Notwendigkeit der Kontrolle
über das Jazzleben bis zum Ende des Staatssozialismus bestehen blieb. Eine genau-
ere Betrachtung des Verlaufs (für die hier nicht der Platz ist) würde zeigen, dass
die Intensität der Kontrolle meist von einzelnen Individuen abhing. Das machte
staatssozialistische Jazzkulturpolitik in Volkspolen letztlich unkalkulierbar und
ließ sie willkürlich erscheinen. Wenn einem Funktionär, gleich ob auf lokaler oder
überregionaler Ebene, ein Ereignis im Jazz nicht passte, konnte er es ohne Weiteres
verbieten oder die Gelder streichen. Erst das Ende des Staatssozialismus beseitigte
diese Art der Kulturlenkung, stellte aber zugleich die gesamte Organisation des
Kulturlebens vor eine vollkommen andere Situation.

Sebastian Borchers

Handlungsspielräume im kulturpolitischen Kontext. Die »polnische Komponistenschule« in den 1960er Jahren und ihre Verbindungen zum westdeutschen Musikleben

Die politischen Ereignisse rund um den Polnischen Oktober 1956, zugleich der Beginn der Regierungszeit des Chefs der Polnischen Vereinigten Arbeiterpartei Władysław Gomułka (1905–1982), mündeten in den 1960er Jahren in der sogenannten »kleinen Stabilisierung« der politischen, wirtschaftlichen, sozialen und kulturellen Verhältnisse in der Volksrepublik Polen. Möglich wurde dieses u. a. deswegen, weil die sowjetische Führung der neuen polnischen Regierung – einmal abgesehen von außenpolitischen Fragen, die im Kontext des schwelenden Ost-West-Konflikts unmittelbar den Warschauer Pakt betrafen – weitgehende gesellschaftliche und politische Handlungsspielräume zubilligte. Die Volksrepublik durfte jetzt zum Beispiel den Reiseverkehr mit dem Ausland selbst regulieren, dort eigenständige Handelsbeziehungen auf- und ausbauen und kulturpolitische Prämissen selbst bestimmen. Vor allem Letztgenanntes war ein wesentlicher Bestandteil der Zugeständnisse an die gebildete Bevölkerung, die infolge der inneren Unruhen 1956 gemacht wurden, um sich von den kulturellen Beschränkungen aus der Zeit des Stalinismus abzugrenzen. Mit der kulturpolitischen Neuausrichtung (im Rahmen eines nunmehr weitaus weniger von Moskau beeinflussten polnischen Staatssozialismus) ging deswegen nach 1956 auch die sukzessive Profilierung nationaler Kulturmaßstäbe einher, die offiziell sowohl in Konkurrenz zur sowjetischen als auch zur westeuropäischen und nordamerikanischen Kultur gesetzt wurden.

Symbole des musikkulturellen Wandels in der Volksrepublik Polen nach 1956

Eine wesentliche Ausgangsposition für die Weiterentwicklung des kulturellen Lebens »im Inneren« der Volksrepublik lag nach 1956 in Liberalisierungsmaßnahmen, die zugleich eine Öffnung der polnischen Kultur »nach außen« bewirkten. Dieser Schritt betraf, neben kulturellen Bereichen wie der Malerei, der Plakatkunst und Plastik, der Literatur und des modernen (studentischen) Theaters, vor allem auch den musikalischen Sektor. Und hier profitierten wiederum insbesondere die Bereiche des Jazz und der zeitgenössischen elektroakustischen und orchestralen

Kunstmusik – kurz: Neue Musik – von den neuen Möglichkeiten einer freiheitlichen Handhabung musikalischer Ausdrucksmittel sowie der sukzessiven Neuorganisation des polnischen Musikbetriebs.

Zu diesem Zeitpunkt verlor auch die bis dahin restriktiv durchgesetzte sowjetisch-stalinistische Kulturleitlinie des Sozialistischen Realismus in Polen insgesamt an Bedeutung, weil der freie Umgang mit bis dato als »formalistisch«, »kosmopolitisch« oder »schematisch« gebrandmarkten musikalischen Gestaltungsansätzen kulturpolitisch wieder erlaubt war. Anders als in den Bereichen Literatur und Presse, wo die freie Tätigkeit von Autor:innen ab 1957 bereits wieder durch Zensurmaßnahmen eingeschränkt wurde,[1] erweckte das Praktizieren sowohl von Jazz als auch Neuer Musik im weiteren Verlauf nicht mehr das Misstrauen vonseiten der Staatsmacht. Nach Ansicht des Musikwissenschaftlers Andrzej Chłopecki (1950–2012) stellte Neue Musik ab 1956 »für den Staat keine Gefahr mehr«[2] dar, weil sie »endlich offiziell als eine asemantische Kunst anerkannt« war, die »keinen Inhalt und […] – zum Glück – auch keine antisozialistische Bedeutung« transportieren konnte.[3]

Mit der Entscheidung des Kulturministeriums, das heimische Musikleben zu reorganisieren – hierunter fielen beispielsweise auch Maßnahmen zur Dezentralisierung polnischer Kultureinrichtungen –, änderten sich die Voraussetzungen im Umfeld der Musikschaffenden entscheidend. Als beispielsweise die Zentralverwaltung aller Musikinstitutionen 1957 aufgelöst wurde, forderte der Polnische Komponistenverband ein Mitspracherecht aller Musikinstitutionen, um mit Bündelung der jeweiligen Expertise finanzielle, künstlerische und programmatische Belange selbst verwalten zu dürfen.[4] Dass die Denkschrift Erfolg hatte, zeigt das Beispiel des staatlich geführten Polnischen Musikverlags in Krakau – damals der einzige Musikverlag in Polen –, der in der Folge nicht nur über seine eigenen Produktionen

---

1 Włodzimierz Borodziej: Geschichte Polens im 20. Jahrhundert. München 2010, S. 304; hierzu auch: Karol Sauerland: Der Kampf mit der Zensur in Volkspolen. Frankfurt am Main 2006, S. 77–89; vgl. Jane Leftwich Curry (Hrsg.): The Black Book of Polish Censorship. New York 1984, S. 17, 363.

2 Andrzej Chłopecki: Festivals und Subkulturen. Das Institutionengefüge der Neuen Musik in Mittel- und Osteuropa. In: Neue Musik im Politischen Wandel. Fünf Kongreßbeiträge und drei Seminarberichte. Hrsg. von Hermann Danuser. Mainz 1991, S. 38; vgl. Andrzej Chłopecki: Polska kolekcja »Warszawskiej Jesieni« 1956–2005. In: Polish Collection of the Warsaw Autumn 1956–2005 [Beiheft zur CD-Box]. Hrsg. vom Polskie Centrum Informacji Muzycznej POLMIC. Warschau 2007, S. 23.

3 Chłopecki: Festivals (wie Anm. 2), S. 38.

4 Związek Kompozytorów Polskich; Stowarzyszenie Artystów Muzyków; Stowarzyszenie Artystów Lutników: Memoriał [an Józef Cyrankiewicz, Prezes Rady Ministrów Polskiej Rzeczpospolitej Ludowej], Warschau, 1.3.1957. Archiv des Polskie Centrum Informacji Muzycznej POLMIC (ohne Signatur).

verfügte und sämtliche Partituren mit Neuer Musik in seinen Katalog aufnahm, sondern bis etwa Anfang der 1960er Jahre auch schrittweise modernisiert wurde.[5]

Für die Neuausrichtung des polnischen Musiklebens nach 1956 waren zwei jährlich wiederkehrende Ereignisse in der polnischen Hauptstadt von besonderer Bedeutung, von denen sämtliche Konzertsäle, Philharmonien, Opernhäuser und Anstalten des Polnischen Rundfunks profitierten. Zum einen war dies die Realisierung des Internationalen Festivals für zeitgenössische Musik, welches ungeachtet der politischen Unruhen im Oktober 1956 erstmals stattfand und wenig später unter dem Zusatz »Warschauer Herbst« (*Warszawska Jesień*) von sich hören ließ. Zum anderen war es die Gründung des *Jazz Jamboree* 1958, dem allerdings zwei Jazzfestivals in Zoppot (Sopot) 1956 und 1957 vorausgegangen waren. Mit der Integration zahlreicher internationaler Gäste entwickelten sich beide Musikfestivals in den 1960er Jahren zu zentralen Knotenpunkten des musikkulturellen Austauschs, die in Art und Aufmachung so nicht ein weiteres Mal innerhalb des »Ostblocks« anzutreffen waren und erheblich zur internationalen Vernetzung der Jazz- und Neue-Musik-Szene beitrugen.

Ein solcher Austausch war bereits in der Zwischenkriegszeit, als vor allem der Austausch mit dem französischen Musikleben sehr eng war und die wichtigsten musikalischen Impulse aus Paris kamen, intensiv betrieben worden. Damals vernetzte sich die polnische Kunstmusikszene, allen voran der Komponist und Musikpädagoge Karol Szymanowski (1882–1937), der 1923 u. a. auch die Polnische Gesellschaft für zeitgenössische Musik mitgründete, beispielsweise auf Ebene der International Society for Contemporary Music (ISCM), die sich bis heute auf Grundlage verschiedener nationaler Sektionen organisiert. Als die polnische Sektion im April 1939 unter dem Vorsitz des Komponisten Roman Palester (1907–1989) die 17. Weltmusiktage der ISCM in Warschau und Krakau realisierte, erreichte diese Entwicklung einen ersten Höhepunkt. Der deutsche Überfall auf Polen nur wenige Monate später, am 1. September 1939, stoppte diesen Prozess allerdings abrupt. Erst 17 Jahre später fand mit der Organisation des Warschauer Herbsts in Polen wieder ein Ereignis statt, welchem auf internationaler Ebene eine ähnliche Wertschätzung wie den Weltmusiktagen entgegengebracht wurde.[6]

Sowohl die vernichtende Kulturpolitik der Nationalsozialisten während des Zweiten Weltkrieges, als der polnische Untergrundstaat Musiker:innen nur im Verborgenen ausbilden konnte, als auch die Restriktionen der sozialrealistischen

---

5 Sebastian Borchers: Polish Music Published by Moeck 1958 to 1967 – (Failed?) Transfer from East to West. In: Res Facta Nova Nr. 30 (2020), S. 53.

6 Lisa Cooper Vest: Awangarda. Tradition and Modernity in Postwar Polish Music. Oakland 2021, S. 17f.; Adrian Thomas: Polish Music since Szymanowski. Cambridge 2005, S. 31f.

Kulturdoktrin unter Einfluss des Stalinismus zwischen 1948 und 1956 hatten etwas Vergleichbares verhindert. Obwohl das Kulturministerium 1951 und 1955 eigens zwei landesweite Festivals Polnischer Musik organisierte, um die Mitglieder
im Polnischen Komponistenverband vom sozialistischen Realismus zu überzeugen,
war ein gegenteiliger Effekt eingetreten: Sie setzten sich gegen derlei Mobilisierungskampagnen in zunehmendem Maße zur Wehr.

Anders als die polnische Jazzszene, die sich erst mit Etablierung des *Jazz Jamboree* schrittweise institutionalisierte und professionalisierte,[7] stellte der 1945 (nach
sowjetischem Vorbild) gegründete Komponistenverband auf dem Gebiet der Kunstmusik schon weitaus früher eine einflussreiche Interessenvertretung dar. Im besetzten Warschau noch als geheim operierender Musikerbund für die Organisation von
Konzerten mit polnischer Musik zuständig, war er danach aufgrund seiner Kompetenz sogleich vom Kulturministerium mit dem Wiederaufbau des Musiklebens
beauftragt worden und zu entsprechender musikpolitischer Autorität gelangt. Mit
dem Aufbau des polnischen Staatssozialismus und entsprechenden Mobilisierungskampagnen zugunsten der stalinistischen Auslegung des sozialistischen Realismus
wuchs jedoch der Einfluss parteinaher Mitglieder auf die Verbandsspitze.

Anfangs reagierte die parteilose Mehrheit nur sehr verhalten auf die damit verbundene Einschränkung ihrer beruflichen Handlungsspielräume. Ihre Integrität bewahrend, stellten sich Komponist:innen wie Witold Lutosławski (1913–1994) und
Grażyna Bacewicz (1909–1969) in der Zeit zwischen den Jahreshauptversammlungen 1950 und 1955 jedoch immer vehementer dagegen und handelten letztlich mit
führenden Kulturfunktionären wie dem damaligen Kulturminister Włodzimierz
Sokorski (1908–1999) oder Vorstandsmitgliedern wie dem Komponisten Witold
Rudziński (1913–2004) und der überzeugten Marxistin und Musikwissenschaftlerin Zofia Lissa (1908–1980) doch Zugeständnisse aus. Mit der ersten Erlaubnis
einer Ausweitung kompositorischer Mittel, die eine Konsolidierung des kulturellen Tauwetters auch in der Musik ankündigte, ging zugleich eine schrittweise Relativierung des sozialistischen Realismus einher. Gleichzeitig gelangten in dieser
Phase Nachwuchskomponisten wie Tadeusz Baird (1928–1981), Andrzej Dobrowolski (1921–1990), Włodzimierz Kotoński (1925–2014) und Kazimierz Serocki
(1922–1981) an Schlüsselfunktionen im Vorstand, was die zukünftigen Geschicke
des Verbands entscheidend prägen sollte.[8]

---

7   Christian Schmidt-Rost: Jazz in der DDR und Polen. Geschichte eines transatlantischen
    Transfers. Frankfurt am Main 2015, S. 11–20.
8   David G. Tompkins: Composing the Party Line. Music and Politics in Early Cold War
    Poland and East Germany. West Lafayette, Indiana 2013, S. 42–44; vgl. 50 lat Związku Kompozytorów Polskich. Hrsg. von Związek Kompozytorów Polskich, Red. Ludwik
    Erhard. Warszawa 1995, S. 17.

Unter dem Verbandsvorsitz des Musikpädagogen Kazimierz Sikorski (1895–1986), der sich um die geheime Ausbildung polnischer Musiker:innen im besetzten Warschau verdient gemacht hatte, entwickelten dessen ehemalige Studenten Baird und Serocki die Idee eines international aufgestellten Musikfestivals. Hierzu waren sie durch ihre Erfahrungen bei der Durchführung des Zweiten Polnischen Musikfestivals 1955 inspiriert worden. Es fand fast zeitgleich mit den V. Weltfestspielen der Jugend und Studenten für Frieden und Freundschaft statt, aus deren Anlass etwa 30.000 Teilnehmende aus 114 Ländern nach Warschau kamen.[9] Im Sommer 1956, als das geplante Musikfestival noch unter dem Arbeitstitel »Polnischer Herbst« (*Polska Jesień*) geführt wurde und die letzte Bestätigung vom Präsidium des Kulturrates im Kulturministerium eingeholt werden musste, begründete das Organisationskomitee des Komponistenverbands sein Vorhaben wie folgt:

> »<u>Ziel des Festivals</u>
> a) Verbreitung der zeitgenössischen polnischen Musik,
> b) Kennenlernen zeitgenössischer Kompositionen aus anderen Ländern,
> c) Kennenlernen von Aufführungen der bedeutendsten Symphonie- und Kammerensembles,
> d) Unterricht für polnische Dirigenten und Mitglieder von Symphonie- und Kammerensembles,
> e) Die Herstellung von Kontakten zwischen polnischen und ausländischen Komponisten (Meinungsaustausch über das zeitgenössische Musikschaffen),
> f) Warschau zu einem Weltmusikzentrum machen.«[10]

Tatsächlich brachte die dauerhafte Etablierung des Warschauer Herbsts (wie auch des *Jazz Jamboree*), welcher durch Mittel des Kulturministeriums finanziert wurde und dem musikalischen Nachwuchs ein Forum bot, neue strukturelle Rahmenbedingungen für das Berufsumfeld polnischer Musiker:innen mit sich. Nach Jahren der (kulturellen) Abschottung kam endlich wieder ein Austausch mit kreativen Kreisen außerhalb Polens in Gang, der explizit auch Kontakte mit dem »Westen« einschloss. »Als ›Westen‹«, so Kotoński einmal dazu, »bezeichne[te]n wir hier alles, was nicht im Bereich der sowjetischen Kulturpolitik war.«[11] Diese verbot Auslands-

---

9 Irina Gavrash: V Światowy Festiwal Młodzieży i Studentów o Pokój i Przyjaźń w 1955 r. w Warszawie w kontekście relacji artystycznych między ZSRR a PRL. In: Sztuka Polska 1945–1970. Hrsg. von Jerzy Malinowski. Toruń 2015, S. 123–133, hier S. 123.

10 N. N.: Materiał na posiedzenie Prezydium Rady Kultury w dniu 10.V.1956 r. Archiv des POLMIC (ohne Signatur).

11 Sebastian Borchers: Gespräch mit Włodzimierz Kotoński. Warschau 2011, unveröffentlichtes Tondokument.

aufenthalte zwischen 1948 und 1956 zwar nicht völlig, wie vereinzelte Konzertreisen von Lutosławski oder Serocki nach Frankreich, in die Schweiz, in die DDR und sogar in die Bundesrepublik belegen. Allerdings wurden sie sehr streng kontrolliert, stark reglementiert und waren eher selten. Der Erinnerung Kotońskis nach hatten sich diese Bedingungen nach 1956 jedoch »[s]chlagartig geändert. Es gab sogar Stipendien für Besuche im Ausland vom Polnischen Kulturministerium [...], [nach] Frankreich früher, [später auch nach] Italien, Österreich und Deutschland.«[12]

Umgekehrt kamen zahlreiche internationale Gäste aus dem »Westen« – unter ihnen die namhaftesten Komponist:innen, Musiker:innen, Solist:innen, kleinere Ensembles und große Orchester – nach Warschau. Ab Mitte der 1960er Jahre trafen sie hier auch auf eine sogenannte »osteuropäische Avantgarde«, deren Vertreter aus Staaten wie der Tschechoslowakei, Ungarn oder der Estnischen Sowjetrepublik angereist kamen, um auf sich und ihre Werke aufmerksam zu machen.[13] Damit war das Musikfestival nicht nur »Brücke zwischen dem Osten und dem Westen«, so die Musikwissenschaftlerin Danuta Gwizdalanka, sondern auch »als Schaufenster der polnischen, ja sogar der gesamten mittel- und osteuropäischen neuen Musik«[14] von größter Bedeutung.

Deutsche Gäste beim Warschauer Herbst

Die Beteiligung ausländischer Gäste beim Warschauer Herbst in der ersten Dekade seines Bestehens hat 1969 erstmals Zofia Lissa in der musikwissenschaftlichen Vierteljahresschrift MUZYKA thematisiert. Sie schlüsselte hier beispielsweise auf, dass das Musikfestival Mitte der 1960er Jahre mit Publikumszahlen bis zu 19.000 Teilnehmenden Bemerkenswertes erreichte (Abb. 1)[15] und verwies dabei auch auf »Kontakt[e] zwischen den Zuhörern, die zwei verschiedenen politischen Blöcken angehören, mit all der Unterschiedlichkeit ihrer Ästhetik und Bewertungskriterien,

---

12 Ebenda.
13 Vgl. Lisa Marie Jakelski: The Changing Seasons of the Warsaw Autumn: Contemporary Music in Poland 1960–1990. University of California. Berkeley 2009, S. 76–83; vgl. Milan Slavický: Auswirkungen der »polnischen Schule« auf die tschechische Musik der 1960er-Jahre. In: Krzysztof Penderecki. Musik im Kontext. Konferenzbericht Leipzig 2003. Leipzig 2006, S. 331–341, hier S. 332; Tadeusz A. Zieliński: Warschauer Herbst überrascht mit östlicher Avantgarde. In: MELOS 32 (1965) Nr. 1, S. 23–26.
14 Danuta Gwizdalanka: Politische Aspekte des Warschauer Herbstes und der neuen polnischen Musik. In: Warschauer Herbst und neue polnische Musik. Rückblicke – Ausblicke. Hrsg. von Volker Kalisch. Essen 1998, S. 13.
15 Zofia Lissa: Analiza Repertuaru »Warszawskich Jesieni«. In: MUZYKA 14 (1969) Nr. 3, S. 64; vgl. Jakelski (wie Anm. 13), S. 101–103.

was offensichtlich die gesamte Veranstaltung beeinflusst und [zu] eine[r] gewisse[n] Dualität in den Stil- und Repertoirevorschlägen«[16] geführt habe. Da der Warschauer Herbst polnischen Komponist:innen zudem als »Sprungbrett [diente], um sich einem breiteren, internationalen Forum zu öffnen«,[17] stellte sie diesbezüglich beispielsweise heraus, dass zwischen 1956 und 1968 insgesamt 253 Kompositionen von 48 polnischen Komponisten präsentiert worden waren.

Mit Blick auf eine deutsche Beteiligung waren es hingegen 12 Werke von 9 Komponisten aus der DDR und 41 Werke von 18 Komponisten aus der Bundesrepublik Deutschland, die im untersuchten Zeitraum aufgeführt wurden. Die meisten Werke von Komponisten aus dem »kapitalistischen Ausland« (Abb. 2) stammten im Übrigen aus Frankreich (63 Werke von 26 Komponisten), Italien (56 Werke von 20 Komponisten) und Österreich (56 Werke von 8 Komponisten), den USA (40 Werke von 23 Komponisten) und Großbritannien (20 Werke von 11 Komponisten).[18] Demgegenüber ist bemerkenswert, dass die meisten westlichen Gäste aus der Bundesrepublik (92) angereist kamen – deutlich mehr als aus den Niederlanden (43), Frankreich (36), Großbritannien (34), Schweden (24), Italien (22), Österreich (19), Dänemark (19) und den USA (18).

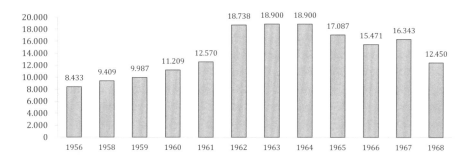

Abb. 1: Entwicklung der Publikumszahlen des Warschauer Herbsts 1956–1968.[19]

16 Ebenda, S. 43.

17 Ebenda.

18 Vgl. Ebenda, S. 56–59; Sebastian Borchers: Wgląd do polsko-niemieckiej relacji w muzyce współczesnej w sześćdziesiątych i siedemdziesiątych latach. In: W kręgu kultury PRL. Muzyka. Konteksty. Hrsg. von Karolina Bittner und Dorota Skotarczak. Poznań 2016, S. 79–90, hier S. 86f.

19 Lissa (wie Anm. 15), S. 64.

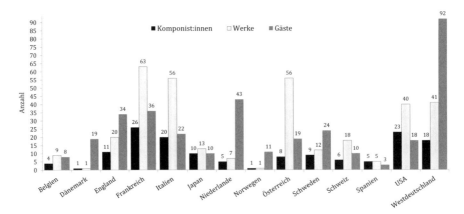

Abb. 2: Beteiligung aus dem »kapitalistischen Ausland« am Warschauer Herbst 1956–1968.[20]

Im Unterschied zur genannten Anzahl westdeutscher Gäste war der Anteil solcher aus der DDR (123) noch einmal größer. Das lag vor allem daran, dass das Kulturministerium der DDR einen Anspruch auf die stärkere kulturelle Präsenz im »Bruderstaat« erhob und die Organisatoren des Warschauer Herbsts darum bemüht waren, das Verhältnis zwischen ost- und westdeutschen Gästen auszugleichen.[21] Dieser Umstand wurde u.a. dadurch umgangen, dass nicht alle Gäste, die aus der Bundesrepublik kamen, auch als deren Bürger geführt wurden. Otto Tomek (1928–2013) etwa, der zwischen 1958 und 1971 die Abteilung für Neue Musik des Westdeutschen Rundfunks (WDR) in Köln leitete, stammte ursprünglich aus Österreich und wurde entsprechend gelistet.[22] Aus der DDR hatten vor allem Mitglieder des Verbands Deutscher Komponisten und Musikwissenschaftler (VDK) die Gelegenheit, im Rahmen eines 1956 mit dem Polnischen Komponistenverband geschlossenen »Freundschaftsvertrags« Werke zu hören, die im eigenen Land kulturpolitisch verpönt waren. Außerdem waren ab 1958 auch die Rundfunkorchester aus Berlin und Leipzig, die Deutsche Staatsoper in Berlin, das Dresdner Staatsorchester oder die Gruppe Neue Musik Hanns Eisler aus Leipzig am Warschauer Herbst beteiligt. Das erste westdeutsche Ensemble, das Studio für elektronische Musik des WDR, nahm hingegen ab 1963 teil. Es folgten weitere wie die Gruppe MHz aus

---

20 Ebenda, S. 65f.; vgl. Borchers: Wgląd (wie Anm. 18), S. 83.
21 Sebastian Borchers: Gespräch mit Danuta Gwizdalanka und Krzysztof Meyer. Altenkirchen 2013, unveröffentlichtes Tondokument.
22 Vgl. N. N.: Festiwalowi Goście. In: Ruch Muzyczny 7 (1963) Nr. 21, S. 4; N. N.: Goście »Warszawskiej Jesieni« 1968. In: Ruch Muzyczny 12 (1968) Nr. 21, S. 2; vgl. auch: Borchers: Wgląd (wie Anm. 18), S. 83.

Wuppertal, Schola Cantorum aus Stuttgart, Collegium Vocale aus Köln sowie die Rundfunkorchester des WDR, des Hessischen Rundfunks (HR) und des Norddeutschen Rundfunks (NDR) sowie die Deutsche Oper am Rhein aus Düsseldorf.

Zwölf Protagonisten der polnischen Neuen Musik im westdeutschen Musikleben

Als mit Umsetzung der Ziele des Warschauer Herbsts der internationale Musikaustausch Ende der 1950er Jahre an Fahrt aufnahm, rückte – etwas mehr als ein Jahrzehnt nach dem Ende der nationalsozialistischen Gewaltherrschaft in Polen – auch das westdeutsche Musikleben zusehends in den Fokus polnischer Musikschaffender. Gleichzeitig wurde eine Reihe kultureller Akteure in der Bundesrepublik Deutschland auf das dynamische Kulturleben in Polen aufmerksam – was sich nicht nur in Artikeln von Musikfachzeitschriften wie Melos, Musica oder Neue Zeitschrift für Musik, hier zum Beispiel 1961 unter dem Titel »Polen. Warschauer Herbst 1961 – Die neue polnische Schule«,[23] niederschlug. Auch in der westdeutschen Tages- und Wochenpresse wurden Berichte abgedruckt mit Schlagzeilen wie: »Brief aus Warschau: Polens Musik hat Tauwetter«,[24] »Schaufenster des Westens / Internationales Musikfest in Warschau«,[25] »Aufholen, was versäumt worden ist. Vom III. Festival für zeitgenössische Musik in Warschau«[26] oder »Begegnung beim ›Warschauer Herbst‹. 3. internationales Festival der zeitgenössischen Musik«[27]. Sie markieren damit eine Entwicklung in der europäischen Musikgeschichte, in der modifizierte musikalische Formen polnischer Provenienz, die sich im weiteren Verlauf immer mehr mit Elementen der polnischen Musiktradition vermengten, in bedeutendem Maße neue »polnische Akzente« setzten. In seinem Artikel »Polens Beitrag. Über das gewandelte Verhältnis zur europäischen Musik«, der 1963 in Musica erschien, verdeutlichte der Musikpublizist Ulrich Dibelius (1924–2008) die Überraschung der »westlichen Beobachter« darüber, dass »innerhalb der erstaunlich kurzen Zeit

---

23 Everett Helm: Polen. Warschauer Herbst 1961 – Die neue polnische Schule. In: NZM 122 (1961) Nr. 11, S. 467f.

24 Everett Helm: Brief aus Warschau: Polens Musik hat Tauwetter. In: Hersfelder Nachrichten vom 15. Oktober 1958. Archiv des POLMIC (ohne Signatur).

25 N. N.: Schaufenster des Westens / Internationales Musikfest in Warschau. In: Stuttgarter Zeitung [ohne Datum]. Archiv des POLMIC (ohne Signatur).

26 Franz Willnauer: Aufholen, was versäumt worden ist. Vom III. Festival für zeitgenössische Musik in Warschau. In: Deutsche Zeitung Köln vom 5. Oktober 1959. Archiv des POLMIC (ohne Signatur).

27 Dieter de la Motte: Begegnung beim »Warschauer Herbst«. 3. internationales Festival der zeitgenössischen Musik. In: Rheinische Post vom 30. September 1959. Archiv des POLMIC (ohne Signatur).

von rund sechs Jahren ein Land, von dessen musikalischer Existenz man zuvor wenig und eigentlich nur Historisches wußte, zu solchem Ansehen und zu solcher Bedeutung kommen konnte«.[28]

Dieser Schritt traf im Übrigen auf den polnischen Jazz ebenso zu wie auf die polnische Neue Musik, deren Vertreter:innen zunächst die polnische Musikkritik mitunter als »Avantgarde«[29] bezeichnete und die auch auf westdeutscher Seite schließlich als solche gefeiert wurde.[30] Einer rezeptionsgeschichtlichen Untersuchung der Musikwissenschaftlerin Ruth Seehaber nach, die entsprechende Beiträge in polnischen und westdeutschen Musikfachzeitschriften analysiert hat, bildete sich in diesem deutsch-polnischen Kontext offensichtlich auch die Bezeichnung *»polska szkoła kompozytorska«* (polnische Komponistenschule) heraus.[31] Dabei konnte sie zwölf »Protagonisten der polnischen Neuen Musik«[32] herausfiltern, die in diesem Zusammenhang besonders häufig erwähnt wurden: Es handelt sich, in der Reihenfolge der Häufigkeit, um die Komponierenden Krzysztof Penderecki (1933–2020), Lutosławski, Henryk Mikołaj Górecki (1933–2010), Baird, Serocki, Kotoński, Bogusław Schaeffer (auch: Schäffer, 1929–2019), Wojciech Kilar (1932–2013), Witold Szalonek (1927–2001), Bolesław Szabelski (1896–1979), Andrzej Dobrowolski (1921–1990) und Bacewicz.[33] Allerdings, so zumindest das Resümee Seehabers, sei der Terminus »polnische Schule« aufgrund der individuellen methodischen Ansätze, der unterschiedlichen Konzepte und heterogenen Klangergebnisse eher »als Sammelbegriff für die polnischen Komponisten der 50er bis 70er Jahre«[34] zu verstehen, »dessen Genese sowohl stilistische Besonderheiten als auch biographische Gemeinsamkeiten und historische Rahmenbedingungen«[35] miteinander verbinde.

---

28 Ulrich Dibelius: Der Beitrag Polens. Über das gewandelte Verhältnis zur europäischen Musik. In: Musica 17 (1963) Nr. 3, S. 105–108, hier S. 105.

29 Vest (wie Anm. 6), S. 4–10, 155–199.

30 Franz Willnauer: Warschau. Die polnische Avantgarde. In: NMZ 123 (1962) Nr. 11, S. 569f.; Ulrich Dibelius: Polnische Avantgarde. In: Melos 34 (1967) Nr. 12, S. 7–16; Tadeusz Kaczyński: Polnische Avantgarde am Scheideweg. In: Melos 35 (1968) Nr. 1, S. 64; vgl. Jakelski (wie Anm. 13), S. 6–13.

31 Ruth Seehaber: Die »polnische Schule« in der Neuen Musik. Befragung eines musikhistorischen Topos. Köln u. a. 2009, S. 38; vgl. Detlef Gojowy: Die deutsch-polnischen Beziehungen in der Musikforschung bis 1984. In: Musik des Ostens Nr. 11. Hrsg. von Hubert Unverricht. Kassel 1989, S. 279–291; Martina Homma: Rezeption der polnischen Musik in Deutschland. [Ohne Ort] 1994.

32 Seehaber (wie Anm. 31), S. 138.

33 Ebenda, S. 138, 255–257, 285–291.

34 Ebenda, S. 133.

35 Ebenda.

Alle diese Komponisten erhielten zahlreiche Preise und Auszeichnungen im In- und Ausland. Erste Ehrungen erfolgten zum Beispiel auf der Tribune Internationale des Compositeurs der UNESCO in Paris, wo zwischen 1959 und 1968 allein sieben erste Preise an Baird und Lutosławski gingen.[36] Baird erhielt 1963 auch den Musikpreis der Stadt Köln. Penderecki, der kurz darauf zudem einen Lehrauftrag an der Folkwang-Hochschule in Essen annahm, wurde für die Realisierung seines groß angelegten Oratoriums *Passio Et Mors Domini Nostri Iesu Christi Secundum Lucam* (kurz: *Lukaspassion*) für 3 Solostimmen, Rezitator, 3 gemischte Chöre, Knabenchor und Orchester (1963–1966), nachdem es 1966 durch den auftraggebenden WDR in Münster uraufgeführt worden war, mit dem Großen Kunstpreis des Landes Nordrhein-Westfalen ausgezeichnet (Abb. 4). Derlei Erfolge im westlichen Ausland verhalfen jedoch nicht nur den Protagonisten zu persönlicher internationaler Anerkennung, sondern spielten letztlich auch der sozialistischen Staatsführung in die Hände, weil sie – in kultureller Rivalität zum »Westen« und der UdSSR – indirekt zur Schärfung eines neuen, auch auswärtig positiv wirkenden Kulturprofils Polens beitrugen. Seehaber stellt diesbezüglich heraus, dass

> »die Förderung Neuer Musik auch zu einem Ausdruck nationaler Selbstbehauptung wurde […], um dem westlichen Ausland die künstlerische Freiheit in Polen zu demonstrieren. Die polnische Kulturpolitik entsprach insofern der allgemeinen politischen Richtung, einen eigenen ›polnischen Weg‹ innerhalb des kommunistischen Systems zu finden. Sie bestand deshalb immer in einem Ausloten des eigenen Handlungsspielraums, verbunden mit dem Bemühen, eine Eskalation wie in Ungarn [1956] zu vermeiden.«[37]

Das Phänomen der »polnischen Schule« in der Neuen Musik

Ob und inwieweit das Phänomen der »polnischen Schule« als ein Bestandteil nationaler Selbstbehauptung im (auswärtigen) kulturpolitischen Kontext Relevanz besaß, ist ein Forschungsdesiderat und wäre noch näher zu untersuchen. Tatsächlich lassen sich ähnliche Charakterisierungen, in denen sowohl das Ausleben neuer stilistischer Freiheiten als auch Aspekte eines transnationalen Kulturaustauschs nach 1956 mit Polen von Bedeutung sind, auch in Bezug auf die *polska szkoła jazzowa* (polnische

---

36 Ebenda, S. 21f. Allerdings werden hier die *Jeux Vénitiens* (1961/62), für die Lutosławski einen ersten Preis erhielt, nicht bzw. das mit einem vierten Platz versehene *Threnos* (1961) von Penderecki fälschlicherweise mit aufgeführt. Vgl. auch: Jadwiga Paja-Stach: Lutosławski i jego styl muzyczny. Krakau 1997, S. 214; Jacek Rogala: Die polnische Musik des 20. Jahrhunderts. Krakau 2000, S. 62–64.

37 Seehaber (wie Anm. 31), S. 20f.

Jazzschule),[38] die *polska szkoła filmowa* (polnische Filmschule),[39] die *polska szkoła plakatu* (polnische Plakatschule)[40] oder die *polska szkoła animacji* (polnische Schule des Animationsfilms)[41] ausmachen. Fakt ist, dass die Komponierenden der »polnischen Komponistenschule« teils eng mit diesen kulturellen Bereichen, die das Etikett der »polnischen Schule« ebenfalls tragen, zusammenarbeiteten: Baird und Serocki lieferten zahlreiche musikalische Beiträge für Dokumentar- und Spielfilmproduktionen. Serockis Feder entsprang beispielsweise die Musik zum damals erfolgreich ins westliche Ausland exportierten Mittelalterepos *Krzyżacy* (*Die Kreuzritter*, 1960), das unter der Regie Aleksander Fords (1908–1980) entstand und durchaus vor dem Hintergrund der ungeklärten Grenzfrage zwischen der Volksrepublik Polen und der Bundesrepublik Deutschland verstanden werden kann. Neben Andrzej Markowski (1924–1986), der ansonsten mehr als Dirigent polnischer Neuer Musik international von sich reden machte, komponierten auch Kotoński und Penderecki Musik für Animations- und Experimental-Kurzfilme.[42]

Kotoński, welcher im 1957 in Warschau gegründeten *Studio Eksperymentalne Polskiego Radia* (Experimentalstudio des Polnischen Radios) Pionierarbeit auf dem Gebiet der elektroakustischen Klangerzeugung leistete, kooperierte dabei auch mit dem Grafiker Jan Lenica (1928–2001), der in derselben Zeitspanne wiederum auf den bedeutendsten westdeutschen Kurzfilmfestivals in Mannheim und Oberhausen höchste Anerkennung fand.[43] Der Animationsfilm *Dom* (*Das Haus*, 1958), der mit Musik Kotońskis versehen unter der Regie von Lenica und Walerian Borowczyk (1923–2006) entstand, gewann beispielsweise den internationalen Experimentalfilmwettbewerb auf der Brüsseler Weltausstellung 1958. Sowohl Lenica als auch der Grafiker Wojciech Zamecznik (1923–1967) entwarfen außerdem Plakate für den

---

38 Roman Waschko: Od »katakumb« do polskiej szkoły jazzowej. In: Ruch Muzyczny Nr. 4 (1966), S. 5f.

39 Tadeusz Lubelski: Polska Szkoła Filmowa na tle rodzimego kina. In: Historia Kina, Bd. 2. Hrsg. von T. Lubelski et al. Krakau 2011, S. 935–992.

40 Jeannine Harder: Polnische Filmplakate aus transnationaler Sicht. Die Wurzeln der »Polnischen Schule der Plakatkunst« in den 1950er Jahren. In: Comparativ (2014) Nr. 24, S. 58–67.

41 Paweł Sitkiewicz: Polska Szkoła animacji. Danzig 2011.

42 Andrzej Chłopecki: Penderecki i film. In: Kino 12 (1974), S. 25–30; N. N.: Wykaz kompozycji zrealizowanych w studio eksperymentalnym. In: Ruch Muzyczny 7 (1963) Nr. 1, S. 6; vgl. auch: Sitkiewicz (wie Anm. 41), S. 84–172.

43 N. N.: Graphik, Zeichentrickfilm, Nicht zum Lachen. In: Der Spiegel vom 12. Dezember 1962, S. 91–93; vgl. Andreas Lawaty: Chance zur Verständigung. Die Geschichte der deutsch-polnischen Kulturbeziehungen. In: Annäherungen – Zbliżenia. Deutsche und Polen 1945–1995. Begleitbuch zur Ausstellung im Haus der Geschichte der Bundesrepublik Deutschland in Bonn. Hrsg. von Eva Rommerskirchen. Düsseldorf 1996, S. 127–139.

Warschauer Herbst und wieder andere Kollegen gestalteten Titelseiten der führenden Musikzeitschrift Ruch Muzyczny.

Anfang der 1970er Jahre wirkten auch die Effekte der polnischen Jazzszene in Werken wie *Swinging Music* für Klarinette, Posaune, Cello (oder Kontrabass) und Klavier (1970) von Serocki oder auch Pendereckis *Actions* für eine Free-Jazz-Band (1971) nach. Darüber hinaus entstanden in großem Umfang Werke auf der Grundlage von Texten der polnischen Literaturavantgarde: Den *Pięć Pieśni* (*Fünf Lieder*) für Frauenstimme und Klavier (1956/57) bzw. für Mezzosopran und 30 Solo-Instrumente (1958) von Lutosławski oder dem Triptychon *Wyznania* (*Geständnisse*) für Sprechstimme, gemischten Chor und Kammerorchester (1959) von Szalonek liegen Worte der Dichterin Kazimiera Iłłakowiczówna (1892–1983) zugrunde. Serocki griff in seinen beiden Liederzyklen *Serce Nocy* (*Herz der Nächte*) für Bariton und Klavier oder Orchester (1956) sowie *Niobe* für zwei Sprechstimmen, gemischten Chor und Orchester (1966) auf Konstanty Ildefons Gałczyński (1905–1953) zurück. In *Oczy powietrza* (*Augen der Luft*) für Sopran und Klavier oder Orchester (1957) nahm er Gedichte von Julian Przyboś (1901–1970) als Grundlage und in *Poezje* (*Gleichnisse*) für Sopran und Kammerorchester (1968/69) Werke von Tadeusz Różewicz (1921–2014). Die Übersetzungen der zugrundeliegenden Texte ins Deutsche stammten oftmals von Karl Dedecius (1921–2016) oder dem Schriftsteller Witold Wirpsza (1918–1985) – nach Dedecius auch »ein erfahrener Übersetzer deutscher Dichtung ins Polnische«[44]. Da Dedecius damals wegen eines deutschen Przyboś-Bandes im Langewiesche-Brandt Verlag mit dem Lyriker in Kontakt stand,[45] holte er gleich auch für Serockis Musikverleger Hermann Moeck (1922–2010) eine Erlaubnis zur Verwendung der deutschen Fassung von *Oczy powietrza* ein.[46]

Weitere Lyriktexte von Różewicz und Władysław Broniewski (1897–1962), die Dedecius ebenfalls ins Deutsche übersetzte, fanden zudem Verwendung in Pendereckis Oratorium *Dies Irae* für Sopran, Bariton und Bass-Soli, gemischten Chor und Orchester, das dieser 1967 eigens für die Einweihung des Internationalen Denkmals für die Opfer des Faschismus in Auschwitz-Birkenau komponierte. Die Verwendung ins Deutsche übersetzter polnischer Lyriktexte bietet einen Anhaltspunkt, um über Formen des Kulturtransfers – und auch seiner Grenzen – nachzudenken.[47] Denn als sich der Hermann Moeck Verlag in Celle Ende der 1950er Jahre dazu entschloss,

---

44 Karl Dedecius: Vom Übersetzen. Theorie und Praxis. Frankfurt am Main 1986, S. 134.

45 Julian Przyboś: Gedichte. Aus dem Polnischen übertragen von Karl Dedecius. Ebenhausen bei München 1963.

46 Karl Dedecius an Hermann Moeck, Frankfurt am Main, 1961; Julian Przyboś an Karl Dedecius [Postkarte], Warschau 1961. Privatarchiv der Firma Moeck Musikinstrumente + Verlag (beide ohne Signatur).

47 Vgl. Borchers: Polish Music (wie Anm. 5), S. 53f.

mit Hilfe von Übersetzern wie Dedecius, Wirpsza oder Adam Czerniawski (geboren 1934) Texte in Vokalwerken von Lutosławski, Szalonek und Serocki ins Deutsche und Englische übertragen zu lassen, war das teils mit erheblichen Schwierigkeiten verbunden, die einen kostspieligen und langwierigen Korrekturprozess auslösten: Alle Beteiligten unterschätzten das komplexe Verhältnis zwischen den Akzenten der polnischen poetischen Texte, bestehend aus dem Versmaß, sprachlichen Hebungen und Senkungen sowie der Silbentrennung, und dem komponierten rhythmisch-melodischen Verlauf der Musik, der in die deutschen und englischen Wörter und Textbausteine neu übertragen werden musste. Aufgrund der Komplexität gab der Moeck Verlag seine ursprüngliche Idee, dreisprachige Druckausgaben herzustellen, um sie besser auf dem westeuropäischen und US-amerikanischen Musikmarkt anbieten zu können, wieder auf und brachte Anfang der 1960er Jahre nur die oben aufgeführten Vokalwerke mit Übersetzungen heraus.[48]

Polnische Neue Musik im Hermann Moeck Verlag

Als die Komponierenden Ende der 1950er Jahre darüber nachdachten, welche Maßnahmen die internationale Verbreitung ihrer Werke fördern könnten, übernahm unverhofft der Moeck Verlag diese Aufgabe, ein mittelständiges westdeutsches Unternehmen, das neben seiner verlegerischen Tätigkeit auch Holzblasinstrumente vertrieb. Hermann Moeck kam 1958 auf Einladung des Komponistenverbands erstmals nach Warschau, wo er mit Unterstützung durch Persönlichkeiten wie Bacewicz, Lutosławski und Serocki im Kulturministerium sogleich die Erlaubnis zugesprochen bekam, den Polnischen Musikverlag (PWM) im Rahmen der eigens dafür eingerichteten *Musica Polonia Edition* in der Bundesrepublik (und damit faktisch in Westeuropa) zu vertreten.[49]

Zu diesem Zeitpunkt war der PWM, der erst kurz zuvor Werke Neuer Musik mit ihren anspruchsvollen Partitur-Schriftbildern ins Verlagsprogramm aufgenommen hatte, noch nicht imstande, produktive Partnerschaften mit Verlagshäusern im Ausland einzugehen. Das Kulturministerium feilte damals noch zusammen mit dem Außenhandelsministerium an einer Import-Export-Strategie für Schallplatten, Noten und Musikfachbücher, wofür die Außenhandelszentrale »Ars Polona« zuständig sein sollte. Um sämtliche Abläufe in dieser Hinsicht von staatlicher

---

48 Ebenda, S. 66.
49 Ebenda, S. 54–56; vgl. Herbert Höntsch: Polonia-Edition im Hermann Moeck Verlag: Musiktransfer von Ost nach West. Anmerkungen eines Insiders. In: Sine musica nulla vita. Festschrift Hermann Moeck zum 75. Geburtstag am 16. September 1997. Celle 1997, S. 37f.

Seite aus kontrollieren zu können, durfte der Moeck Verlag nur indirekt über Ars Polona mit PWM in Kontakt treten – ein umständlicher und zeitaufwendiger Vertriebsweg, der sowohl zu Unmut aufseiten des Moeck Verlags als auch aufseiten der Komponist:innen führte.[50] Die Spannungen mit Ars Polona erhöhten sich in der Folge weiter. Um die langwierigen Kommunikations- und Versandwege zu umgehen und polnische Neue Musik von Penderecki, Serocki und Kotoński, aber auch von Bacewicz, Baird und Lutosławski direkt von der Bundesrepublik aus auf dem internationalen Musikmarkt zu platzieren, gründete Moeck – durchaus um Exklusivität in seinem Verlagskatalog bemüht – eine eigene Verlagsreihe, die *Edition Moeck*.

Letztendlich legte dieser Schritt die unterschiedlichen Interessen aller Beteiligten offen, denn es kam zu einer Auseinandersetzung um die Herstellung und den Vertrieb von Aufführungsmaterialien in Deutschland oder Polen und den damit verbundenen Umgang mit dem Urheberrecht.[51] Damals befürchtete die polnische Führung offenbar, dass die kulturellen und finanziellen Erfolge der einheimischen Komponist:innen am Staat vorbeigehen und er damit die Kontrolle über die nationalen kulturellen Leistungen verlieren würde. Im Ergebnis eskalierte diese Auseinandersetzung auf polnischer Seite 1963 sogar im Verbot von Veröffentlichungen weiterer polnischer Werke im Ausland. Erst 1966, infolge eines mehrjährigen Aushandlungsprozesses, an dem der Moeck Verlag, der Komponistenverband, PWM, die polnische Autorengesellschaft ZAiKS, Ars Polona und die beiden übergeordneten Behörden, das Kultur- und das Außenhandelsministerium, beteiligt waren, wurde ein Kompromiss gefunden: Einerseits wurde das Urheberrecht in die Einflusssphären des Ost-West-Konflikts aufgeteilt,[52] andererseits durften die Komponist:innen, in Form von Co- und Subeditionsverträgen mit PWM, auch wieder mit westlichen Musikverlagen zusammenarbeiten. Aus diesem Grunde verlor der Hermann Moeck Verlag sein Alleinstellungsmerkmal gegenüber westlichen Konkurrenten, das er bis dahin hatte. Den Komponierenden allerdings eröffnete diese Entwicklung wiederum neue Perspektiven, die sie u. a. für eine Zusammenarbeit mit anderen westdeutschen Musikverlagen wie B. Schott's Söhne oder dem Ars-Viva-Verlag in Mainz, C. F. Peters-/Henry Litolff's-Verlag in Frankfurt am

---

50 Vgl. Borchers: Polish Music (wie Anm. 5), S. 59–64; Teodor Brachmański: O Eksporcie Płyt Gramofonowych. In: Ruch Muzyczny 6 (1962) Nr. 15, S. 3f.; Zygmunt Mycielski: Walne Zgromadzenie Związku Kompozytorów Polskich. In: Ruch Muzyczny 7 (1963) Nr. 5, S. 1f.; Zofia Jaźwińska: Problemy eksportu Muzyki Polskiej. In: Ruch Muzyczny 7 (1963) Nr. 5, S. 19f.

51 Borchers: Polish Music (wie Anm. 5), S. 56f.

52 Ebenda, S. 57f.

Main, dem Ahn & Simrock Bühnen- und Musikverlag in Hamburg oder dem Hans Wewerka-Bühnenverlag in München nutzten.

Obwohl die internationale Verbreitung polnischer Neuer Musik in den 1960er Jahren zu deren internationaler Reputation einen wesentlichen Beitrag geleistet hat, ist dieses Thema in der Musikforschung bisher kaum berücksichtigt worden. Dabei war die Herstellung und der Verleih von Orchesteraufführungsmaterialien, neben dem Vertrieb von Partitur-Druckausgaben, eine zentrale Voraussetzung, um Konzerte für die Werke der zwölf oben erwähnten Komponist:innen zu generieren und sie (mal mehr, mal weniger erfolgreich) auf dem westeuropäischen und US-amerikanischen Musikmarkt anzubieten. Die daraus hervorgegangenen Einnahmen durften sie allerdings (wegen des fehlenden Devisenmarktes zwischen der Bundesrepublik und der Volksrepublik) offiziell nicht einführen. Im Moeck Verlag nutzten sie ihre Konten beispielsweise dafür, um ihre Reisen zu finanzieren, sich Arbeitsmaterialien wie hochwertiges Transparentpapier und Tinte, ein Tonbandgerät oder auch Kraftfahrzeuge deutscher Hersteller zu kaufen – die verzollt in die Volksrepublik eingeführt werden durften.[53]

Die Teilhabe der »polnischen Schule« am westdeutschen Musikleben

In seinen Darstellungen zur »Geschichte der deutsch-polnischen Kulturbeziehungen« berichtet Andreas Lawaty von einem »polnische[n] Musikkritiker, der 1957 an den Internationalen Ferienkursen für Neue Musik in Darmstadt teilgenommen hatte« und sich nicht davor

> »scheute […], die Situation Polens nach den Jahren der stalinistischen Isolierung mit der Deutschlands unmittelbar nach Kriegsende 1945 zu vergleichen: Die Polen waren begierig, sich über die neuesten Entwicklungen in Westeuropa zu informieren. Er mußte aber ebenso feststellen, daß die Informations-Barriere auch in umgekehrter Richtung wirksam gewesen war, daß beispielsweise die polnische Musik ›in Deutschland einfach unbekannt ist und kein Vertrauen genießt‹.«[54]

Gemeint war der Pianist Janusz Zathey (1927–2010), welcher in genanntem Jahr mit einer Gruppe polnischer Komponisten, darunter Baird, Dobrowolski, Kotoński und Serocki, erstmals nach Darmstadt gereist war, um dort an den Internationalen

---

53 Vgl. Ebenda, S. 55.
54 Lawaty (wie Anm. 43), S. 129.

Ferienkursen für Neue Musik teilzunehmen.[55] Zathey resümierte in seinem RUCH MUZYCZNY-Bericht nicht nur, »dass es in der BRD eine Menge zeitgenössischer Musik, sogar die neueste, in gewissem Sinne experimentelle, keinen Gewinn bringende, gibt«,[56] sondern auch wie folgt:

> »Aus dem Gesamtkonzept der Kurse, aus deren Programm und der Idee, die dahintersteckt, ziehe ich die folgende Schlussfolgerung: Heute befinden wir uns im kulturellen Bereich [in Polen] in einer Situation, die vielleicht nicht identisch, aber zumindest ähnlich der Situation ist, in der Westdeutschland im Jahre 1945 war.«[57]

Damit verglich er die »Stunde Null« im Mai 1945 in Deutschland mit der Situation des kulturellen Lebens in Polen, welches an einem Tiefpunkt angekommen war und erst mit den Ereignissen des Oktobers 1956 eine Erneuerung erfuhr.[58] In Darmstadt trafen die polnischen Teilnehmenden dann auf das »Mekka der Neuen Musik«, wie Zathey seinen Bericht beeindruckt betitelte.[59] »Darmstadt« avancierte daraufhin sogleich auch zu einem wichtigen Referenzpunkt für polnische Musikkritiker:innen und -wissenschaftler:innen, die das Pro und Contra des hier auch in den nächsten Jahren Präsentierten analysierten und bewerteten. Noch im März 1956 sprach Lutosławski auf der Hauptversammlung des Komponistenverbands von einem »Wirrwarr«, welches »die Kunst unserer Zeit darstellt. Besonders scharf zeichnet sich dieses Problem vor denen von uns ab, die […] den Kontakt zur westeuropäischen Musik wieder aufgenommen haben. Wir haben nicht alle eine klare Vorstellung davon, was in dieser Musik geschieht, wonach sie strebt.«[60] Dabei prognostizierte er allerdings mit beachtlichem Selbstbewusstsein, dass es »nur eine

---

55 Vgl. hierzu den Beitrag von Marianne Nowak in diesem Band sowie dies.: Polnische Komponisten bei den Internationalen Ferienkursen für Neue Musik um 1960. Köln 2020, S. 63f.

56 Janusz Zathey: Darmstadt – Mekka Nowej Muzyki (II). In: RUCH MUZYCZNY 1 (1957) Nr. 14, S. 25–28, hier S. 27.

57 Ebenda.

58 Borchers: Wgląd (wie Anm. 18), S. 75.

59 Janusz Zathey: Darmstadt – Mekka Nowej Muzyki. In: RUCH MUZYCZNY 1 (1957) Nr. 13, S. 9–13; ders. (wie Anm. 56); Sebastian Borchers: Gespräch mit Krzysztof Penderecki. Krakau 2012, unveröffentlichtes Tondokument. Da auch Penderecki vom »Mekka der Neuen Musik« sprach, ist davon auszugehen, dass es sich um eine »geflügelte« Redewendung handelt, deren Ausgangspunkt wahrscheinlich die beiden Zathey-Berichte sind. Vgl. auch Nowak: Polnische Komponisten (wie Anm. 55), S. 70, 77.

60 Grzegorz Michalski: Neue Musik. In: Geschichte der polnischen Musik. Hrsg. von Tadeusz Ochlewski. Warschau 1988, S. 138–207, hier S. 172. Im polnischen Original: Witold Lutosławski: Zagajenie dyskusji na walnym zjeździe Związku Kompozytorów Polskich. In: RUCH MUZYCZNY 1 (1957) Nr. 1, S. 2; vgl. auch: Sebastian Borchers: Von

Frage der Zeit ist, dass wir nicht nur einen klaren Begriff davon gewinnen, sondern auch hier eine positive und durchaus nicht geringe Rolle spielen werden«.[61]

Was dann folgte, ist Musikgeschichte und spiegelt sich in der Genese der vermeintlichen »polnischen Komponistenschule« in der Neuen Musik wider. Damals traten die Komponierenden in eine intensive Rezeptions- und Reflexionsphase ein: Die nach Polen gelangten Eindrücke der neusten internationalen Kompositionstrends wurden schrittweise adaptiert, in der Regel modifiziert und, angereichert mit ganz persönlichen Bezügen zur polnischen Musiktradition, zu neuen Musikkonzepten geformt. Tatsächlich bietet die hier nur grob umrissene Beschreibung eines dynamischen kulturellen Rezeptions- und Aneignungsprozesses in der jüngeren polnischen bzw. europäischen Musikgeschichte, wenn man nach den methodischen Anwendungsperspektiven zum Kulturtransfer Hans-Jürgen Lüsebrinks geht, ein ausgezeichnetes »Beispiel […] kultureller Umformung und zugleich Anpassung«,[62] welches »originalgetreue Übertragungen […], Nachahmung […] [und] Formen kultureller Adaption«[63] beinhaltet. Auch Christian Schmidt-Rost hat sich in Bezug auf die Beschreibungen der Entwicklungen des Jazz in der DDR und Polen nach 1956 an Lüsebrinks Gedanken zu »hybriden« interkulturellen Aneignungs- und Austauschprozessen von und auch über »transkulturelle(n) Räume(n)« orientiert und spricht beispielsweise in Bezug auf das *Jazz Jamboree* von einem »transnationalen Kommunikationsraum«[64] als Bestandteil einer musikkulturellen Verflechtungsgeschichte zwischen Ostmittel- und Westeuropa (sowie den USA) zu Zeiten des Kalten Krieges. Demnach können im Bereich der Neuen Musik auch der Warschauer Herbst und die Darmstädter Ferienkurse als »transnationale Kommunikationsräume« betrachtet werden, weil sie durch ihren interkulturellen Charakter eine beachtliche Anzahl Musikkulturschaffender – über die ideologischen und geografischen Grenzen des Ost-West-Konflikts hinweg – zusammenbrachten.

In Darmstadt, um bei diesem Beispiel zu bleiben, trafen die polnischen Musiker:innen mit der »Musikavantgarde des Westens« zusammen, indem sie

---

Warschau nach Darmstadt und zurück. Lutosławski, Penderecki, Górecki und die Neue Musik. In: Osteuropa 62 (2012) Nr. 11–12, S. 73–84, hier S. 74.

61 Michalski (wie Anm. 60), S. 172.

62 Ebenda, S. 217; vgl. hierzu am Beispiel der Entwicklung des polnischen Jazz: Schmidt-Rost (wie Anm. 7), S. 10.

63 Hans-Jürgen Lüsebrink: Kulturtransfer – methodisches Modell und Anwendungsperspektiven. In: Europäische Integration als Prozess von Angleichung und Differenzierung. Hrsg. von Ingeborg Tömmel. Opladen 2001, S. 213–226, hier S. 216f.

64 Vgl. Schmidt-Rost (wie Anm. 7), S. 9–12, 87–214; Hans-Jürgen Lüsebrink: Kulturtransfer – Neue Forschungsansätze zu einem interdisziplinären Problemfeld der Kulturwissenschaften. In: Helga Mitterbauer; Katharina Scherke (Hrsg.): Ent-grenzte Räume. Kulturelle Transfers um 1900 und in der Gegenwart. Göttingen 2007, S. 23–42; ders. (wie Anm. 63).

Persönlichkeiten wie Pierre Boulez (1925–2016), John Cage (1912–1992), Luigi Nono (1924–1990) und Karlheinz Stockhausen (1928–2007) begegneten, die durch ihren kreativen Umgang mit zwölftonalen, seriellen und punktuellen Reihenstrukturen oder aleatorischen Organisationsmethoden neue Akzente setzten. Sie kamen just in einer Phase hinzu, als mit einer neuartigen Handhabung des orchestralen Instrumentariums, der Integration außergewöhnlicher Instrumente und der Zuhilfenahme elektroakustischer Klangerzeuger wie Tonbandgeräte sowie räumlichen Distanzen und Positionierungen experimentiert wurde, um das bis dahin bekannte Klangspektrum zu erweitern.[65]

Dementsprechend verwundert es kaum, dass sich auch die damalige Entwicklung der polnischen Neuen Musik durch eine »Erweiterung des traditionellen Instrumentariums und eine zunehmende Bedeutung der Schlaginstrumente, unkonventionelle Artikulationsarten, freie Rhythmik und Metrik, Cluster und Klangflächen sowie die Einbeziehung räumlicher Effekte«[66] auszeichnete. In den 1960er Jahren avancierte der sogenannte Sonorismus (*sonoryzm* oder *sonorystyka*) für einige Zeit zur hauptsächlich wahrgenommenen Strömung der »polnischen Komponistenschule«, welche den musikalischen Parameter der Klangfarbe als formgebendes Element vor alles andere stellte.[67] Die Musikwissenschaftlerin Iwona Lindstedt hat bei der Untersuchung der Rezeption des Sonorismus in Polen, dessen Begriff 1950 durch den Musikwissenschaftler Józef Michał Chomiński (1906–1994) geprägt wurde,[68] zwei Lager ermittelt: »[d]as erste, den Begriff des Sonorismus starr und eng als schöpferische Strömung in der polnischen Musik identifizierend; das zweite dagegen eine breite ideelle Perspektive eröffnend«.[69]

Ab 1959, also etwa zu dem Zeitpunkt, als die Aktivitäten polnischer Komponierender bei den Darmstädter Ferienkursen, insbesondere auch als Dozenten und Vortragende, einen Höhepunkt erreichten,[70] stieg auch der Anteil mit Konzerten polnischer Neuer Musik der zwölf ausgewählten Komponist:innen in der Bundesrepublik an (Abb. 3). Dieser Anstieg setzte sich auch dann noch fort, nachdem es

---

65 Vgl. Nowak: Polnische Komponisten (wie Anm. 55), S. 70–126; Daniel Cichy: Dzieje, rola i znaczenie w myśli teoretycznej, praktyce kompozytorskiej i życiu muzycznym drugiej połowy XX wieku. Kraków 2009, S. 152–163.

66 Seehaber (wie Anm. 31), S. 162, vgl. S. 133; vgl. auch: Borchers: Von Warschau nach Darmstadt (wie Anm. 60), S. 77.

67 In der deutschen Musikwissenschaft hat sich die Bezeichnung Sonorismus, anders als beispielsweise in der englischsprachigen Fachliteratur, bis heute nicht durchgesetzt; stattdessen werden meist Termini wie »Klangflächen-« oder »Klangfarbenkomposition« verwendet.

68 Iwona Lindstedt: Sonorystyka w twórczości kompozytorów polskich XX wieku. Warschau 2010, S. 15–25.

69 Ebenda, S. 92.

70 Nowak: Polnische Komponisten (wie Anm. 55), S. 90–99.

1960 zu verschiedenen Unstimmigkeiten gekommen war[71] und »sowohl auf Darmstädter als auch auf offizieller polnischer Seite [...] eine zunehmende Distanzierung«[72]
eintrat, in deren Folge die polnische Beteiligung in Darmstadt 1961/62 merklich
zurückging.[73]

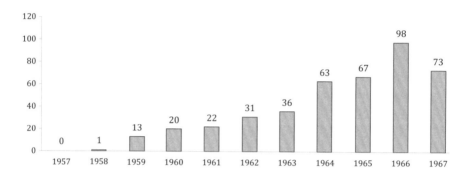

Abb. 3: Anzahl der aufgeführten Werke der »Polnischen Schule« in der Bundesrepublik 1957–1967.[74]

Dieser Umstand lässt auf eine Etablierungsphase schließen, die sich auch mit
Andreas Lawatys Beschreibungen »eine[r] Welle von kulturellen Überraschungen
und Neuentdeckungen – für beide Seiten«[75] mit Blick auf die 1960er Jahre deckt.
Die Profilierung neuer kulturpolitischer Rahmenbedingungen, sowohl nach 1945
in (West-)Deutschland als auch nach 1956 in Polen, war sicherlich eine Ursache

71 Ebenda, S. 100–117.
72 Ebenda, S. 117.
73 Vgl. ebenda, S. 117–126.
74 Die Zahlen sind nicht als absolut zu betrachten, sondern dienen vielmehr als Richt-
werte. Sie basieren auf den qualitativen Ergebnissen einer vom Autor erstellten MS-
Access-Datenbank (Stand: August 2021). Grundlage für die Zusammenstellung waren
überwiegend Angaben in Konzertprogrammen, Musik-Chroniken in Zeitschriften wie
RUCH MUZYCZNY (1957–1968), POLISH MUSIC / POLNISCHE MUSIK (1966–1968) und
der MONATSSCHRIFT »POLEN« (1960–1968) sowie die Verlagsmitteilungen des Hermann Moeck Verlags (1959–1968). Je nach Genauigkeit und Art der Angaben wurden
einzelne Einträge, bei denen zwei oder mehr Konzerte zusammengefasst wurden, in
der Datenbank als ein Ereignis betrachtet. Die tatsächliche Anzahl an Konzerten und
aufgeführten Werken liegt demnach höher.
75 Lawaty (wie Anm. 43), S. 129; vgl. Seehaber (wie Anm. 31), S. 25–31; vgl. auch: Veronika
Walter: Schritte zur Normalität. Die deutsch-polnischen Kulturbeziehungen. Bestandsaufnahme und Empfehlungen. Hrsg. vom Institut für Auslandsbeziehungen. Stuttgart
2003, S. 14f., 52.

dafür, warum auch der musikkulturelle Austausch zwischen beiden Staaten – trotz der komplexen und schwieriegn bilateralen Beziehungen bis zum Abschluss des »Warschauer Vertrags« und der damit eingeleiteten Normalisierung ab 1970 – insgesamt zunahm.[76] Denn auch in Westdeutschland eröffneten sich nach 1945 neue Chancen, (künstlerische) Freiheiten, Perspektiven und Handlungsspielräume, die zu einer erheblichen Dynamisierung des Kulturbetriebs beitrugen und insbesondere das Fortkommen der Neuen Musik förderten. Auch hier wirkten kulturpolitische Entscheidungen »im Inneren« auf eine kulturelle Profilierung »nach außen«.

Dabei bildeten Maßnahmen zur Entnazifizierung und zur Befriedung der deutschen Bevölkerung in den jeweiligen Besatzungszonen der Westalliierten Frankreich, Großbritannien und USA die Grundlage für neue kulturpolitische Weichenstellungen: Frankreich verband kulturpolitische Aspekte vor 1949 zum Beispiel mit eigenen sicherheitspolitischen Bedürfnissen und brachte die Dezentralisierung des Kultur- und Wissenschaftsbetriebs sowie den Aufbau des Rundfunks im eigenen Sektor entscheidend voran. Durch eine vorausschauende Personalpolitik der Westalliierten erhielten beispielsweise Persönlichkeiten wie Heinrich Strobel (1898–1970), der zuvor lange in Frankreich gelebt hatte und mit Rückkehr nach Deutschland Ende 1945 von der französischen Militärregierung mit der Leitung der Musikabteilung des Südwestfunks (SWF) betraut wurde, Schlüsselpositionen in kulturbildenden Bereichen. Strobel, der zwischen 1956 und 1969 zudem Präsident der International Society for Contemporary Music war, etablierte auch eine der bedeutendsten Veranstaltungen mit Neuer Musik, die vom SWF ausgerichteten Donaueschinger Musiktage für zeitgenössische Tonkunst. Seit Anfang der 1960er Jahre trat er, neben Hermann Moeck, u. a. durch die Vergabe von Kompositionsaufträgen als wichtiger Förderer Pendereckis in Erscheinung. Die Briten konzentrierten sich vor allem auf Umerziehungsmaßnahmen im Bereich der Literatur und des Films, errichteten nach dem Vorbild der BBC den Nordwestdeutschen Rundfunk (NWDR) und unterstützten die Wiederinbetriebnahme des Verlagswesens durch die Vergabe neuer Lizenzen.[77]

Die USA förderten mit Umsetzung ihres *Reeducation*-Programms und der Verbreitung der eigenen »Massenkultur« (Jazz, Rock 'n' Roll, Radiosender Voice of America) in ihrem Sektor insbesondere autark und pluralistisch organisierte Rundfunk- und Fernsehanstalten, die mit dem Aufkommen des Ost-West-Konflikts

---

76 Ruth Seehaber: »… eine Brücke schlagen …«. Deutsch-polnische Musikbeziehungen in den 1960er Jahren. In: Muzykalia VIII, Zeszyt niemiecki 2, S. 1f.; Helga Haftendorn: Deutsche Außenpolitik zwischen Selbstbeschränkung und Selbstbehauptung 1945–2000. Stuttgart 2001, S. 180–195.

77 Hermann Glaser: Kulturgeschichte der Bundesrepublik Deutschland 1945–1989. Bonn 1991, S. 52–61, 91.

ein Gegengewicht zur sozialistischen »Massenkultur« der UdSSR bildeten.[78] Auf Grundlage der in Artikel 5 des Grundgesetzes festgeschriebenen Bestimmungen der Freiheit von Kunst, Wissenschaft, Forschung und Lehre und ihrer Finanzierung auf Länder- und Gemeindeebene mit Hilfe öffentlicher Mittel brachten (Musik-) Institutionen wie die Rundfunkanstalten, Konzert- oder Opernhäuser nach 1949 die kulturelle Vielfalt in der Bundesrepublik entscheidend voran. Der dezentral organisierte westdeutsche »Kulturföderalismus« wurde bewusst als Gegenstück zur totalitären zentralistischen Kulturpolitik der Nationalsozialisten etabliert und entfaltete – ähnlich wie dies nach 1956 im Kulturleben Polens geschah – eine enorme Dynamik, die, unter hoher Beteiligung internationaler Kulturschaffender, zugleich Bestandteil einer vertrauensbildenden Friedenspolitik gegenüber dem Ausland wurde.[79] Damit erwies sich das »geographisch dezentralisierte bundesdeutsche Kulturleben« auch »als besonders aufnahmefähig für die polnische Kultur«,[80] die, neben Vertreter:innen der Neuen Musik, genauso durch Akteure aus dem Bereich des Jazz, der Grafik, Malerei, Plakatkunst, Plastik, Literatur sowie des Films und Theaters gestaltet wurde.

Abgesehen von so bedeutenden Veranstaltungen mit Neuer Musik wie den Darmstädter Ferienkursen, an denen sich der HR mit der Ausrichtung der Tage für Neue Musik beteiligte, oder den Donaueschinger Musiktagen, nahmen in den 1960er Jahren auch andere Konzertreihen Werke polnischer Neuer Musik in ihr Programm auf. Darunter war die von Herbert Hübner (1903–1989) für den NDR in Hamburg geleitete Reihe *das neue werk*, in der bereits 1952 das *2. Streichquartett* (1943) von Artur Malawski (1904–1957) erfolgreich aufgeführt worden war.[81] Malawski hatte zuvor über einen in Deutschland lebenden Mittelsmann Kontakt mit Hübner aufgenommen. Ein anderer Versuch vor 1956, dies auch mit Karl Amadeus Hartmann (1905–1963) anzubahnen, der die vom Bayerischen Rundfunk (BR) unterstützte Münchner *Musica Viva*-Reihe initiierte, war jedoch fehlgeschlagen.[82]

Abgesehen von den *Musica Viva*-Konzerten übertrug der BR auch in seinem Nachtprogramm immer wieder Tonaufzeichnungen des Warschauer Herbsts, die beispielsweise Ulrich Dibelius, der dort als Musikredakteur arbeitete, jährlich von seinen Besuchen des Musikfestivals mitbrachte. Bis 1971 verantwortete zudem Otto

78 Axel Schildt; Detlef Siegfried: Deutsche Kulturgeschichte. Die Bundesrepublik – 1945 bis zur Gegenwart. Bonn 2009, S. 42–67.
79 Barthold C. Witte: Dialog über Grenzen. Beiträge zur auswärtigen Kulturpolitik. Pfullingen 1988, S. 45–55.
80 Lawaty (wie Anm. 43), S. 129.
81 Norddeutscher Rundfunk (Hrsg.): 30 jahre das neue werk 1951–1981. Programme – Dokumentation. Erschienen in Verbindung mit dem Programmheft zum 200./201. Abend der Veranstaltungsreihe »das neue werk«. Hamburg 1981, S. 16.
82 Vgl. Borchers: Wgląd (wie Anm. 18), S. 79f.

Tomek im Funkhaus des WDR die Reihe *Musik der Zeit*. Vor allem letztgenannte Konzertreihe des WDR konnte damit aufwarten, dass sie Werke polnischer Neuer Musik, oft unter namhaften polnischen Dirigenten wie Jan Krenz (1926–2020), des anfangs erwähnten Markowski oder Witold Rowicki (1914–1989) sowie mit Solist:innen wie Wanda Wiłkomirska (1929–2018), Stefania Woytowicz (1922–2005) oder Andrzej Hiolski (1922–2000),[83] exklusiv ur- oder zumindest erstmals in der Bundesrepublik aufführte (Abb. 4). Eine Uraufführung wie die *Lukaspassion* von Penderecki 1966 stellte dabei eine Ausnahmeerscheinung dar, obwohl sämtliche Veranstalter Neuer Musik darauf bedacht waren, einen ähnlichen Coup zu landen, wie er Tomek beim WDR gelungen war.

Hermann Moeck blickte einmal aus der Perspektive des Musikverlegers zurück und schilderte seine Eindrücke einer »Uraufführungsmanie […] als stünde Musik unter einem Zugzwang«.[84] Seiner Ansicht nach hatte »das großzügig ausgegebene Geld der Rundfunkanstalten und Kulturämter […] das rechte Verhältnis hier sehr gestört«[85] und sei manchmal zu einer gewissen »Gigantomanie«[86] ausgeartet. Dennoch förderte letztlich erst das Zusammenspiel aus einer Vertretung der zwölf polnischen Komponierenden durch westdeutsche Musikverlage, ab 1958 allen voran Moeck, ab 1966 auch andere, und die Möglichkeiten der finanziell stark aufgestellten öffentlich-rechtlichen Rundfunkanstalten, in denen vor allem Persönlichkeiten wie Strobel und Tomek an einflussreichen »Schaltstellen« mitwirkten, auch die internationale Reputation der polnischen Neuen Musik. Andererseits hatte die Kulturförderung den Effekt, dass das Werkrepertoire der »polnischen Komponistenschule« ab Mitte der 1960er Jahre (auf kommunaler Ebene) Eingang in das Programm sämtlicher städtischer Orchester in der Bundesrepublik fand. Auch dieser Effekt war in gewisser Hinsicht die Folge eines Handlungsspektrums, welches sich seit Ende der 1950er Jahre aus der kulturellen Zusammenarbeit deutscher und polnischer Akteure im Bereich der Neuen Musik ergab.

---

83 Ebenda, S. 77.

84 Hermann Moeck: Musikverlegerische Reminiszenzen zur Moderne. In: Schnittpunkte Mensch Musik. Beiträge zur Erkenntnis und Vermittlung von Musik. Walter Gieseler zum 65. Geburtstag. Hrsg. von Rudolf Klinkhammer. Regensburg 1985, S. 153–157, hier S. 154.

85 Ebenda.

86 Ebenda.

Jahr	Komponist	Werk	Orchester/ Solist:in		Leitung
1959	Górecki	*Epitaph*, op. 12, nach den Worten von Julian Tuwim für gemischten Chor und mehrere Instrumente (1958)	DE	KRSO, WDR-Chor	Bruno Maderna
1960	Baird	*Espressioni varianti* für Violine und Orchester (1958–59)	DE	KRSO	Witold Rowicki
1961	Bacewicz	*Musik* für Streicher, Trompeten und Schlagzeug (1958)		KRSO	Witold Rowicki
	Baird	*Liebeslieder* (nach Gedichten von Małgorzata Hilar für Sopran und Orchester (1960–61)	DE	KRSO, Stefania Woytowicz (Sopran)	Witold Rowicki
	Lutosławski	*Jeux vénitiens* für Kammerorchester (1961)	DE	KRSO	Witold Rowicki
1963	Górecki	*Sinfonie Nr. 1 »1959«*, op. 14 für Streichorchester und Schlagzeug (1959)	DE	KRSO	Jan Krenz
	Kotoński	*Musica per fiati e timpani* (1963)	UA	KRSO	Jan Krenz
	Kotoński	*Mikrostrukturen für Tonband* (1963)		Studio Eksperymentalne Polskiego Radia	(kommentiert von K. Stockhausen)
	Baird	*Epiphanische Musik* für Orchester (1963)	DE	KRSO	Witold Rowicki
		Egzorta nach althebräischen Texten für Sprecher, gemischten Chor und Orchester (1959–60)	DE	KRSO, WDR-Chor, Hans Herbert Fiedler (Sprechstimme)	Witold Rowicki
	Penderecki	*Aus den Psalmen Davids* für gemischten Chor, Streichinstrumente und Schlagzeug (1958)	DE	KRSO, WDR-Chor	Witold Rowicki
1966	Lutosławski	*Paroles tissées* für Tenor und Kammerorchester (1965)	DE	KRSO, Peter Pears (Tenor)	Christoph von Dohnányi
	Penderecki	*Passio Et Mors Domini Nostri Jesu Christi Secundum Lucam* für 3 Solo-Stimmen, Sprechstimme, drei gemischte Chöre, Knabenchor und Orchester (1963–1966)	UA, KA	KRSO, WDR-Chor, Tölzer Knabenchor, Rudolf Jürgen Bartsch (Sprechstimme), Andrzej Hiolski (Bariton), Bernard Ładysz (Bass), Stefania Woytowicz (Sopran)	Henryk Czyż, Herbert Schernus (Chor)
	Lutosławski	*Postludium Nr. 1* und *Nr. 2* für Orchester (1958–60)		KRSO	Jerzy Semków
	Lutosławski	*Trauermusik* für Streichorchester (1954–58)		KRSO	Jerzy Semków
1967	Szabelski	*Präludien* für Kammerorchester (1963)	DE	KRSO	Andrzej Markowski
	Kotoński	*Klangspiele* für zwei Tonbänder und vier Musiker (1967)	UA, KA	Elektronisches Studio des WDR	Eugeniusz Rudnik, Włodzimierz Kotoński (Klangregie)
1968	Serocki	*Forte e Piano* Musik für zwei Klaviere und Orchester (1967)	UA, KA	KRSO, Aloys und Alfons Kontarsky (beide Klavier)	Christoph von Dohnányi
	Penderecki	*Dies Irae* Oratorium zum Gedächtnis der Opfer von Auschwitz für drei Solostimmen, gemischten Chor und Orchester (1967)	DE	KRSO, WDR-Chor, Bernard Ładysz (Bass), Wiesław Ochman (Tenor), Stefania Woytowicz (Sopran)	Christoph von Dohnányi, Herbert Schernus (Chor)
1969	Kotoński	*Musik* für sechszehn Becken und Streicher (1969)	DE	KRSO	Witold Rowicki
	Lutosławski	*Konzert* für Orchester (1950–54)		KRSO	Witold Rowicki
	Baird	*3. Sinfonie* (1969)	DE	KRSO	Witold Rowicki
	Górecki	*Canticum graduum* für Orchester (1969)	UA, KA	KRSO	Michael Gielen

Abb. 4: Polnische Werke in der Konzertreihe *Musik der Zeit* (WDR) 1959–1969.

Marianne Nowak

Von Warschau nach Darmstadt und zurück.
Musikalischer Austausch auf Festivals um 1960

Möchte man Facetten des Kulturaustauschs zwischen Polen und Westdeutschland während der Zeit des Kalten Kriegs beleuchten, so setzt dies voraus, dass es eine gewisse Durchlässigkeit gab, auf deren Basis Kultur überhaupt transferiert und ausgetauscht werden konnte. Ehe ein reger musikalischer Austausch auf Festivals um 1960 möglich wurde, musste gerade diese Voraussetzung zunächst geschaffen werden. Die nötige Durchlässigkeit war in Polen während der ersten Hälfte der 1950er Jahre im Bereich der Künste und insbesondere in der klassischen Musik nämlich nicht gegeben.

Seit Ende der 1940er Jahre vollzog sich entsprechend der politischen Spaltung zwischen Ost und West auch eine kulturelle Abgrenzung des sowjetischen Machtbereichs vom Westen. Der sozialistische Realismus wurde unter Andrej Schdanov, dem damaligen Sekretär für Kultur der KPdSU, als Doktrin in den sozialistischen Ländern durchgesetzt. Leitende Prämisse für diese Kunstauffassung war die Überzeugung, dass die Künste ein realistisches Bild der sozialistischen Lebenswelt vermitteln können und sollen. Für die polnische Musik wurde der sozialistische Realismus während des Gesamtpolnischen Komponisten- und Musikkritikerkongresses vom 5. bis 8. August 1949 in Lagow (Łagów Lubuski) als verbindlich erklärt. Kompositionen sollten demnach die sozialistische Lebenswelt – beziehungsweise wie diese hätte sein sollen – darstellen und für die breite Masse der Bevölkerung verständlich sein.

Bevorzugt werden sollten Vokalmusik sowie eine Orientierung an eingängigen Melodien, Volksmusik und traditioneller Harmonik. Dementsprechend wurden avantgardistisch komplexe Kompositionstechniken, wie sie sich zu der Zeit im Westen (weiter-)entwickelten, als formalistisch abgelehnt. Dazu gehörte beispielsweise die Zwölftontechnik Arnold Schönbergs, der 1949 in der Musikfachzeitschrift Ruch muzyczny als »Liquidator der Musik« bezeichnet wurde.[1] Der Jazz, als ursprünglich US-amerikanische Musikrichtung unweigerlich mit dem »Klassenfeind« und dem Kapitalismus verknüpft, war offiziell ebenso verpönt. Das Kunstprinzip des sozialistischen Realismus war also auch stark ideologisch aufgeladen.

---

1 Iosif Ryżkin: Arnold Schönberg – likwidator muzyki. In: Ruch muzyczny (1949) Nr. 15, S. 24.

Die Restriktionen zogen eine Isolation vom Musikschaffen des Westens nach sich: Aufgrund der Doktrin war kein Studienmaterial wie Partituren oder Aufnahmen zugänglich und auch ein direkter persönlicher Kontakt war quasi unmöglich, da alle Auslandsreisen bzw. Besuche aus dem Ausland staatlicher Kontrolle unterlagen. Der polnische Komponist Tadeusz Baird beschrieb die damalige Stagnation der polnischen Musik: »Die Kunst kann zwar bestehen (oder richtiger gesagt: vegetieren), aber sich nicht entwickeln, wenn ihr keinerlei Informationen, keine neuen Impulse zuströmen; ohne gegenseitige Einwirkung, ohne Konfrontation drohen ihr unabwendbar Erschöpfung und Marasmus.«[2]

Dementsprechend stieg das Bedürfnis nach Kontakt und Austausch mit dem Westen. Und die polnischen Komponisten ergriffen die Initiative. Laut Baird entstand bereits 1953 die Idee, ein internationales Musikfestival zu gründen, doch sollte es noch zwei weitere Jahre dauern, bis der Vorschlag auch offiziell von der Partei angenommen wurde.[3] Der »Warschauer Herbst« sollte erstmals 1956 stattfinden und war als erstes internationales Festival für zeitgenössische Musik ein absolutes Unikum im Ostblock. Die Genehmigung des Vorhabens von staatlicher Seite mag angesichts der nach wie vor geltenden Doktrin des sozialistischen Realismus paradox erscheinen. Die Bewilligung ist jedoch einerseits vor dem Hintergrund des seit dem Tod Stalins 1953 einsetzenden Tauwetters zu betrachten. Die Lockerungen der Restriktionen waren in Polen verhältnismäßig stark ausgeprägt. Lisa Jakelski begründet die Zustimmung seitens der Partei andererseits aber auch mit politischen Absichten: »[F]rom the PZRP's perspective, the Warsaw Autumn's primary value was a site for cultural diplomacy – an arena in which international relations could be played out through musical performance.«[4] Das Ziel polnischer Komponisten war jedoch, dem Unwissen bezüglich der Neuen Musik, das durch den sozialistischen Realismus sowohl bei professionellen Musikschaffenden als auch beim Publikum entstanden war, entgegenzuwirken und in Kontakt mit dem Westen zu treten.

Die Etablierung des Warschauer Herbsts, für dessen Organisation hauptsächlich ein Komitee des Polnischen Komponistenverbandes verantwortlich war, stellte ein ambitioniertes Vorhaben dar. Man verfügte kaum über Wissen um die internationale Szene der Neuen Musik oder entsprechende Kontakte. Auch Material wie beispielsweise Noten fehlten. Da die Wissenslücke schrittweise geschlossen werden musste, war die Programmausrichtung des ersten Festivals 1956 eher retrospektiv als dezidiert zeitgenössisch. Eine Vielzahl der aufgeführten Werke war vor über

---

2   Tadeusz Baird: The Beginnings of »Warsaw Autumn« – Die Anfänge des »Warschauer Herbstes«. In: Polish Music – Polnische Musik (1981) Nr. 3/4, S. 10.
3   Ebenda.
4   Lisa Jakelski: Making New Music in Cold War Poland: The Warsaw Autumn Festival, 1956–1968. Oakland 2017, S. 19.

einer Dekade komponiert worden, bisweilen standen sie sogar neben Stücken romantischer Komponisten wie Brahms oder Tschaikowsky. Internationale Gäste waren zwar anwesend, doch deren Zahl, gerade aus dem westlichen Ausland, war deutlich geringer als intendiert: »[I]nvitations were sent out so late that many invitees could not attend.«[5] So sind beim ersten Festival noch kaum große Namen der westlichen Avantgarde unter den Besuchern zu finden.[6]

Der Bedeutung des Auftaktfestivals als kulturpolitischem Meilenstein tat dies jedoch keinen Abbruch. Der Oktober 1956 hat in Warschau ein Zusammenspiel der Ereignisse ergeben, wie man es sich kaum spektakulärer hätte erdenken können. Der erste Warschauer Herbst war am 10. Oktober eröffnet worden, also wenige Tage bevor das Zentralkomitee der Polnischen Vereinigten Arbeiterpartei zu seiner Plenarsitzung zusammentrat. Die Ernennung Władysław Gomułkas zum neuen Parteichef fiel am 21. Oktober zusammen mit dem Abschlusstag des Festivals. Gomułka war der Hoffnungsträger der polnischen Bevölkerung, die vehement nach Reformen verlangte. Dieser ›Polnische Oktober‹, die friedliche Revolution, zog eine Reihe von Liberalisierungstendenzen nach sich, die auch den kulturellen Bereich betrafen. Wie außergewöhnlich der friedliche Umschwung und die staatlich gewährten Lockerungen waren, zeigt der Blick nach Ungarn, wo nur wenige Tage später der dortige Aufstand militärisch niedergeschlagen wurde.

Die musikalische Revolution zusammen mit der politischen 1956 – dies waren die Voraussetzungen dafür, dass fortan ein Austausch zwischen Polen und dem Westen im Bereich der zeitgenössischen Musik möglich wurde. Die nötige Durchlässigkeit war nun gewährleistet. Als eine der Hauptplattformen für den musikalischen Dialog fungierten um 1960 Festivals.

Für polnische Komponisten waren die Internationalen Ferienkurse für Neue Musik Darmstadt eine der ersten Anlaufstellen im westlichen Ausland. Diese Sommerkurse wurden in Polen schnell als »Mekka der Neuen Musik« bekannt.[7] Jeden Sommer traf sich die internationale Avantgarde in Darmstadt, um in Konzerten, Seminaren und Vorträgen Themen und Probleme der zeitgenössischen Musik vorzustellen und zu diskutieren.[8] Die Ferienkurse waren 1946 gegründet worden und hatten zum Ziel, die Wissenslücke in der zeitgenössischen Musik zu schließen, welche die nationalsozialistische Kulturpolitik verursacht hatte. In der Ausrichtung sind

---

5 Ebenda, S. 22.
6 Vgl. die Liste der internationalen Gäste des ersten Warschauer Herbsts in: Biuletyn Informacyjny Związku Kompozytorów Polskich. 1956 Nr. 2. Bibliothek des Polnischen Komponistenverbands (ZKP), Warschau.
7 Vgl. Janusz Zathey: Darmstadt – Mekka nowej muzyki. In: Ruch muzyczny (1957) Nr. 13, S. 9–13; Nr. 14, S. 25–28.
8 Seit 1970 finden die Darmstädter Ferienkurse alle zwei Jahre statt.

also konkrete Parallelen zwischen dem Warschauer Herbst und den Darmstädter Ferienkursen evident – wenn auch bei Ersterem eine Dekade später und bezogen auf den sozialistischen Realismus.

Neben den Darmstädter Ferienkursen und dem Warschauer Herbst spielten auch andere Festivals, sowohl in Westdeutschland als auch in Polen, eine wichtige Rolle für den musikalischen Dialog. Bei den Donaueschinger Musiktagen beispielsweise waren seit 1959 einzelne polnische Komponisten wie Włodzimierz Kotoński, Krzysztof Penderecki oder Kazimierz Serocki im Zuge der Aufführung ihrer Werke zu Gast gewesen. Der Austausch zwischen Polen und der Bundesrepublik beschränkte sich indes nicht nur auf zeitgenössische Musik. Das erste *Sopot Jazz Festival* im Sommer 1956 an der polnischen Ostsee scheint retrospektiv wie ein Vorbote der nahenden Liberalisierung in Polen gewesen zu sein. Erst im Folgejahr nahm der internationale Anteil jedoch zu, wobei die westdeutsche Delegation mit einer Gruppe von Jazzmusikern und Journalisten um Emil und Albert Mangelsdorff, Joki Freund, Werner Wunderlich und Joachim-Ernst Berendt am stärksten vertreten war.

Zum ersten Mal nach der kulturellen Isolation traten jedoch polnische Komponisten in einer größeren Gruppe im Westen bei den Darmstädter Ferienkursen auf. Diese Institution nimmt damit nicht nur eine konstitutive Rolle im musikalischen Dialog zwischen Polen und dem Westen ein, es lassen sich auch vielerlei Verbindungen zum Warschauer Herbst aufzeigen. Wie gestaltete sich der musikalische Austausch auf diesen beiden Festivals?

Dass der erste Warschauer Herbst zusammen mit dem Polnischen Oktober gewissermaßen einen Startschuss für polnische Komponisten dargestellt haben muss, verdeutlicht die nahezu unmittelbare Kontaktaufnahme mit Darmstadt. Bereits ab Mitte November 1956 erreichten den damaligen Leiter der Ferienkurse Wolfgang Steinecke Anfragen einzelner Komponisten aus Polen bezüglich einer Teilnahme im folgenden Sommer. Weitere Anmeldungen folgten gesammelt über den Polnischen Komponistenverband.[9] Im Juli 1957 machten sich sieben polnische Komponisten auf den Weg nach Darmstadt, in den beiden Folgejahren reiste jeweils eine vergleichbar große Gruppe zu den Kursen. 1960 brachen die Zahlen der Gäste aus Polen jedoch ein. Es waren ab diesem Jahr jeweils nur noch ein oder zwei polnische Komponisten anwesend, 1963 und 1964 schließlich keiner mehr. Damit ist der Zeitraum für die erste Phase polnischer Partizipation bei den Ferienkursen definiert.

---

9   Die entsprechenden Korrespondenzen befinden sich im Archiv des Internationalen Musikinstituts Darmstadt (IMD).

Abb. 1: Wolfgang Steinecke und Kazimierz Serocki bei den Darmstädter Ferienkursen 1958.
Copyright: Bildarchiv des Internationalen Musikinstituts Darmstadt (IMD),
Fotografin: Hella Steinecke.

Abb. 2: Włodzimierz Kotoński, Bogna Markowska und Andrzej Markowski bei den Darmstädter
Ferienkursen 1959. Copyright: Bildarchiv des Internationalen Musikinstituts Darmstadt (IMD),
Fotografin: Hella Steinecke.

Was den organisatorischen Aspekt der polnisch-Darmstädter Begegnung betrifft, muss das große Engagement Wolfgang Steineckes hervorgehoben werden. Nicht nur die Korrespondenzen mit einzelnen Komponisten und polnischen Behörden, auch die Bemühungen um Stipendien zeugen von seinem Einsatz, für möglichst viele polnische Künstler eine Teilnahme an den Ferienkursen zu bewirken. Ein weiteres Beispiel sind die offiziellen Einladungen. Wollten Bürger der Volksrepublik Polen ins Ausland reisen, mussten sie bei der zuständigen Behörde eine Ausreisegenehmigung und einen Pass beantragen. Dafür war allerdings eine Einladung des Antragsstellers durch den Gastgeber im Ausland nötig. Dieses Prozedere galt ebenfalls für die polnischen Komponisten, die von Steinecke eingeladen wurden. Ein Einladungsschreiben war indes kein Garant für eine Genehmigung des Antrags. Oft wurden die Bescheide kurzfristig und nach undurchsichtigen Kriterien erteilt bzw. nicht erteilt, so dass Teilnahmebemühungen auch immer wieder scheiterten. Diverse durchgestrichene Anmeldeformulare polnischer Gäste mit Vermerken wie »kein Visum« bekunden solche Fälle.[10] Umstände wie diese verdeutlichen, wie der musikalische Dialog zwischen Polen und der westlichen Avantgarde auf Festivals um 1960 stets von den politisch-bürokratischen Rahmenbedingungen abhing.

Die Darmstädter Ferienkurse waren anders als der Warschauer Herbst jedoch kein reines Festival. Das Programm bestand neben Konzerten auch aus Vorträgen und Seminaren, was die Lehrkomponente der Kurse unterstreicht. Diese Struktur zusammen mit einer Dauer von etwa zehn bis zwölf Tagen ermöglichte einen intensiven Austausch. Polnische Komponisten konnten auf diese Weise fundierte Kenntnisse über Kompositionstechniken der westlichen Avantgarde sammeln, die ihnen bislang weitgehend unbekannt gewesen waren, und direkt mit ihren westlichen Kollegen diskutieren. Wie sie diese Anregungen kompositorisch rezipierten, bildete eine zentrale Facette im musikalischen Austausch. Hierzu geben Musikanalysen von Werken Aufschluss, die polnische Teilnehmer der Ferienkurse nach ihren Besuchen in Darmstadt komponierten. Dabei zeichnet sich ein breites Rezeptionsspektrum von starken Impulsen bis hin zu weitgehender Distanzierung von in Darmstadt kennengelernten Inhalten ab.

Auf der Ferienkurs-affinen Seite dieser Bandbreite können drei kompositorische Aspekte ausgemacht werden, die in mehreren polnischen Werken aufgegriffen wurden. Einerseits ist eine Hinwendung zum Serialismus zu erkennen, wenn auch nicht in seiner strengen Form. Der Serialismus ist eine Kompositionstechnik, bei der verschiedene Parameter einer Komposition wie Tonhöhe, Rhythmus oder Dynamik nach einer oder mehreren vorbestimmten Zahlenreihe(n) geordnet werden. Diese Kompositionsweise zeichnet sich also durch ein hohes Maß an Konstruktion aus. Als Gegenbewegung dazu hat sich in der westlichen Avantgarde Mitte der 1950er Jahre

---

10 Vgl. hierzu beispielsweise die Anmeldeformulare von Jan Krenz und Kazimierz Serocki 1960 im Archiv des IMD.

die Aleatorik, die Einbeziehung des Zufalls in Kompositionen, entwickelt. Auch diese Herangehensweise nutzten mehrere polnische Komponisten in ihren Werken nach dem Besuch der Ferienkurse. Der dritte Schwerpunkt ist in der Erzeugung räumlicher Effekte auszumachen, auf die hier exemplarisch eingegangen werden soll.

Bei den Ferienkursen 1958 hielt Karlheinz Stockhausen, damals ein junger Komponist und Dozent in Darmstadt, einen Vortrag über »Musik im Raum«. Zur Demonstration wurde eine Tonbandaufnahme seines Werks *Gruppen* vorgeführt. Das Besondere an diesem Stück ist nicht nur der überdimensionale Klangapparat, sondern vor allem, wie dieser im Raum angeordnet werden soll.[11] Stockhausen teilt ihn in drei Orchestergruppen auf, die jeweils mit einem eigenen Dirigenten im Konzertsaal – der entsprechend groß sein muss – positioniert werden. Diese Anordnung ermöglicht vielfältige räumliche Effekte, welche das Publikum aus der Mitte heraus wahrnehmen kann. Es wird quasi vom Klang umschlossen.

In den folgenden Jahren griffen einige polnische Komponisten diese Herangehensweise auf und setzten sie individuell um. Sie beschränkten sich jedoch für die Platzierung der Musiker auf den Bühnenraum. Kazimierz Serocki schrieb 1958/59 sein Werk *Epizody*, für das er das Streichorchester und drei Schlagzeuggruppen auf ebenfalls sehr ungewöhnliche Weise aufstellte.[12] Dabei sitzen die Bratschen in einer horizontalen Reihe vor dem Dirigenten, während die Violinen von den Reihenenden aus einen Halbkreis bilden. Die Violoncelli sind vom Dirigenten aus gesehen v-förmig in der Mitte angeordnet. Am rechten und linken Bühnenrand sowie mittig hinter den Violinen sind die drei Schlagzeuggruppen positioniert. Parallel zu den Bratschen bilden die Kontrabässe eine Reihe hinter dem restlichen Orchester. Serocki nutzt diese Anordnung, um verschiedene räumliche Effekte zu erzielen. Er lässt den Klang auf verschiedenen Wegen von der einen zur anderen Bühnenseite wandern, fächert ihn von der Mitte heraus auf oder lässt ihn aus großer Ausdehnung in sich und damit räumlich in die Mitte zusammenfallen.

Włodzimierz Kotoński komponierte 1959 *Musique en relief* für Sinfonieorchester mit groß besetztem Schlagzeugapparat. Auch Kotoński gibt eine unkonventionelle Sitzordnung vor und teilt das Orchester in sechs Gruppen: drei Bläser-, zwei Strechergruppen, die halbkreisartig abwechselnd platziert werden, und eine Gruppe bestehend aus Tasteninstrumenten sowie Harfe, Marimba und Vibrafon, welche sich mittig vor dem Dirigenten befindet.[13] Der Klang verlagert sich in *Musique en relief* zwischen den Bühnenseiten und geht mal von zentrierten, mal von breit aufgespannten Klangquellen aus. Außerdem lässt Kotoński die verschiedenen Gruppen miteinander korrespondieren. Auf diese verschiedenen Weisen hebt er den Klang

---

11 Vgl. Plan der Sitzordnung in: Karlheinz Stockhausen: Gruppen für drei Orchester. London 1963, S. 1.

12 Vgl. Plan der Sitzordnung in: Kazimierz Serocki: Epizody. Krakau 1971, S. 3.

13 Vgl. Plan der Sitzordnung in: Włodzimierz Kotoński: Musique en relief. Mainz 1977, unpag.

in die Dreidimensionalität, eben ins *Relief.* Er arbeitet dabei mit Kontrasten und Entsprechungen zwischen verschiedenen bzw. gleichen Instrumentenfamilien. Hier steht ein Spiel mit verschiedenen Klangfarben im Mittelpunkt, was zu einem Charakteristikum polnischer Musik der 1960er Jahre werden sollte. An diesem Beispiel wird deutlich, wie polnische Komponisten die in Darmstadt kennengelernten Kompositionstechniken nicht blind kopierten, sondern die Impulse kritisch reflektierten und eigenständig umsetzten.

Der musikalische Dialog bei den Ferienkursen gab neben kompositionstechnischen Aspekten jedoch auch Anregungen für die Programmgestaltung des Warschauer Herbsts. Zu den Gästen in Darmstadt zählten nämlich einige Organisatoren des polnischen Festivals wie Tadeusz Baird, Jan Krenz oder Kazimierz Serocki. So kann man eine Reihe von Werken ausmachen, die in Warschau erklangen, nachdem sie in Darmstadt auf dem Programm gestanden hatten. Die in der folgenden Tabelle aufgeführten Werke sind nur ein exemplarischer Auszug aus den mannigfaltigen Entsprechungen.

	Darmstädter Ferienkurse	Warschauer Herbst
Karlheinz Stockhausen		
Zeitmaße	1957	1960
Klavierstück XI	1957, 1958	1958
Anton Webern		
Fünf Stücke für Orchester op. 10	1957	1958
Das Augenlicht op. 26	1957	1958
Symphonie op. 21	1957	1959
Vier Lieder op. 13	1958	1960
Luigi Nono		
Composizione per orchestra No. 1	1958	1959
Alban Berg		
Drei Orchesterstücke	1957	1958
Violinkonzert	1957	1958
Luciano Berio		
Sequenza I per flauto	1957, 1958	1959
John Cage		
Music of changes	1958	1959

Tab. 1: Übersicht Programmgestaltung der Darmstädter Ferienkurse und des Warschauer Herbsts.[14]

---

14 Vgl. Programmhefte des Warschauer Herbsts (vorliegend im IMD) sowie Andreas Meyer; Wilhelm Schlüter: Chronik der Ferienkurse. In: Im Zenit der Moderne. Die Internationalen Ferienkurse für Neue Musik Darmstadt 1946–1966. Hrsg. von Gianmario Borio und Hermann Danuser. Bd. 3. Freiburg 1997, S. 513–638.

Dabei beschränken sich die »Darmstädter Elemente« beim Warschauer Herbst nicht nur auf Kompositionen, sondern lassen sich auch bei den Ausführenden finden. Für die Aufführung der *Sequenza I per flauto* von Luciano Berio reiste 1959 beispielsweise mit Severino Gazzelloni derselbe Flötist nach Warschau, der das Werk auch im selben und im Vorjahr in Darmstadt interpretiert hatte. Darüber hinaus hielt 1958 der oben bereits vorgestellte Komponist Karlheinz Stockhausen einen Vortrag über elektronische Musik.

Von Warschau nach Darmstadt und zurück. Dieser Gang polnischer Komponisten kann auf verschiedenen Ebenen nachgezeichnet werden. Ein Austausch ist jedoch etwas Wechselseitiges und so wäre es stark verzerrend, die Betrachtungen an diesem Punkt zu belassen. Man würde die Rolle der polnischen Komponisten auf die der Aufholenden, vom Westen Lernenden reduzieren. Wechselt man nämlich die Perspektive, so eröffnete sich auch aus Darmstädter Sicht ein bislang kaum möglicher Einblick in das Musikschaffen Polens. In Darmstadt traten polnische Komponisten schnell aus der Rolle der reinen Teilnehmer heraus, gestalteten das Programm der Ferienkurse aktiv mit und präsentierten so den anderen Gästen ein breites Spektrum der musikalischen Situation in Polen. Dabei waren alle Komponenten vertreten, aus denen die Ferienkurse bestanden: In Konzerten hörte man Werke polnischer Komponisten, sie traten jedoch auch als Referenten von Vorträgen oder Dozenten für Seminare bzw. Kurse auf.

Jahr	Programmpunkt	Komponist
1958	*Musica concertante*	Kazimierz Serocki
1959	*Musique en relief* (Dirigent A. Markowski) *Das Schlagzeug in der Neuen Musik* (Vortrag) Schlagzeugkurs (mit Christoph Caskel) *Musik im Film* (Seminar) *Film und Musik* (Vorführung mit Alois Hába) *Musik in Polen* (Vortrag)	Włodzimierz Kotoński Andrzej Markowski
1960	*Wyznanie*	Witold Szalonek
1961	*Acht Klavierstücke* *Canto* *Emancje*	Bogusław Schäffer Włodzimierz Kotoński Krzysztof Penderecki
1962	*Streichquartett* *Neue Musik in Polen* (Vortrag)	Krzysztof Penderecki Józef Patkowski

Tab. 2: Einbindung polnischer Komponisten in das Ferienkursprogramm 1958–1962.

Besonderes Augenmerk verdient Markowskis Vortrag über *Musik in Polen* 1959, in dem er das Darmstädter Publikum über die jüngsten musikalischen Entwicklungen in Polen informierte. Dabei gab er zunächst eine Einbettung in die kulturpolitischen Rahmenbedingungen der Nachkriegszeit. Neben einer diplomatischen Darstellung des Staates als »Kunstförderer«, eines staatlichen Mäzenatentums, welches die Existenzgrundlage für Künstler bilde, beleuchtete Markowski dasselbe System auch durchaus kritisch.[15] So sprach er von einem »allzu starke[n] Druck auf das Problem der Massenverständlichkeit« sowie von einer »Absperrung von jenen großen Umwandlungen [...] in Westeuropa« und deren Auswirkungen »für die Fortentwicklung der Musikschöpfung in Polen auf eine gefährliche Art und Weise«.[16] Der Schwerpunkt des Vortrags lag jedoch auf der Schilderung des vitalisierten Musiklebens nach den politischen Umbrüchen 1956 und der daraus resultierenden Öffnung gen Westen. Das Darmstädter Publikum erfuhr über den Warschauer Herbst, über das 1957 gegründete Experimentalstudio des Polnischen Rundfunks, den Einzug Neuer Musik in die Konzertprogramme des ganzen Landes, das aufgeschlossene polnische Publikum und publizistische Tätigkeiten bezüglich zeitgenössischer Musik. Um auch einen klanglichen Eindruck von aktuellen Tendenzen der zeitgenössischen Musik Polens zu geben, führte Markowski verschiedene Hörbeispiele an. Neben Komponisten wie Kotoński, Schäffer und Serocki, die wie Markowski selbst an den laufenden Kursen teilnahmen, wurden dabei auch Stücke von jungen, aufstrebenden Komponisten wie Henryk Górecki oder Krzysztof Penderecki vorgestellt, die bisher in Darmstadt noch weitgehend unbekannt waren.

Drei Jahre später hielt auch Józef Patkowski, der Leiter des Experimentalstudios des Polnischen Rundfunks, einen Vortrag über *Neue Musik in Polen* bei den Ferienkursen. Dabei knüpfte er an den Vortrag Markowskis an und erwähnte »die Impulse [...] von außerhalb«, betonte jedoch deutlich die Selbstständigkeit polnischer Komponisten in dem Prozess, ihre kompositorischen Ausdrucksweisen zu erweitern und zu formen.[17]

Die Aktivität der polnischen Komponisten in Darmstadt stieß auf große Aufmerksamkeit und Anerkennung. So hieß es in einem Zeitungsartikel zu den Ferienkursen 1959:

> »Den Vortrag des Dirigenten Andrzej Markowski [...] erwartete man mit
> Spannung. Die Frage, wie komponiert man heute in Polen, ist aufschlußreich
> und bewegend zugleich. Mit Staunen vernahm man von der aufgeschlossenen,

---

15 Andrzej Markowski: Neue Musik in Polen. Vortrag vom 25. August 1959 bei den Darmstädter Ferienkursen. Tonbandmitschnitt. Archiv des IMD.

16 Ebenda.

17 Józef Patkowski: Neue Musik in Polen. Vortrag vom 13. Juli 1962 bei den Darmstädter Ferienkursen. Tonbandmitschnitt. Archiv des IMD.

lebendigen Art, mit der die jungen Komponisten dieses Landes die Anregungen aufgreifen.«[18]

Das Interesse an der zeitgenössischen polnischen Musik war geweckt. Und so führte
auch der Weg einiger zentraler Personen der Ferienkurse nach Warschau, um vor
Ort einen Einblick in die aufblühende Musikszene des Landes zu gewinnen. Neben
Karlheinz Stockhausen als Referent war der in Darmstadt auch als Dozent aktive
Komponist Luigi Nono 1958 zu Gast beim Festival in der polnischen Hauptstadt.
Kurz nach seiner Rückkehr schilderte er in einem Brief Wolfgang Steinecke seine
Eindrücke. Mit dem Ferienkursleiter war Nono gut befreundet. Aus seinen Zeilen
spricht die Begeisterung für die musikalische Aufbruchsstimmung in Polen: »In
Polen: sehr sehr gut und lebendig und in Entwicklung!!!!!!! musikalische Situation:
sehr gut!!!!!«[19] Darüber hinaus berichtete er von einigen herausragenden Protagonisten der Neue-Musik-Szene und nahm an mehreren Stellen Bezug auf die Organisation der Ferienkurse: »Viele möchten nach Darmstadt '59 fahren: sie brauchen
eine offizielle Einladung schon in [sic] Februar.«[20] Seine Reise nach Polen muss
Nono tief beeindruckt haben:

> »Die schönen und gewichtigen Erfahrungen dieser Tage riefen in mir die
> Notwendigkeit hervor, die Komposition *Composizione per orchestra n. 2 –
> Diario polacco 1958* zu schreiben. Charakteristisch für diese Begegnung […]
> war die Vielzahl und Mannigfaltigkeit der menschlichen Situationen, die
> sich in kurzer Zeit in mein Gedächtnis eingeprägt haben. Dies war nicht
> nur für die Entstehung meines Werks von Bedeutung, sondern ebenso für
> die gesamte Arbeit daran.«[21]

Der Besuch des Warschauer Herbsts gab Nono also kompositorische Anregungen,
auch wenn sich diese im Gegensatz zu den polnischen Werken im Nachgang der
Ferienkurse weniger als kompositionstechnische Impulse, sondern vielmehr als
allgemeine künstlerische Inspiration charakterisieren lassen. Nonos »polnisches

---

18 Wolf-Eberhardt von Lewinski: Neue Musik aus Polen. In: Darmstädter Tagblatt
   vom 29./30. August 1959, unpag. Archiv des IMD.
19 Luigi Nono im Brief an Wolfgang Steinecke vom 28. Oktober 1958, S. 1. Archiv des
   IMD.
20 Ebenda.
21 »Piękne i ważkie doświadczenia owych dni zrodziły we mnie konieczność napisania
   Kompozycji na orkiestrę nr 2 – Diario Polacco 1958. Charakterystyczna dla tego spotkania […] była wielość i różnorodność sytuacji ludzkich, które w krótkim czasie utrwaliły
   się w mej pamięci. Zaważyło to nie tylko na powstaniu mego dzieła, lecz również na
   całej pracy nad nim.« Luigi Nono: Composizione per orchestra Nr. 2 – Diario Polacco
   1958. Aus dem Italienischen übersetzt von Zbigniew Zawadzki. In: Horyzonty Muzyki.
   Hrsg. von Michał Bristiger et al. Sendung 8. Krakau 1969, S. 3.

Tagebuch« wurde 1959 bei den Ferienkursen uraufgeführt, womit sich der Kreis in umgekehrter Richtung schließt: von Darmstadt nach Warschau und zurück. Nono reiste Ende November desselben Jahres erneut nach Polen und hielt in mehreren Städten, darunter Warschau, Krakau und Posen, Vorträge über Neue Musik aus Westeuropa und spielte einige Werke von Tonbändern vor.[22] Der Austausch zwischen der polnischen Avantgarde und Nono, der seinen Ursprung in den Festivals in Darmstadt und Warschau hatte, wurde also auch außerhalb dieses Rahmens weiter intensiviert. Penderecki erinnerte sich an Treffen an der Krakauer Musikhochschule und welchen Eindruck Nonos Ausführungen auf ihn gemacht hatten. »Er hat auch Partituren mitgebracht von Schönberg zum Beispiel, die wir überhaupt nicht kannten, Webern und seine. Und hat er sie in der Bibliothek gelassen.«[23] Angesichts des raren Studienmaterials zu Neuer Musik waren solche Gesten besonders bedeutsam und wertvoll für die weitere Auseinandersetzung polnischer Komponisten mit Werken der westlichen Avantgarde.

Während Steinecke den Warschauer Herbst zuvor nur aus Berichten kannte, war er 1959 dort auch selbst zu Gast. Seine Eindrücke flossen in die Planung der folgenden Ferienkurse mit ein. So erklang 1960 in Darmstadt mit *Wyznanie* (*Geständnisse*) von Witold Szalonek ein Werk, das er in Warschau gehört hatte. Dies ist ein Beispiel dafür, dass auch Programmimpulse vom Warschauer Herbst für Darmstadt ausgingen. Nach den so vielfältigen polnischen Programmpunkten im Vorjahr hätten die Ferienkurse 1960 einen weiteren Höhepunkt in der polnisch-Darmstädter Zusammenarbeit darstellen sollen. Doch der Bruch in den polnischen Teilnehmerzahlen dieses Jahres ist auch bei den polnischen Beiträgen im Ferienkursprogramm evident. Was war passiert? Ursprünglich war ein groß angelegtes Kooperationsprojekt mit einem polnischen Kammerorchester vorgesehen gewesen, wofür die Planung bereits fortgeschritten war. Wolfgang Steinecke, Andrzej Markowski und Hans Wilhelm Kulenkampff von der Musikabteilung des Hessischen Rundfunks hatten sich am Silvestertag des Jahres 1959 in Darmstadt getroffen und Details zur Programmgestaltung und Honorarmodalitäten besprochen.[24] Nach monatelangem Schweigen und ohne eine plausible Begründung zu geben, genehmigte das zuständige polnische Ministerium das Projekt jedoch nicht. Diese Begebenheit erschütterte die sich bis dato so positiv intensivierende Zusammenarbeit zwischen den Ferienkursen und Künstlern aus Polen.

---

22 Vgl. Biuletyn Informacyjny Związku Kompozytorów Polskich. 1959 Nr. 2. Bibliothek des ZKP, Warschau.

23 Krzysztof Penderecki im Gespräch mit der Autorin, Krakau am 25. Februar 2015.

24 Vgl. Protokoll vom 5. Januar 1960 zur Besprechung mit Herrn Andrzej Markowski/ Warschau am 31.12.59 über die Mitwirkung eines von ihm geleiteten polnischen Kammerorchesters bei den ›Tagen für Neue Musik‹ des Hessischen Rundfunks 1960. Archiv des IMD.

Verschiedene Quellen sprechen dafür, dass zu dieser Zeit die musikalischen Kontakte Polens zur westlichen Avantgarde von der Sowjetunion, aber auch im Inland selbst zunehmend kritisch bewertet wurden. Kotoński beschrieb in einem Brief an Steinecke: »Das war wie uns bekannt ist, die Arbeit einiger Leute von der [sic] Ministerium und von der [sic] Musikkreis selbst, die scharf und letztens auch in der Öffentlichkeit gegen die Verbreitung der neuen Musik in Polen treten und auf die Darmstädter Kurse als Quelle dieser Unruhe in der [sic] heißen Köpfe von der [sic] jungen Komponisten weisen.«[25]

Darüber hinaus waren zu Beginn des Jahres in der polnischen Musikfachzeitschrift Ruch muzyczny missbilligende Berichte von sowjetischer Seite über den Warschauer Herbst 1959 erschienen. Darin wurde beispielsweise die Musik von Arnold Schönberg und Pierre Boulez – zwei Komponisten, die fest im Darmstädter Kursprogramm verankert waren – als unhörbar und zerstörerisch beschrieben.[26] Auch Dimitri Schostakowitsch äußerte sich besorgt über die aktuellen Entwicklungen der Musik im westlichen Nachbarland. »Das, was beim Festival im Namen der westlichen ›Avantgarde‹ gezeigt wurde, ist gegen die Natur des Menschen und außerordentlich gegen die menschliche Kunst der Musik.«[27] Steinecke hatte diese Haltung Schostakowitschs sogar persönlich beobachten können. In einem Rundfunkbeitrag beschrieb er neben der geopolitischen und stilistischen Vielfalt des Festivals auch, wie er in einem Konzert neben Schostakowitsch saß. Dieser »applaudierte seinem großen Antipoden Strawinsky« und

> »beteiligte sich lebhaft an den Ovationen, die dem Budapester Rundfunkorchester nach der Aufführung von Béla Bartóks *Orchesterkonzert* dargebracht wurden. Aber er verhielt sich passiv, als Jan Krenz mit dem hervorragenden Polnischen Rundfunkorchester Luigi Nonos *Compositione per orchestra No. 1* in einer beispielhaften Interpretation von erstaunlicher Einfühlungskraft dargeboten hatte.«[28]

So blieb die Aufführung von Szaloneks *Wyznanie* nach der missglückten Zusammenarbeit der einzige polnische Programmpunkt bei den Ferienkursen 1960. In den folgenden Jahren revitalisierte sich die Einbindung polnischer Komponisten ins Darmstädter Kursprogramm leicht, jedoch wurde ein Großprojekt wie das für

---

25 Włodzimierz Kotoński im Brief an Wolfgang Steinecke vom 27. Dezember 1960. Archiv des IMD.

26 Vgl. E. Groszewa; K. Sakwa: Wrażenia z Warszawskiej Jesieni 1959. In: Ruch muzyczny (1960) Nr. 1, S. 6.

27 Dimitri Schostakowitsch zitiert nach: Tadeusz Kaczyński (Bearbeitung): Dymitr Szostakowicz o muzyce współczesnej. In: Ruch muzyczny (1960) Nr. 1, S. 6.

28 Wolfgang Steinecke: Warschauer Herbst 1959 – 3. Internationale Festspiele zeitgenössischer Musik. Hessischer Rundfunk. Erstsendung am 29. Oktober 1959.

1960 geplante nicht mehr verfolgt. Dennoch bemühte sich Steinecke nach wie vor um Unterstützung für Komponisten aus Polen wie am Beispiel Kotońskis deutlich wird. Bereits seit Ende 1959 setzte sich Steinecke dafür ein, Kotoński einen Kompositionsauftrag durch die Stadt Darmstadt zu ermöglichen.[29] Diese Pläne konnten realisiert werden und resultierten in dem Werk *Canto*, das 1961 bei den Ferienkursen uraufgeführt wurde und Steinecke gewidmet ist. Wie angespannt die Lage auch ein Jahr nach dem gescheiterten Kooperationsprojekt gewesen sein muss, zeigt ein bürokratischer Umstand. Der Leiter der Ferienkurse sandte Mitte Mai 1961 an Kotoński die offizielle Einladung für die Ferienkurse, in der sowohl freie Kursteilnahme, Unterkunft und Verpflegung zugesagt als auch der Kompositionsauftrag genannt wurden.[30] Gerade dieses letzte Detail, das die engen Beziehungen zu Darmstadt signalisierte, schien dem Komponisten jedoch zu heikel zu sein. Im Juni bat er Steinecke:

> »Da dieses Schreiben zu den verschiedenen Agenturen des Ministeriums treffen soll, möchte ich lieber, um die eventuellen Verdrießlichkeiten zu vermeiden, eine andere Einladung haben, wo Sie mir <u>nur</u> zur Uraufführung eines neuen Werkes einladen würden (ohne den Auftrag zu erwähnen). Ich bitte Sie um Entschuldigung für die zusätzliche Mühe.«[31]

Steinecke kam dieser Bitte nach, jedoch nicht ohne seinen Missmut über diesen Umstand auszudrücken:

> »Ich sende Ihnen in der Anlage eine Einladung, in der von einem Kompositionsauftrag nicht die Rede ist, aber ich muß hinzufügen, daß ich es meinerseits recht verdrießlich finde, daß Sie es verschweigen müssen, daß eine deutsche Stadt Ihnen einen Kompositionsauftrag gibt, denn die Tatsache dieses Auftrags ist doch ein Zeichen des freundschaftlichen Kontakts, und ich finde, es ist keine gute Politik, wenn man diese Kontakte verschweigen muß.«[32]

Von diesen Spannungen ahnten die Zuhörer in Darmstadt vermutlich nichts, als *Canto* im September uraufgeführt und begeistert aufgenommen wurde. »Hier gab es beim Publikum keine Meinungsverschiedenheiten, hier war man unmittelbar

---

29 Vgl. Wolfgang Steinecke im Brief an Włodzimierz Kotoński vom 1. Dezember 1959. Archiv des IMD.

30 Vgl. Einladung von Wolfgang Steinecke an Włodzimierz Kotoński vom 15. Mai 1961. Archiv des IMD.

31 Włodzimierz Kotoński im Brief an Wolfgang Steinecke vom 15. Juni 1961. Archiv des IMD. Hervorhebung im Original.

32 Wolfgang Steinecke im Brief an Włodzimierz Kotoński vom 5. Juli 1961. Archiv des IMD.

angetan. Es blieb das einzige Stück des Abends, dem ich ein weiteres Mal begegnen möchte«, schrieb der Musikkritiker Wolf-Eberhard von Lewinsky.[33]

Dass zu Beginn der 1960er Jahre die Ferienkurse von polnischen Komponisten deutlich schwächer frequentiert wurden als in den ersten Jahren polnischer Partizipation, hängt vermutlich von einem Zusammenspiel verschiedener Faktoren ab, das sich jedoch nicht vollständig rekonstruieren lässt. Polnische Komponisten waren mittlerweile in der westlichen Avantgarde stärker vernetzt, so dass auch andere Anlaufstellen als die Ferienkurse wahrgenommen wurden, beispielsweise die Donaueschinger Musiktage oder die Festivals für zeitgenössische Musik in Rom und Palermo. Eine Rolle spielten außerdem die hohen bürokratische Hürden und der wachsende kulturpolitische Druck seitens der Sowjetunion, was jedoch im größeren politischen Kontext der frühen 1960er Jahre betrachtet werden muss. Im August 1961, also weniger als einen Monat vor der Uraufführung von *Canto* in Darmstadt, begann der Mauerbau, mit dem die politische Distanz zwischen Ost und West buchstäblich zementiert wurde.

Der musikalische Austausch auf Festivals um 1960 ereignete sich so stets im Spannungsfeld des Kalten Kriegs und wurde zu variierenden Anteilen davon mitbestimmt. Die Reisen polnischer Künstler waren immer davon abhängig, ob ihnen von den Behörden ihres Heimatlandes ein Aufenthalt und damit ein Pass genehmigt wurden. Das Beispiel von der Abwägung des genauen Wortlauts in der offiziellen Einladung Kotońskis zu den Ferienkursen 1961 zeigt den schmalen Grat, auf dem sich die Antragsteller und Gastgeber bewegten. In Zeiten der dramatischen Zuspitzung des Ost-West-Konflikts muss die Bedeutung der polnisch-westlichen Begegnungen auf Festivals um 1960 umso mehr hervorgehoben werden. Dabei ist die Verbindungslinie zwischen dem Warschauer Herbst und den Darmstädter Ferienkurse eine, bei der die fruchtbare Wechselwirkung des musikalischen Dialogs besonders eindrücklich deutlich wird. Wie aufgezeigt wurde, umfasste der musikalische Austausch die kompositorische, programminhaltliche sowie personelle Ebene. Zwar variierten die Anteile je nach Perspektive – der polnischen oder der Darmstädter. Doch um gerade der Beidseitigkeit dieser Wechselwirkung gerecht zu werden, muss man den Titel dieses Aufsatzes eigentlich zu einem fortlaufenden Kreislauf erweitern: Von Warschau nach Darmstadt nach Warschau nach Darmstadt …

Man kann die fachlichen Erkenntnisse jedoch nicht von den persönlichen Kontakten trennen, die entscheidend zum Austausch beigetragen haben. Kotoński unterstrich rückblickend gerade die außergewöhnliche zwischenmenschliche Atmosphäre während der Sommerwochen in Darmstadt:

---

33 Wolf-Eberhard von Lewinski: Effekte und Epigonales. Das dritte Studiokonzert der Kranichsteiner Ferienkurse. In: Darmstädter Tagblatt vom 6. September 1961, unpag. Archiv des IMD.

»Sie haben uns nicht wie Neuankömmlinge von dem seltsamen Teil der Erde, das heißt von jenseits des ›Eisernen Vorhangs‹ behandelt, sondern wie junge Leute, mit denen man über Musik reden, Witze erzählen, lachen oder ein paar Gläser Wein trinken konnte. […] Diese Begegnungen waren sehr wichtig, denn sie gaben uns das Gefühl, dass wir uns in einer normalen Welt befinden.«[34]

Musikfestivals fungierten um 1960 als wichtige Ausgangsplattform und Sprungbrett für den musikalischen Austausch mit der westlichen Avantgarde. In den 1960er Jahren emanzipierten sich polnische Komponisten mehr und mehr und konnten sich international etablieren. Wie ihr Schaffen in diesem Zuge wegweisend wurde, betonte Ulrich Dibelius 1963:

»Daß die Werke polnischer Komponisten heute an der internationalen Entwicklung der Gegenwartsmusik teilhaben und darin eine wichtige, eine eigene Stimme vertreten, ist mittlerweile keine Frage mehr. Daß von der polnischen Musik darüber hinaus neue, belebende Impulse ausgehen, daß ihr Beispiel da und dort prägend eingreift, läßt sich von Jahr zu Jahr mit wachsender Deutlichkeit erkennen.«[35]

Und so muss der skizzierte Kreislauf zwischen Warschau und Darmstadt letztlich geöffnet werden – für die internationale Avantgarde.

---

34 »Oni nie traktowali nas jak przybyszów z dziwnej strony świata, to znaczy zza ›żelaznej kurtyny‹. […] Te spotkania były bardzo ważne, ponieważ dawały nam poczucie, że znaleźliśmy się w normalnym świecie.« Włodzimierz Kotoński, zitiert nach Małgorzata Gąsiorowska: Rozmowy z Włodzimierzem Kotońskim. Warschau 2010, S. 27f.
35 Ulrich Dibelius: Der Beitrag Polens. Über das gewandelte Verhältnis zur europäischen Musik. In: Musica (1963), S. 105.

Anna G. Piotrowska

Musik zum Genießen, Musik zum Exportieren. Über verschiedene Funktionen der Musik in den Beziehungen zwischen Polen und der Bundesrepublik Deutschland am Beispiel von Popmusik und Folklore

Es wird manchmal argumentiert, dass in der wissenschaftlichen Literatur zu gesellschaftlichen und kulturellen Beziehungen nach dem Zweiten Weltkrieg – trotz offensichtlicher Diskrepanzen – kaum differenziert wird zwischen dem Verhältnis der Volksrepublik Polen zur Bundesrepublik Deutschland (BRD) und dem zur Deutschen Demokratischen Republik (DDR).[1] Im Falle der Musikkultur – insbesondere der, die als leicht und unterhaltsam gilt und mit der sogenannten U-Musik (und eben nicht E-Musik) assoziiert wird – ist der Fall jedoch noch anders gelagert: Ein direkter Vergleich der polnischen Musikkontakte mit West- bzw. Ostdeutschland ist schlicht nicht möglich. Dieser Beitrag zeigt, wie sich die eher mageren polnisch-westdeutschen Beziehungen im Schatten der viel lebendigeren Kontakte zwischen Musikerinnen und Musikern aus Polen und Ostdeutschland entwickelten.

Politischer Hintergrund

Offizielle kulturelle Beziehungen zwischen der Bundesrepublik und Polen wurden erst in den 1970er Jahren aufgenommen. Einige polnische Beobachter, darunter etwa Ludwik Gelberg (1908–1985), erklärten diese Verspätung der bilateralen Kontakte damit, dass in der Zeit nach dem Zweiten Weltkrieg von den Bürgerinnen und Bürgern der Volksrepublik erwartet wurde, die Deutschen im Allgemeinen abzulehnen, und dass sich diese negative Haltung vor allem auf die Bundesrepublik fokussieren sollte. Infolgedessen gediehen laut der offiziellen polnischen Propaganda die Beziehungen zwischen Polen und der DDR. Gelberg sah die unterschiedliche Haltung gegenüber Ost- und Westdeutschland in Polen als ideologisch begründet an: Während positive Kontakte zur DDR von der sozialistischen Ideologie diktiert

---

1 Dominik Pick: Ponad żelazną kurtyną. Kontakty społeczne między PRL i RFN w okresie détente i stanu wojennego. Warszawa 2016, S. 54.

gewesen seien, habe (zumindest anfänglich) Misstrauen und sogar Feindseligkeit
das Verhältnis zu Westdeutschland dominiert.[2] Aber am 7. Dezember 1970 wurden wichtige Regelungen zwischen Polen und der BRD unterzeichnet. Sie ziel-
ten auf die Förderung des gegenseitigen Verständnisses ab: Wissenschaftliche wie
kulturelle Kontakte sollten intensiviert werden. Das war ein wichtiger Schritt zur
Überbrückung der Nachkriegslücken und Feindseligkeiten in den Beziehungen.
Im von Kanzler Willy Brandt (1913–1992) und Ministerpräsident Józef Cyran-
kiewicz (1911–1989) unterzeichneten Warschauer Vertrag wurde in Artikel III,
Absatz 2 ausdrücklich festgehalten, dass »eine Erweiterung ihrer Zusammenarbeit
im Bereich der wirtschaftlichen, wissenschaftlichen, wissenschaftlich-technischen,
kulturellen und sonstigen Beziehungen in […] beiderseitige[m] Interesse« der Un-
terzeichnerstaaten liege.[3]

Unabhängig von politischen und wirtschaftlichen Differenzen wurde dieser
Versuch der Annäherung von zeitgenössischen polnischen Historikern als ultimativer Beweis und Triumph der sozialistischen (pazifistischen) Ideologie angesehen.
Während zum Zeitpunkt der Unterzeichnung des Vertragswerks die Bedeutung des
gemeinsamen Willens zur Überwindung von (negativen) Stereotypen betont wurde, bewerteten spätere Generationen polnischer Wissenschaftlerinnen und Wissenschaftler diese Zusammenarbeit ambivalent. Die jüngere Forschung betont eher die
Asymmetrie der Kontakte, insbesondere die ungleiche Bedeutung von Kontakten
zu Ost- und Westdeutschland. Tatsächlich wurden die kulturellen Beziehungen zu
Westdeutschland in Polen am häufigsten im Lichte der Kontakte zu Ostdeutschland
wahrgenommen und bewertet. Solange die DDR als ideologisches Schwesterland
behandelt wurde, herrschte trotz der oben erwähnten politischen Erklärungen und
diplomatischen Schritte zur Erleichterung der gegenseitigen Kontakte auch Ende
der 1970er Jahre noch der Geist der Konkurrenz und Rivalität zwischen Polen und
der BRD. Die Kontakte standen immer noch unter strenger Beobachtung und die
sogenannte Normalisierung der Beziehungen (oder sogar eine mögliche Weiterentwicklung) erwies sich als allmählicher und eher mühseliger Prozess.[4]

Zwar ließen sich einige Symptome für ein Auftauen der Beziehungen zwischen
Polen und der BRD bereits vor den 1970er Jahren beobachten, doch erst in diesem
Jahrzehnt verbesserten sie sich sichtlich. So stieg etwa die Frequenz des Austausches
von Theateraufführungen und Auftritten von Musikbands, in Polen wurden mehr
westdeutsche Filme gezeigt, in der BRD wurden »Polnische Tage« organisiert, die

---

2 Ludwik Gelberg: Normalizacja stosunków PRL–RFN. Problemy polityczno-prawne.
   Warszawa 1978, S. 5.
3 Joachim Jens Hesse; Ingrid Ellwein (Hrsg.): Das Regierungssystem der Bundesrepublik
   Deutschland. Bd. 2: Materialien. Opladen 1997, S. 108.
4 Vgl. Gelberg (wie Anm. 2), S. 121 und Pick (wie Anm. 1), S. 45f.

sich in verschiedenen Städten der polnischen Kultur annähern wollten. Am 11. Juni 1976 wurde in Bonn das Kulturabkommen zwischen der Bundesrepublik Deutschland und der Volksrepublik Polen unterzeichnet, das auf die Weiterentwicklung der institutionellen und individuellen Beziehungen abzielte. Um die Ausgestaltung der Kulturkontakte zu diskutieren und voranzubringen, fand in der Folge unter anderem im Juni 1977 in Bonn das erste »Forum der Bundesrepublik Deutschland und der Volksrepublik Polen« statt.[5]

Die in diesem Zuge intensivierten kulturellen Austauschbeziehungen im Bereich der Musik wurden vom polnischen Außenministerium, wo sie in drei Klassen als ernste Musik, sogenannte Estrada und Folklore eingeteilt wurden, genau dokumentiert.[6] Polnische moderne Musik wurde in der BRD schon länger geschätzt, so nahm etwa eine Reihe junger polnischer Komponisten seit den späten 1950er Jahren an den renommierten Internationalen Ferienkursen für Neue Musik in Darmstadt teil,[7] Krzysztof Pendereckis (1933–2020) Opern wurden auf deutschen Bühnen inszeniert und seine große *Lukaspassion* (1966) in Münster uraufgeführt. Bereits 1960 war sein Werk *Anaklasis* bei den Donaueschinger Musiktagen präsentiert und vom deutschen Publikum begeistert aufgenommen worden.[8] Ein weiterer zeitgenössischer polnischer Komponist – Witold Lutosławski (1913–1994) – war in der BRD ebenfalls sehr bekannt und wurde 1979 von der Deutschen Phono-Akademie zum Komponisten des Jahres gekürt. Darüber hinaus wurden Werke von Kazimierz Serocki (1922–1981), Włodzimierz Kotoński (1925–2014) oder Zygmunt Krauze (geboren 1938) popularisiert und ihre Aufführungen vom polnischen Außenministerium akribisch unter dem Etikett der ernsten Musik dokumentiert.[9]

---

5   Pick (wie Anm. 1), S. 55; Gelberg (wie Anm. 2), S. 124; Andreas Lawaty: Die kulturellen Beziehungen zwischen der Bundesrepublik Deutschland und Polen. In: Andreas Reich; Robert Maier (Hrsg.): Die lange Nachkriegszeit. Deutschland und Polen von 1945 bis 1991. Braunschweig 1995, S. 139–158, hier S. 140; Katarzyna Stokłosa: Polen und die deutsche Ostpolitik 1945–1990. Göttingen 2011, S. 436f.

6   Pick (wie Anm. 1), S. 220f. In den letzten Jahren brachte die deutschsprachige Forschung mehrere beachtenswerte Studien zu polnischem Jazz hervor – Gertrud Pickhan; Rüdiger Ritter (Hrsg.): Jazz Behind the Iron Curtain. Frankfurt am Main 2010; Christian Schmidt-Rost: Heiße Rhythmen im Kalten Krieg. Swing und Jazz hören in der SBZ/DDR und der VR Polen (1945–1970). In: Zeithistorische Forschungen (2011) Nr. 2, S. 217–238.

7   Ruth Seehaber: »… eine Brücke schlagen …«. Deutsch-polnische Musikbeziehungen in den 1960er Jahren. In: Muzykalia 8 (2009) Zeszyt niemiecki Nr. 2, S. 3. Vgl. auch den Beitrag von Marianne Nowak in diesem Band.

8   Helmut Lohmüller: In Donaueschingen mußte Penderecki wiederholt werden. In: Melos 27 (1960) Nr. 11, S. 340–243.

9   Pick (wie Anm. 1), S. 220–222.

Populärmusik

Abb. 1: Die Sängerin Maryla Rodowicz bei einem Konzert für Kinder in Polen, 1980er Jahre.
Bild: Narodowe Archiwum Cyfrowe, Sig. 3/44/0/-/10.

Wie erwähnt, wurden die Kontakte zwischen Polen und der BRD im Bereich der Musik neben der ernsten Musik vom polnischen Außenministerium in zwei Kategorien eingeteilt: »Estrada« und »Folklore«.[10] Unter dem Begriff »Estrada« wurden stilistisch unterschiedliche Bands und Solist:innen verstanden – einerseits Chanteusen wie Irena Santor (geboren 1934), Maryla Rodowicz (geboren 1945, Abb. 1), Urszula Sipińska (geboren 1947), die sanfte populäre Musik mit Ähnlichkeit zu französischen Chansons oder deutschen Schlagern kultivierten; andererseits gehörten aber auch Czesław Niemen (1939–2004) oder die Band Breakout, deren Musik und Auftreten westlichen Rockbands nachempfunden waren, dazu.

---

10 Ebenda.

Im sozialistischen Polen gab es keine klare Trennung zwischen diesen Künstler:innen, es gab keine Definitionen, die die künstlerischen Bereiche voneinander abgrenzten, da sie oft auf denselben Bühnen auftraten und an denselben Veranstaltungen, Festivals und Wettbewerben teilnahmen. Sie wurden alle als musikalische Unterhaltungskünstler behandelt und als Vertreter von »Estrada« eingestuft, was auf Polnisch Bühne (von französisch »estrade«) bedeutet. Gleichzeitig bezog sich Musik, die in offiziellen Dokumenten als »Folklore« bezeichnet wurde, auf die künstlerischen Produktionen staatlich geförderter Ensembles, die hoch ausgearbeitete, stilisierte Formen von volkstümlichen Tänzen und Liedern statt authentischer Volksmusik präsentierten. Folklore-Ensembles wurden als Exportprodukte der sozialistischen polnischen Kultur behandelt, fast auf Augenhöhe mit Errungenschaften in der ernsten Musik, die als angemessen erachtet wurden, um Polen in der westlichen, kapitalistischen Welt zu repräsentieren. Doch »Estrada«-Künstler:innen waren weniger beliebt. Daher entwickelten sich diese eher spärlichen Kontakte überwiegend im Schatten der mehr beachteten Beziehungen zur DDR und zeichneten sich durch eine Asymmetrie der Beiträge vonseiten der polnischen und bundesdeutschen Partner aus.

Es war kein Einzelfall, dass polnische »Estrada«-Musiker – wie die 1965 gegründeten Gruppen »Skaldowie« (Krakau) und »Czerwone Gitary« (Danzig, Abb. 2), Maryla Rodowicz oder der für seine »gesungene Poesie« bekannte Liedermacher Marek Grechuta (1945–2006) – gebeten wurden, in der DDR aufzutreten. Sie gingen nicht nur auf Tour, sondern nahmen auch diverse Alben mit der Plattenfirma Amiga auf und erlangten dadurch einen hohen Bekanntheitsgrad. Einige polnische Bands beschlossen sogar, deutsche Namen anzunehmen, um ihr Agieren auf dem ostdeutschen Markt zu erleichtern: »Czerwone Gitary« beispielsweise wurden als »Rote Gitarren« bekannt, »Skaldowie« als »Die Skalden«. Ihre Karrieren in der DDR entwickelten sich deshalb so gut, weil ihre Linie der sozialistischen Ideologie entsprach, die die Notwendigkeit einer engen Zusammenarbeit zwischen Jugendlichen aus dem gesamten Sowjetblock formulierte.

Populäre Musik – vor allem verbunden mit Unterhaltung für die Jugend – war damals ein Mittel des Erfahrungsaustauschs unter Jugendlichen, sie wurde als Werkzeug wahrgenommen, das ihnen ein besseres gegenseitiges Verständnis ermöglichte. Dementsprechend wurde die populäre Musik, trotz der existierenden kulturellen Unterschiede zwischen den Bürger:innen Polens und der DDR, als wichtige Plattform der kulturellen Zusammenarbeit behandelt. Gleichzeitig waren die Kontakte zwischen polnischen und westdeutschen Popmusiker:innen durch die oben erwähnte Asymmetrie gekennzeichnet, die sich in der Förderung von Musik aus Polen in der BRD manifestierte, während deutsche Musik in Polen fast abwesend war, da nur sehr wenige westdeutsche Acts nach Polen gelangten.[11]

---

11 Ebenda.

Abb. 2: Die Pop-Band »Czerwone Gitary«, hier 1976 in Ost-Berlin für die Plattenfirma Amiga als
»Rote Gitarren« posierend. Bild: Amiga Archiv / T. Leher.

Polnische Musiker:innen wurden in die BRD geschickt in der Hoffnung, dass
ihre kommerziellen Erfolge in dem reichen, kapitalistischen Land greifbare wirtschaftliche Ergebnisse bringen würden, aber das Interesse an westdeutscher Popmusik in Polen blieb gering im Vergleich zu amerikanischen oder britischen Trends.
Musikalische Avancen aus der Bundesrepublik wurden darüber hinaus noch mit
einer gewissen Vorsicht behandelt und aufgrund ihrer möglichen Auswirkungen
auf die Jugend als potenzielle Gefährdung der ideologischen Ordnung angesehen.
    Folglich war das polnische Außenministerium auch in der zweiten Hälfte der
1970er Jahre wenig an einer gezielten Förderung von Popmusik aus der BRD interessiert, weil es durchaus die Gefahr sah, dass dadurch kapitalistischen Ideen unter
polnischen Jugendlichen Vorschub geleistet würde.[12] In den 1980er Jahren wurden dann einige Zugeständnisse gemacht, als populäre und leichte Musik aus der
BRD schon etwas willkommener war und auch westdeutsche Musicalproduktionen

---

12 Ebenda, S. 45–52.

nach Polen kamen, wie etwa die Inszenierung der *West Side Story* des Heilbronner Theaters 1989 in Lodz (Łódź). Von der offiziellen Presse wurde diese Show jedoch immer noch ohne Begeisterung aufgenommen, es hieß lediglich, sie würde »funktionieren«.[13]

Marek und Vacek

Da populäre Musik nicht von Beginn an als eine geeignete Musikrichtung erachtet wurde, um bilaterale Kontakte zu kultivieren, erschien die Verbindung von populärer und ernster Musik als eine exzellente Lösung. Nach dieser Formel reüssierte das polnische Duo zweier versierter Pianisten, Marek Tomaszewski (geboren 1943) und Wacław (Wacek) Kisielewski (1943–1986), mit Originaladaptionen klassischer Kompositionen in modernen Pop-Arrangements in der Bundesrepublik, wo sie als »Marek und Vacek« auftraten. Ihr Vorhaben überschritt die Grenzen der einfachen Klassifizierung in entweder U- oder E-Musik, so dass das Duo in der Konsequenz als Vertreter einer Crossover-Musik wahrgenommen wurde.

In Polen etabliert, genossen Tomaszewski und Kisielewski bereits in den 1970er Jahren Erfolge in der BRD, als sie mit Electrola zusammenarbeiteten. Sie veröffentlichten auf diesem Label ihre Alben *Concert Hits* (1972, 1973), *Marek und Vacek Live: Vol. 1–2* (1974), *Spectrum* (1976) und *Wiener Walzer* (1977). Das Duo tourte ausgiebig durch die Bundesrepublik und trat an äußerst renommierten Orten wie der Musikhalle Hamburg auf. Zu Beginn der 1980er Jahre transportierten ihre Konzerte starke politische Anspielungen: 1982 spielte das Duo beispielsweise in der CDU-Zentrale (Konrad-Adenauer-Haus) in Bonn in Anwesenheit mehrerer Politiker, darunter der damalige Bundesgeschäftsführer der CDU Peter Radunski (geboren 1939), zur Feier des zweijährigen Bestehens der »Solidarność«. Das politische Engagement der beiden schien u. a. auf ihren familiären Beziehungen zu fußen: Wacek Kisielewski etwa war der Sohn Stefan Kisielewskis (1911–1991), eines talentierten Komponisten, Musikers und Autors, der einer der glühendsten und heftigsten Gegner des sozialistischen Systems war.

Die Bekanntheit des Duos in der Bundesrepublik war auch nach dem tragischen Tod von Wacek Kisielewski zu spüren, der im Juli 1986 an den Folgen eines Autounfalls starb. Über seinen plötzlichen Tod und Details des Unfalls wurde in der westdeutschen Presse groß berichtet. Die meisten angesehenen Nachrichtenblätter wie etwa die Frankfurter Allgemeine Zeitung (in ihrer Ausgabe vom

---

13 [N. N.]: West Side Story w Łodzi. Gościnnie z RFN. In: Życie Warszawy vom 5. April 1989.

14. Juli 1986) widmeten Kisielewskis künstlerischer Karriere und seinem Musik-
stil ausführliche Artikel. Auch Lokalblätter wie das Darmstädter Echo wür-
digten ihn, und im deutschen Fernsehen wurde seiner musikalischen Verdienste
gedacht.

Gesungene Poesie

Die »gesungene Poesie« war ein weiteres Genre, das von polnischen Künstler:innen
in der Bundesrepublik verbreitet wurde. Konzerte mit polnischer Poesie wurden in
polnischer Sprache abgehalten, wobei dem Publikum die Übersetzungen der Texte zur Verfügung standen. Zu den beliebtesten Interpreten, die in der BRD (und
auch in der DDR) Karriere machten, gehörte der »Schwarze Engel«, die in Krakau
geborene Sängerin Ewa Demarczyk (1941–2020), die für ihren einzigartigen Vor-
tragsstil bekannt war und sich durch eine hervorragende Auswahl des Repertoires
auszeichnete. Sie gab bereits in den 1960er Jahren Konzerte in Westdeutschland
und trat dann 1970 während der Polnischen Tage am Rhein in Köln auf. In den
1970er Jahren unternahm sie ausgedehnte Tourneen, so war sie etwa in Wiesbaden
bei den Internationalen Maifestspielen Hessischer Staatstheater (1974), in Essen
(1975), Göttingen (1976), Bonn und München (1977) zu Gast. In den 1980er Jahren
immer noch geschätzt, trat sie 1983 in der Schwabenlandhalle Fellbach, 1984 im
Staatstheater Kassel, 1986 in Bad Godesberg und 1989 in Mülheim an der Ruhr auf.
Außerdem produzierte Demarczyk Aufnahmen für den Westdeutschen Rundfunk
Köln (1965 und 1970). Während sie ausschließlich auf Polnisch sang, wurden die
Texte ihrer Lieder manchmal ins Deutsche übersetzt, z. B. von Winfried Aloysius
Lipscher (geboren 1938) oder von Karl Dedecius (1921–2016).

Das westdeutsche Interesse an polnischer gesungener Poesie manifestierte sich
in der Wertschätzung weiterer Künstler. So trat zum Beispiel die singende Schau-
spielerin Anna Prucnal (geboren 1940) in den 1980er Jahren erfolgreich in der
Bunderepublik auf. Als 1989 anlässlich des 50. Jahrestags des Beginns des Zweiten
Weltkriegs ein Konzert mit dem Titel Festival des polnischen Liedes von der Bonner
Polonia veranstaltet wurde,[14] traten dort die Gewinner:innen des Breslauer Chan-
sonfestivals (Przegląd Piosenki Aktorskiej) von 1988 sowie Marek Grechuta auf.[15] In
seinem Repertoire befanden sich bereits einige Kompositionen in deutscher Sprache, da er manche seiner Hits in Übersetzung für den DDR-Markt aufgenommen

14 Wie die Życie Warszawy vom 1. September 1989 berichtete, war dies tatsächlich das
   einzige Gedenkkonzert, das in polnisch-bundesdeutscher Zusammenarbeit organisiert
   wurde.
15 Grechuta besuchte bereits 1970 die BRD – Pick (wie Anm. 1), S. 223.

hatte. In der BRD der 1980er Jahre war auch Jacek Kaczmarski (1957–2004) eine bekannte Größe. Als polnischer Protestsonginterpret bekannt, nahm er 1981 in Wiesbaden (im Stentor Studio) sein Album *Carmagnole* auf und arbeitete ab 1984 für Radio Free Europe in München als Moderator von *Das Viertel – mit Jacek Kaczmarski* (*Kwadrans Jacka Kaczmarskiego*).

Polnische Rock- und Popmusik

Während die polnische gesungene Poesie eher als singuläres Genre mit idiosynkratischen Merkmalen eingestuft werden kann (einige davon sind der russischen Bardentradition entlehnt), wurde die polnische Popmusik von Anfang an nach westlichen Mustern gestaltet. Als sie mit der sozialistischen Realität konfrontiert wurde, erhielt sie ihre charakteristischen Züge, die die polnischen Produktionen von den westlichen Vorbildern unterschieden. Die polnische Populärmusik (einschließlich Rock) entwickelte sich unter dem Druck politischer und wirtschaftlicher Faktoren, die aktiv zu ihrer endgültigen Form beitrugen. Unter anderem war das allgemeine Prinzip, das die künstlerische Produktion beherrschte, die ideologische Korrektheit, die die Gesetzmäßigkeiten von Angebot und Nachfrage aushebelte.[16] Auch wurde jede offenkundige Orientierung an westlichen Vorbildern in der Popmusik verurteilt und als Versuch betrachtet, Elemente des westlichen Imperialismus zu implementieren.

Darüber hinaus wurde der subversive Charakter des Rock in Polen sofort erkannt und gefeiert, und Vertreter der Rockmusik betonten häufig ihren antikommunistischen Reiz. So sprach Franciszek Walicki (1921–2015) – eine Art »Vater« des polnischen Rock – über die Explosion der Rockmusik in Polen als eine Form von Revolution, die mit Verzögerung aus dem Westen importiert worden sei.[17] Er prägte den Begriff »*Bigbit*« (vom Englischen »big beat«) als Synonym zu Rock 'n' Roll – eine Bezeichnung, die den sozialistischen Behörden schon als solche nicht genehm war. Der polnische *Bigbit* – unter dem rasch mehr als nur reiner Rock verstanden wurde – wurde zu einem »spezifischen Spiel zwischen seinen Schöpfern und der offiziellen Kulturpolitik des Staates«.[18] Die polnischen Behörden akzeptierten – bis zu einem gewissen Grad – musikalische Subkulturen in der Annahme, dass es sich um vergleichsweise harmlose Ausdrucksformen der Jugend handelte, während

---

16 Thomas Cushman: Notes from Underground. Rock Music Counterculture in Russia. Albany 1995, S. 38.

17 Franciszek Walicki; Jan Kawecki: Wojciech Korda. Rock po polsku. Gdynia 1996, S. 8.

18 Anna Idzikowska-Czubaj: Rock i polityka w PRL-u. Historia trudnej znajomości. In: Komunizm: system – ludzie – dokumentacja (2012) Nr. 1, S. 5–18, hier S. 18.

Popkonzerte als (kontrollierte) Ausbrüche jugendlicher Rebellion und Frustration behandelt wurden. Die Möglichkeit, Popmusik für ideologische Zwecke zu nutzen, wurde von den Funktionären schon früh erkannt, und bereits in der frühen Volksrepublik sprach Włodzimierz Sokorski (1908–1999), Kulturminister von 1948 bis 1956, darüber, wie Kunst, einschließlich Musik, der sozialistischen Ideologie dienen könne.[19]

In den 1970er Jahren wurde *Bigbit* vom Kulturministerium ausdrücklich als ideologisch wichtig anerkannt. Zu dieser Zeit, in der die Volksrepublik Polen und die Bundesrepublik Deutschland offizielle bilaterale Beziehungen aufnahmen, kamen tatsächlich mehrere polnische Popmusiker in die BRD. So besuchte Czesław Niemen die BRD im Jahr 1979[20] (wobei er bereits 1967 in Köln ein Konzert gegeben hatte). Nach Berichten der polnischen Botschaft[21] wurden die populärsten polnischen Künstlerinnen und Künstler, die mit »Estrada« in Verbindung gebracht wurden, in die BRD geschickt, darunter Maryla Rodowicz, Ewa Bem (geboren 1951), Hanna Banaszak (geboren 1957), die Lubliner Rockband »Budka Suflera«, das Jazzensemble »Sami Swoi« aus Breslau (Wrocław) und die Popfolkband »2 plus 1« (alle im Jahr 1979). Diese Konzerte wurden in polnischen Zeitungen ausführlich beworben.[22]

Die polnische Propaganda berichtete eifrig über solche Ereignisse, um den Lesern zu versichern, wie lebendig und häufig kulturelle Kontakte mit der »kapitalistischen Welt« waren. Am 17. Mai 1984 veröffentlichte Życie Warszawy beispielsweise eine kurze Notiz unter der Überschrift »Auslandsauftritte polnischer ›Estrada‹-Künstler«, in der über eine Reihe von polnischen Popmusiker:innen berichtet wurde, die in der BRD aufgetreten waren, darunter das Klavierduo »Banasik – Zubek«,[23] die Band »String Connection«, »Sami Swoi« und die Blues- und Rockformation »Dżem« (mit einem Auftritt in West-Berlin). Weitere Konzerte in der Bundesrepublik, u. a. der Jazzrocker von »Crash« oder von Helmut Nadolski (geboren 1942), wurden angekündigt. Anfang der 1980er Jahre führte das langsam wachsende Interesse an polnischer Popmusik dazu, dass im bekannten Club »Die Fabrik« (gegründet 1971) in Hamburg-Altona »Polnische Tage« veranstaltet wurden. Dort konnte das deutsche Publikum anerkannte polnische Spitzenbands wie »Lombard« (gegründet 1981) oder »Kombi« (gegründet 1969 unter dem Namen »Akcenty«) hören, aber

---

19 Idzikowska-Czubaj (wie Anm. 20), S. 8.
20 Pick (wie Anm. 1), S. 222.
21 Ebenda, S. 223.
22 Siehe etwa die Würdigung der Krakauer Jazz-Rock-Band »Laboratorium« in: Życie Warszawy vom 14. Dezember 1982.
23 Michał Banasik (1941–2010) und Andrzej Zubek (geboren 1948) – als Duo aktiv zwischen 1974 und 1984.

auch die Jazzkompositionen von Stanisław Sojka (geboren 1959) oder die elektronische Instrumentalmusik von Marek Biliński (geboren 1953) genießen. Die Rockband »Maanam« (gegründet 1975), die zuvor einen Vertrag mit dem privaten Label Rogot abgeschlossen hatte, trat 1983 in der BRD (und auch in Holland) auf. Der Zugang zu polnischer Popmusik im Westen war in den 1980er Jahren jedoch eher begrenzt, und die Institutionen, die in der BRD kulturelle Kontakte zu Polen unterhielten, nutzten jede Gelegenheit, um diese zu pflegen und ihre Sammlungen zur polnischen Popmusik zu bereichern. So wurde es dankbar aufgenommen, als etwa 1987 der polnische Journalist Dionizy Piątkowski (geboren 1954) dem Deutschen Polen-Institut in Darmstadt seine Schallplatten schenkte.[24]

Zur gleichen Zeit, als polnische Pop- und Rockbands in der BRD erst noch bekannt werden mussten, machten einige von ihnen in der DDR bereits erfolgreich Karriere, wofür »Czerwone Gitary« das beste Beispiel sind. Die Band passte nicht nur ihren Namen an und firmierte als »Rote Gitarren«, um in deutschsprachigen Kreisen bekannter zu werden. Auch lernte der Bandleader Seweryn Krajewski (geboren 1947) gerade so viel Deutsch, dass er mehrere Lieder in der Sprache singen konnte. Die Band profitierte von ihren ostdeutschen Kontakten und konnte beispielsweise die Qualität ihrer Aufnahmen dank der in der DDR verfügbaren Ausrüstung verbessern. Es bleibt zu fragen, ob die »Roten Gitarren« eine reelle Chance gehabt hätten, auch den westdeutschen Musikmarkt zu erobern, denn dazu sollte es nicht mehr kommen.[25]

In den 1980er Jahren intensivierten sich die Kontakte zwischen polnischen und ost- wie auch westdeutschen Musiker:innen auf informeller Ebene, insbesondere in der Punk-Subkultur. Deren Mitglieder entwickelten auch illegale Methoden des Grenzübertritts und Kassettenschmuggels. So wurden etwa 1988 sechs polnische Punks an der polnischen Grenze mit einer Liste von ca. 50 Adressen verschiedener Punks aus der DDR, der BRD, Polen und der Tschechoslowakei erwischt. Sie hatten sich nach Ost-Berlin durchschlagen wollen, wo im April 1988 in der Erlöserkirche das legendäre Frühlingsfest stattfand. Bei dieser Veranstaltung trafen sich schließlich mehrere polnische, ost- und westdeutsche Punks (sowie weitere aus Italien, der Tschechoslowakei und Ungarn).[26]

---

24 Andreas Lawaty: Dankesbrief (undatiert). In: Archiv des Deutschen Polen-Instituts in Darmstadt (ohne Signatur).

25 Marek Gaszyński: Czerwone Gitary – nie spoczniemy. Warszawa 2005, S. 156.

26 Jeff Patrick Hayton: Culture from the Slums. Punk Rock, Authenticity and Alternative Culture in East and West Germany, PhD Diss.: University of Illinois at Urbana-Champaign 2013, S. 490–510.

Boney M.

Wie bereits erwähnt, öffnete sich Polen in den 1970er Jahren allmählich für westliche Einflüsse,[27] westliche Popmusik wurde zugänglicher, und schließlich, 1979, trat »Boney M.«, eine bekannte Band aus der BRD, in Polen auf. Ein Jahr zuvor waren sie bereits vom Generalsekretär der Kommunistischen Partei der Sowjetunion, Leonid Breschnew (1906–1982), nach Moskau eingeladen worden. Derart im Sowjetblock anerkannt, trat »Boney M.« – bestehend aus Bobby Farrell (1949–2010), Liz Mitchell (geboren 1952), Maizie Williams (geboren 1951) und Marcia Barrett (geboren 1948) – sogar als besonderer Gast beim beliebten Intervision-Liederwettbewerb in Zoppot (Sopot) auf.[28] Sie boten ein denkwürdiges Spektakel voller Musik, bunter Farben und moderner Tanzeinlagen. Die Show wurde live im polnischen Fernsehen übertragen, allerdings in zensierter Form (mit sogenannter Sendeverzögerung), da die Band, trotz gegenteiliger Anweisung, ihren Hit »Rasputin« zum Besten gab, der von den sozialistischen Behörden nicht erwünscht war. Der Auftritt wurde zensiert und das Lied herausgeschnitten, doch durch die Ausstrahlung im Radio (in unzensierter Form und ohne Verzögerung) verbreitete sich die Nachricht, dass »Rasputin« doch aufgeführt worden war.[29] Der faszinierende Reiz der Show von »Boney M.« lag in der besonderen Mischung: Die aus Westdeutschland stammende Gruppe im jamaikanischen Stil spielte japanische Instrumente, während sie im sozialistischen Polen auftrat und auf Englisch über einen imperialistischen russischen Helden sang. In Polen erlangte »Boney M.« große Bekanntheit: Ihre Popularität war mit keiner anderen westdeutschen Band jener Zeit zu vergleichen, erst Jahre später sollten die »Scorpions« diese unangefochtene Stellung herausfordern.

Interessanterweise gelang es sowohl »Boney M.« als auch den »Scorpions«, das polnische Publikum für sich zu gewinnen, indem sie auf Englisch und nicht auf Deutsch sangen.[30] Der anhaltende Ruhm von »Boney M.« wurde 2017 erneut und

---

27 Vgl. Pick (wie Anm. 1), S. 64.

28 In den Jahren 1977 bis 1980 sollte das Festival in Zoppot als Konkurrenzveranstaltung zu seinem »westlichen« Vorbild – dem Eurovision Song Contest (ESC) – fungieren. So waren auf dem Intervision-Liederwettbewerb bzw. Intervision Song Contest (ISC) von Anfang an überwiegend Acts aus Ostmittel- und Osteuropa vertreten, da er selbst das Ergebnis internationaler Asymmetrien war – Anna G. Piotrowska: About Twin Song Festivals in Eastern and Western Europe: Intervision and Eurovision. In: International Review of the Aesthetics and Sociology of Music 47 (2016) Nr. 1, S. 123–135.

29 Ebenda.

30 Nur selten wurden in den 1980er Jahren musikalische Innovationen aus der BRD importiert; eine bemerkenswerte Ausnahme blieb ein Konzert zur Förderung der »Eurythmie« im November 1986 im Warschauer Club Stodoła. Życie Warszawy stellte gegenüber, dass die Eurythmie in der BRD zu diesem Zeitpunkt sehr populär gewesen sei, während in Polen nur in Krakau im Jahr 1983 Kurse in diesem Bereich organisiert worden seien – Życie Warszawy vom 13. November 1986.

unerwartet durch eine eher rätselhafte öffentliche Erklärung des Abgeordneten Szymon Giżyński (geboren 1956), Vertreter der Regierungspartei Recht und Gerechtigkeit (Prawo i Sprawiedliwość, PiS) bestätigt. In seiner kurzen Rede im polnischen Parlament bezog er sich ausdrücklich auf den Namen »Boney M.« und erklärte, dass bestimmte (von ihm allerdings nicht genannte) neu gegründete polnische Bands in Deutschland begeistert aufgenommen würden, da sie sich auf berühmte Vorgänger wie »Budka Suflera« und »Boney M.« bezögen. Die getarnte Botschaft dieser Rede konnte nie offiziell aufgeklärt werden (es wurden politische Anspielungen aufgrund der Ähnlichkeit zu Namen anderer Abgeordneter vermutet – Giżyńskis politische Gegner, die die Oppositionspartei Bürgerplattform vertreten: »Budka Suflera« wurde als Borys Budka (geboren 1978) und »Boney M.« als Michał Boni (geboren 1954) dechiffriert), in jedem Fall aber kann diese besondere Äußerung als ultimativer Beweis für die Popularität und den Einfluss von »Boney M«. betrachtet werden. Da das Wissen um die Band auch im 21. Jahrhundert fest im öffentlichen Diskurs in Polen verankert ist, konnte der Sprecher davon ausgehen, dass der Bandname sofort mit (West-)Deutschland in Verbindung gebracht werden würde.[31]

Folkloremusik

Die Berichte des polnischen Außenministeriums aus den späten 1970er Jahren bezeugen, dass man in Polen gerne mit Folklore-Ensembles prahlte, die durch westliche Länder, einschließlich der BRD, tourten.[32] In den Nachkriegsjahren gab es in allen sozialistischen Staaten eine Vielzahl solcher Gruppen, da Folklore allgemein als geeignet für die proletarischen Massen angesehen wurde. Sie bestanden in der Regel aus einem Orchester, einem Chor und einer Tanzgruppe und traten mit einem Repertoire auf, das eine künstlerische Mischung aus verschiedenen lokalen Folkloretraditionen und klassischer Musik darstellte. Ihr Stil basierte auf Elementen, die von der klassischen Musik des 19. Jahrhunderts übernommen worden waren (Nutzung der funktionalen Tonalität, Einführung der Polyphonie unterstützt durch Akkordharmonik usw.), und wurde durch eine von Revue und klassischem Ballett beeinflusste Choreografie angereichert.[33]

---

31 [W. B.]: Tajemnicze oświadczenie posła PiS. W Sejmie mówił o Budce Suflera i Boney M. O co chodzi? [Rätselhafte Äußerung eines PiS-Abgeordneten. Er sprach im Parlament über Budka Suflera und Boney M. Worum geht es?]. In: WIADOMOSCI.GAZETA.PL vom 14. September 2017, http://wiadomosci.gazeta.pl/wiadomosci/7,114871,22369984,tajemnicze-oswiadczenie-posla-pis-w-sejmie-mowil-o-budce-suflera.html (11.12.2021).

32 Pick (wie Anm. 1), S. 220f.

33 Vesa Kurkela: Music media in the Eastern Balkans: Privatised, deregulated, and neo-traditional. In: THE EUROPEAN JOURNAL OF CULTURAL POLICY 3 (1997) Nr. 2, S. 188.

Die Ästhetik der sozialistischen Folklore förderte die idealisierte Vision kultureller Errungenschaften zum Genuss des einfachen, arbeitenden Volkes. In Polen
wurde diese Art von Pseudo-Folklore (oder sogar »Fake-Folklore«) schnell mit einer
Ladenkette assoziiert, die volkstümliche Produkte anbot und allgemein als »Cepelia« bekannt war – der Name basierte auf der Abkürzung der offiziellen Bezeichnung
der von 1949 bis 1990 tätigen Zentrale für volkstümliche und künstlerische Indus-
trie (Centrala Przemysłu Ludowego i Artystycznego, CPLiA). »Cepelia«-Geschäfte
verkauften folkloristische Artikel (z. B. Puppen, Porzellan, Kleidung, Ledertaschen,
Papier- oder Holzornamente, Skulpturen, Bilder usw.), deren Buntheit, scheinbare
Naivität und Einfachheit sowie Dekorativität (das heißt, sie waren eher zur Zur-
schaustellung als zum Gebrauch gedacht) dazu führte, dass der Begriff »cepelia« auf
alle Gegenstände übertragen wurde, die vorgaben, volkstümlichen Ursprungs zu
sein – in der Regel geschmacklose, übermäßig gefärbte Massenprodukte, die sich
fälschlicherweise auf folkloristische Inspirationen beriefen.

Auch die staatlich geförderten Folklore-Ensembles waren stark von dieser vor-
herrschenden Ästhetik beeinflusst und dienten als Träger, ja sogar als Förderer be-
stimmter ideologischer Werte, doch es gelang ihnen auch, ein hohes künstlerisches
Niveau ihrer Darbietungen aufrechtzuerhalten. Die internationalen Erfolge von
Gruppen wie »Mazowsze« (gegründet 1948, Abb. 3 und 4) oder »Śląsk« (gegründet
1953) wurden auf die Qualität ihrer musikalischen Arrangements, die Schönheit
ihrer Choreografien sowie die Authentizität ihrer Kostüme in Verbindung mit der
Jugendlichkeit der Akteur:innen und der Perfektion ihrer Auftritte zurückgeführt.
Nichtsdestotrotz wurden die Ensembles – die per Dekret des Ministeriums für
Kultur und Kunst als Staatliche Tanz- und Gesangsensembles gegründet worden
waren – als direkte Agenten politischer Macht betrachtet, oft als Lieblingsprojek-
te der Behörden.[34] Sie durften ausgiebig außerhalb Polens auf Tournee gehen, um
»dem Westen zu versichern, dass die kommunistische Herrschaft keinen Nieder-
gang der polnischen Kultur mit sich gebracht hatte«.[35] Die Auslandserfolge hallten
in den akribischen Berichten der offiziellen kommunistischen Propagandaorgane
nach und wurden noch verstärkt, wodurch der Eindruck entstehen sollte, dass die
Würdigung dieser Ensembles in der westlichen Presse den Triumph der sozialistischen Doktrin bezeuge.

---

34 Anna G. Piotrowska: Embodying »Socialist Emotions« via Music and Image on the Example of Polish Folk Ensembles »Mazowsze« and »Śląsk«. In: INTERNATIONAL REVIEW OF
   THE AESTHETICS AND SOCIOLOGY OF MUSIC 48 (2017) Nr. 2, S. 265–280, hier S. 265f.
35 »[…] reassure the West that Communist rule had not brought with it a decline in Polish
   culture« – Jane Leftwich Curry: The Black Book of Polish Censorship. New York 1984,
   S. 371.

Abb. 3: Mitglieder des Staatlichen Tanz- und Gesangsensembles »Mazowsze« in Łowiczer Tracht
während einer Klavierprobe, 23.10.1975. Bild: Narodowe Archiwum Cyfrowe,
Signatur 3/40/0/9/123.

Abb. 4: Mitglieder des Staatlichen Tanz- und Gesangsensembles »Mazowsze« inmitten von »cepelia«, 23.10.1975. Bild: Narodowe Archiwum Cyfrowe, Signatur 3/40/0/9/123.

Das Folklore-Ensemble »Mazowsze«

Wenn staatliche Folklore-Ensembles, insbesondere »Mazowsze« oder »Śląsk«, in
der BRD auftraten, wurde in der polnischen Presse stets ausführlich über ihre
Auftritte berichtet. So schrieb die Zeitung Życie Warszawy über die Tournee
von »Mazowsze«, die 1982 innerhalb von fünf Wochen 25 Konzerte in Städten
wie Hamburg, Bonn, Bremen und Göttingen umfasste.[36] Die Berichte betonten
die begeisterte Annahme des Ensembles durch das westdeutsche Publikum. Der
internationale Ruf von »Mazowsze« wurde auch im November 1987 unterstrichen,
als Willy Brandt und Bundespräsident Richard von Weizsäcker ihrem Auftritt im
Beethovensaal in Bonn beiwohnten. An diesem besonderen Spektakel, das Teil
einer längeren Tournee war, waren etwa 1.000 Personen zugegen, darunter nam-
hafte Vertreter:innen der westdeutschen kulturellen und politischen Szene sowie
der polnische Botschafter Ryszard Karski (1926–2019). Laut Życie Warszawy äußerte sich von Weizsäcker an diesem Abend mit höchster Bewunderung über das
exquisite künstlerische Niveau des Ensembles. »Mazowsze«-Konzerte in der BRD
1987 wurden auch von der deutschsprachigen Presse gelobt als farbenfrohe zwei-
stündige Shows voller atemberaubender Darbietungen und akribisch vorbereiteter
Choreografien.[37] Auch die begeisterte Aufnahme des Ensembles in der BRD wurde
hervorgehoben und die Art und Weise bewundert, wie es »Mazowsze« gelungen
sei, die Schönheit, Authentizität, jugendliche Energie, Natürlichkeit und den Geist
polnischer Folklore zu vermitteln und so einer stereotypen Kategorisierung als eth-
nografische Kuriosität (!) zu entgehen.

Die Tendenz, Polen in einer solchen folkloristischen Aura wahrzunehmen, begleitete die Rezeption anderer, weniger bekannter polnischer Ensembles als »Mazowsze«
oder »Śląsk«: So kündigte das Darmstädter Echo im Juli 1984 das Konzert des
polnischen Folklore-Ensembles »Małopolska« aus Dębica (gegründet 1970, mit
45 Mitgliedern unter der Leitung von Kristian Ruziniak und Stanisław Świerk) an
und lud herzlich zum Auftritt ein. Einige Tage später besprach dieselbe Zeitung die
Veranstaltung und hob dabei vor allem die Ästhetik (Farbenpracht der Kostüme)
und die nationalen Untertöne, die sich in den Polonaisen widerspiegelten, hervor.[38]
Die Assoziation von Polen mit Folklore war in Westdeutschland so stark verankert,

---

36 [N. N.]: »Mazowsze« powróciło z tournee w RFN [»Mazowsze« ist von der Tournee in
  der BRD zurück]. In: Życie Warszawy vom 6./7. November 1982. Vgl. Konzertbericht
  in: Życie Warszawy vom 3. November 1982.

37 [N. N.]: Taneczny Portret. In: Profil Nr. 9 (1987).

38 [N. N.]: Polnische Folklore. In: Darmstädter Echo vom 27. Juli 1984; [N. N.]: Po-
  lentänze in Nieder-Beerbach. Folkloreabend mit der Gruppe »Małopolska«. In: Darmstädter Echo vom 6. August 1984. Ebenfalls in Darmstadt traten im Juli 1989 die
  »Słowianki« von der Jagiellonen-Universität Krakau auf.

dass selbst bei den (bereits erwähnten) Polnischen Tagen, die 1984 in Hamburg in der »Fabrik« veranstaltet wurden, unter den Konzerten, die vorwiegend polnischen Pop, Rock und Jazz darboten, auch das Folk-Ensemble aus Lublin vertreten war.

Vorläufige Schlussfolgerungen

Die wechselseitigen polnisch-deutschen Musikkontakte hatten eine lange und starke Tradition[39] und wurden in der Nachkriegszeit fortgesetzt. Zu dieser Zeit wurden sie jedoch sehr asymmetrisch: Es studierten, arbeiteten und konzertierten vergleichsweise mehr polnische Musikschaffende in Deutschland (sowohl im Osten als auch im Westen), während weniger deutsche Musikgruppen oder einzelne Künstler:innen den Weg nach Polen fanden. Eine weitere Asymmetrie lässt sich feststellen, wenn man die polnischen Kontakte mit der BRD und der DDR vergleicht: Aufgrund der politischen Situation waren sie zwischen Polen und der DDR häufiger als zwischen Polen und der BRD, auch wenn dieselbe polnische Künstleragentur, »Pagart« (gegründet 1957), offiziell für die Auswahl und Genehmigung von Musiker:innen zuständig war, die Polen in beiden Ländern repräsentierten.

Die Asymmetrie ist auch in der Bevorzugung der ernsten Musik gegenüber anderen Genres und Stilrichtungen zu erkennen. In den Augen der polnischen Behörden muss sie als Exportprodukt besser geeignet gewesen sein, insbesondere für westliche Länder wie die BRD, da es polnischen Komponisten und Komponistinnen Mitte des 20. Jahrhunderts gelungen war, einen einzigartigen, sehr charakteristischen und in internationalen Kreisen anerkannten Stil zu schaffen. Das Bestreben, sich mit ernster (und nicht mit populärer) Musik zu rühmen, kann auch mit der Fortsetzung der romantischen Tradition in Verbindung gebracht werden, mit der polnische Kultur in Europa beworben wurde, etwa mit den Werken von Frederic Chopin (1810–1849), der sogar als Nationalkomponist angesehen wurde.[40] In ähnli-

---

39 Verbindungen zwischen Musiker:innen aus deutsch- und polnischsprachigen Gebieten ergaben sich aus der politischen Situation (u. a. der Teilung Polens) und als natürliche Folge der geografischen Nähe: In Städten wie Danzig, Breslau, Königsberg usw. waren sowohl deutsche als auch polnische Musiker:innen tätig – Stefan Keym: Symphonie-Kulturtransfer. Untersuchungen zum Studienaufenthalt polnischer Komponisten in Deutschland und zu ihrer Auseinandersetzung mit der symphonischen Tradition 1867–1918. Hildesheim u. a. 2010; Wulf Konold: Deutsch-polnische Musikbeziehungen. München u. a. 1987.

40 Anna G. Piotrowska: Fryderyk Chopin jako kompozytor narodowy – interpretacje i reinterpretacje [Frederic Chopin als Nationalkomponist – Interpretationen und Reinterpretationen]. In: Zofia Budrewicz; Maria Sienko; Romualda Ławrowska (Hrsg.): Chopin w polskiej szkole i kulturze [Chopin in der polnischen Schule und Kultur]. Kraków 2011, S. 35–44.

cher Weise reiht sich die Förderung der polnischen Volksmusik, stets in der von den Behörden genehmigten Fassung, das heißt in Form staatlich geförderter Ensembles, in jenes romantische Erbe ein, in dem die Musikkulturen Osteuropas vorwiegend als Reservoir natürlicher Schönheit und ländlicher Authentizität wahrgenommen wurden, in denen alte Traditionen und Bräuche gepflegt wurden. Dieses arkadische Bild von (glücklich unter sozialistischer Herrschaft lebenden) polnischen Bauern, die fröhlich singen, selig tanzen und ihr einfaches Leben genießen, wurde bereitwillig reproduziert und in die westlichen Länder exportiert. Gleichzeitig wurde die als »Estrada« kategorisierte populäre Musik mit der Verwestlichung von Musik in Verbindung gebracht und als weniger geeignet erachtet, Polen in den westlichen Staaten zu repräsentieren.

Diese vorläufigen Schlussfolgerungen bedürfen noch weiterer Untersuchungen, da es in der Geschichte der polnisch-westdeutschen Kulturkontakte noch einige weiße Flecken gibt, insbesondere in der Frage der verschiedenen Funktionen der Musik in diesen gegenseitigen Beziehungen. Polen und die BRD hatten auch im Bereich der populären Musik einen vielfältigen musikalischen Austausch, und diese Verbindungen bedürfen sicherlich einer tieferen wissenschaftlichen Analyse sowie weiterer bilateraler Forschungen und Archivdokumentationen, um ein besseres Verständnis des Transfers von Kulturgütern zwischen Ost- und Westeuropa in den Zeiten des Eisernen Vorhangs zu ermöglichen.

Aus dem Englischen von David Swierzy und Julia Röttjer

Nawojka Cieślińska-Lobkowicz

Über nationale und politische Grenzen hinweg?
Eine Erinnerung an den Kunsthistoriker Jan Białostocki
(1921–1988)

Im Frühjahr 1957 hielt der Kunsthistoriker Jan Białostocki aus Warschau im Münchner Zentralinstitut für Kunstgeschichte einen Vortrag unter dem Titel »Ikonographische Forschungen zu Rembrandts Werk«.[1] Der noch im selben Jahr veröffentlichte Vortrag brachte einen Durchbruch in der damaligen Rembrandt-Forschung, die bis dahin auf dem romantischen Konzept des genialen Künstlers basierte und jedes einzelne Bild des holländischen Meisters ikonografisch zu entschlüsseln versuchte. Białostocki schlug stattdessen eine neue Interpretationskategorie vor: »Rahmenthemen«, die, wie er meinte, den Charakter und die thematischen Absichten der Kunst Rembrandts treffender erklären ließen.

Der Inhalt von Białostockis Münchner Referat und seine anderen kunstwissenschaftlichen und methodologischen Vorschläge sowie ihre damalige und heutige Bewertung sind nicht Gegenstand des vorliegenden Beitrags. Dazu haben sich im Laufe der Jahrzehnte viele Kunsthistorikerinnen und Kunsthistoriker verschiedener wissenschaftlicher Denkschulen und Generationen in Polen und im Ausland mehrfach geäußert.[2] Ich möchte jedoch darauf aufmerksam machen, dass Białostocki – damals 36 Jahre alt und erst zum zweiten Mal, nach einer fast zehnjährigen Pause,

---

1 Kunstchronik 5 (1957), S. 131–134.
2 Siehe z.B. Rocznik Muzeum Narodowego XXXV (1991) (zahlreiche Nachrufe polnischer, deutscher, französischer und holländischer Kunsthistoriker nach Białostockis Tod); Franco Bernabei: Jan Białostocki: Formalism and Iconology. In: Artibus et Historiae XII (1990), S. 9–23; Sergiusz Michalski: Jan Białostocki. The message of the images: studies in the history of art. In: Kunstchronik 44 (1991), S. 53–57; Lech Kalinowski: Jan Białostocki jako historyk sztuki. In: Folia Historiae Atrium XXV (1992), S. 5–11; Maria Poprzęcka (Hrsg.): Ars longa. Prace dedykowane pamięci profesora Jana Białostockiego (Materiały sesji Stowarzyszenia Historyków Sztuki, Warszawa listopad 1998). Warszawa 1999; Magdalena Wróblewska (Hrsg.): Białostocki. Materiały Seminarium Metodologicznego Stowarzyszenia Historyków Sztuki »Jan Bialostocki między tradycją a innowacją«, Nieborów 23–25 października 2008. Warszawa 2009; Antoni Ziemba: Jan Białostocki (1921–1988) – historyk sztuki. In: Rocznik Historii Sztuki XXXVI (2011), S. 157–171; Piotr Skubiszewski: Jan Białostocki. Fragmenty wspomnień. In: Zeszyty Literackie 4 (2016), S. 192–200.

im Westen zu Gast – schon bei seinem ersten Auftreten in der Bundesrepublik zu einem wichtigen und geschätzten Gesprächspartner für seine westdeutschen Fachkollegen wurde und neue Forschungswege aufgezeigt hat.

Der internationale Ruf, den sich Jan Białostocki (seit 1962 Universitätsprofessor) auch im deutschen Sprachraum in den folgenden Jahren erwarb, wurde durch das 1966 in Dresden unter dem Titel *Stil und Ikonographie* veröffentlichte Buch bestätigt. Es war eine Auswahl der wichtigsten Studien zu den Fragen der Geschichte und Systematik von Stilbegriffen und zu den ikonografischen Themen, die ihn zwischen 1948 und 1965 besonders interessiert hatten. Der Band erschien

> »im Moment einer gewissen kunsttheoretischen Armut in der europäischen Wissenschaft. […] Besonders in der deutschen Sprache fehlte es damals an Büchern, die über die Detailforschung hinaus die allgemeineren Probleme, die Grundprinzipien, die Ziele und Methoden der Kunstgeschichte besprachen. Diese günstige Zeit seines Erscheinens hat dem kleinen Buch eine ziemlich große Popularität gesichert und dazu beigetragen, daß es so schnell vergriffen war.«

So schrieb der Autor im Vorwort zur Neuausgabe, die 1981, 15 Jahre nach der ersten Ausgabe, in der bekannten Reihe DuMont Taschenbücher in einer fast unveränderten Fassung, d. h. als eine geradezu schon klassische Position zeitgenössischer Kunstwissenschaft, erschien.[3] Ein Schüler und langjähriger Assistent Białostockis an der Warschauer Universität, der seit 1984 in der Bundesrepublik lebende Sergiusz Michalski, betonte mit Recht eine weitere wichtige Dimension dieses Buches, nämlich dass es bis dahin wenig bekannte oder wenig geschätzte Kunstwerke, Denkmäler, Künstlerkreise und Regionen in den internationalen kunsthistorischen Diskurs einführte. Im Jahr 1966 waren es für Białostocki einerseits Beispiele des erstaunlichen provinziellen Manierismus des polnisch-litauischen Commonwealth, andererseits Maler wie Caspar David Friedrich oder John Martin, die erst allmählich in die – bis dahin vor allem Frankreich-orientierte – Romantikforschung Eingang fanden.[4]

1970 wurde Białostocki der renommierte Gottfried-von-Herder-Preis verliehen, mit dem die Hamburger Alfred Toepfer Stiftung F. V. S. seit 1964 Persönlichkeiten aus Ost- und Südosteuropa für ihre Verdienste um das europäische Kulturerbe

---

3 Jan Białostocki: Stil und Ikonographie. Studien zur Kunstwissenschaft. Dresden 1966; Sergiusz Michalski: Jan Białostocki a ewolucja historii sztuki po roku 1945. In: Maria Poprzęcka (Hrsg.): Ars longa (wie Anm. 2), S. 55. Białostockis *Stil und Ikonographie* gehörte in den zwei Jahrzenten nach der Veröffentlichung zu den populärsten kunstwissenschaftlichen Büchern.

4 Michalski: Jan Białostocki (wie Anm. 2), S. 54f.

auszeichnete. Der Preis wurde, wie üblich, an der Universität Wien überreicht. Białostocki erhielt die Auszeichnung in Würdigung seiner über die Sprach- und Landesgrenzen hinaus wirkenden theoretischen Schriften, seiner Ausstellungen niederländischer und italienischer Kunst in Polen und seiner Erforschung der Werke flämischer Kunst in polnischen Museen im Rahmen des internationalen Corpus-Projekts zu flämischen Meistern sowie für die Vermittlung westeuropäischer Kunst an ein polnisches Ausstellungs- und Lesepublikum.[5] Die polnische Öffentlichkeit wurde, wie bei anderen polnischen Herder-Preisträgern vor und nach ihm, nicht über Białostockis Auszeichnung informiert.[6]

Darauf folgte im Jahr 1972 der siebte Band der monumentalen Propyläen Kunstgeschichte: *Spätmittelalter und beginnende Neuzeit*, mit dessen Konzeption und Herausgabe Białostocki betraut wurde – eine besondere Ehre und Anerkennung. Białostocki führte dieses Vorhaben gemeinsam mit Fachkollegen aus West und Ost durch. Der österreichische Kunsthistoriker Werner Hofmann, Direktor der Hamburger Kunsthalle, lobte die »weitgespannte und souveräne« Einführung, die die

> »verwirrende, jedem Stilbegriff sich verweigernde Vielstimmigkeit der europäischen Kunstlandschaften durchmißt, welche damals in Brügge, Prag, in Florenz und in Köln ihre Schwerpunkte hatten. […] Wer hätte besser als dieser Arbiter den europäischen Nord-Süd- und Ost-West-Dialog jenes Umbruch-Jahrhunderts aufzuzeichnen vermocht, ohne ihn mit Vorurteilen zu belasten oder einem falschen unisono zu überantworten!«[7]

Diese Worte stammen aus Hofmanns Laudatio anlässlich der Verleihung des Aby M. Warburg-Preises an Białostocki. Der Preis wurde 1979 vom Senat der Freien Hansestadt Hamburg gestiftet und zum ersten Mal im April 1981 verliehen. Für seinen ersten Preisträger musste diese Auszeichnung wegen ihres Namensgebers eine ganz besondere Bedeutung haben. Er schrieb:

> »Es ist eine Freude, mit dem Namen eines Gelehrten verbunden zu sein, dessen Gedankenwelt, Interessenkreis und Forschungsmethode mir seit Jugendjahren besonders nah waren. […] In meinen theoretischen und

---

5 Verleihung der Gottfried-von-Herder-Preise 1970. Hamburg 1970, S. 12f.

6 Vor Białostocki haben den Herder-Preis u. a. Jan Kott (1964), Aleksander Kobzdej (1966), Witold Lutosławski (1967), Roman Ingarden (1968), Ksawery Piwocki (1969), nach Białostocki Kazimierz Michałowski (1971), Henryk Stażewski (1972), Zbigniew Herbert (1973), Krzysztof Penderecki (1977) und Władysław Bartoszewski (1983) erhalten.

7 Werner Hofmann: Laudatio auf Jan Białostocki. Übergabe des Aby-M.-Warburg-Preises für das Verleihungsjahr 1980 im Kaisersaal des Rathauses am 16. April 1981 (an Jan Białostocki). Hamburg 1981, S. 16.

wissenschaftsgeschichtlichen Abhandlungen habe ich oft Warburgs Ideen und die ikonographische Methode analysiert.«[8]

Białostockis Freude über den Warburg-Preis war auch deswegen groß, weil er »auch einen anderen großen – einmal Hamburger – Kunsthistoriker, Erwin Panofsky« als seinen Meister betrachtete. »Warburg persönlich zu kennen war mir schon nicht möglich. Darum empfinde ich es als glücklich, daß ich noch dessen größten Nachfolger gekannt und von ihm den Funken der Warburgschen Begeisterung für die Welt der Symbole und der Ideen, die durch die Werke der Kunst vermittelt werden, empfangen habe.«[9] Er hatte Panofskys Schriften während seines ersten Auslandsaufenthalts in Paris 1947/48 entdeckt. Persönlich lernte er ihn 1958 in Princeton kennen.

Białostocki galt als herausragender Experte für Ikonografie und Ikonologie. Viele sahen in ihm sogar Panofskys wichtigsten Nachfolger, was allerdings wegen Białostockis methodologischem Pluralismus (manchmal als »Polyphonie« bezeichnet) der Sache nach nicht zutreffend ist.[10] Dennoch blieb seine Faszination für und spätere Nähe zu dieser außergewöhnlichen deutsch-jüdisch-hamburgischen Denktradition, ungeachtet seiner Vorbehalte und Revisionen, deutlich. Dies brachte er in einem Gastvortrag unter dem Titel »Einfache Nachahmung der Natur oder symbolische Weltschau. Zu den Deutungsproblemen der holländischen Malerei des 17. Jahrhunderts« zum Ausdruck, den er als Ehrengast des XIX. Deutschen Kunsthistorikertages in Stuttgart im September 1984 hielt.[11]

Der Warschauer Kunsthistoriker lehrte als Gastprofessor an einer Reihe renommierter Universitäten, u.a. an der Leiden Rijksuniversiteit (1963), der Yale University (1965/66), der New York University (1972), dem Collège de France in Paris (1975, 1978) und der Cambridge University (1985). In den Jahren 1973 und 1983 war er Wissenschaftler *in residence* im Institute for Advanced Studies in Princeton. Weitere wichtige Positionen kamen hinzu. So war er u.a. von 1969 bis zu seinem Tod 1988 Stellvertretender Vorsitzender des Comité International d'Histoire de l'Art (CIHA), 1969–1982 Präsidiumsmitglied der Union Académique Internationale (seit 1978 Vizepräsident), in den letzten vier Jahren seines Lebens außerdem Präsident des Conseil International de la Philosophie et des Sciences Humaines

---

8 Jan Białostocki: Dankwort und Aby M. Warburg Botschaft: Kunstgeschichte und Kulturgeschichte. In: Übergabe des Aby-M.-Warburg-Preises (wie Anm. 7), S. 22, 25–41.

9 Ebenda, S. 22.

10 Piotr Skubiszewski: Miejsce Jana Białostockiego w polskiej historii sztuki. In: Maria Poprzęcka (Hrsg.): Ars longa (wie Anm. 2), S. 19.

11 Jan Białostocki: Einfache Nachahmung der Natur oder symbolische Weltschau. Zu den Deutungsproblemen der holländischen Malerei des 17. Jahrhunderts. In: ZEITSCHRIFT FÜR KUNSTGESCHICHTE Nr. 4 (1984), S. 421–438.

(CIPSH) der UNESCO. Über viele Jahrzehnte leitete er am Warschauer Nationalmuseum die Abteilung Ausländische Kunst und bis zu seinem Tod lehrte er an der Warschauer Universität.

Die Spannbreite seiner wissenschaftlichen Interessen – von der kunsthistorischen Theorie bis zur musealen Alltagspraxis, von grundlegenden epistemologischen Fragen bis zur Provenienz einzelner Kunstwerke, von der Begriffsgeschichte bis zu künstlerischen Techniken, vom italienischen Trecento bis zur europäischen Romantik, von früheren Kunstzentren und Alten Meistern (Van Eyck, Dürer, Rembrandt, Poussin) bis zu europäischen Peripherien und anonymen Künstlern – hat direkt und indirekt vielen polnischen Kunsthistorikerinnen und Kunsthistorikern neue Perspektiven eröffnet und sie auf unterschiedliche Weise inspiriert und ermutigt.[12] Er war nicht nur ein großer Gelehrter und engagierter Hochschullehrer, sondern auch ein erfolgreicher Kulturvermittler, der in öffentlichen Vorlesungen, Fernsehauftritten und nicht zuletzt mit seinem mehrfach aufgelegten Buch *Kunst wertvoller als Gold* (*Sztuka cenniejsza niż złoto*, 1. Ausg. Warschau 1963) auch einem breiten Publikum die Kunstgeschichte näherbrachte.

Ich hatte das Glück, in den späten 1970er und frühen 1980er Jahren zu seinen Studierenden und Doktoranden zu gehören, wenngleich ich »Professor Jan« am Ende leider enttäuschen musste, weil ich zeitgenössische Kunst und politische Opposition bevorzugte. Dies ändert aber nichts an der Tatsache, dass er mein Vorbild und Mentor war und blieb. Seinen Studierenden schenkte er nicht nur wichtige Gespräche, sondern versorgte sie auch mit aktueller Fachliteratur, die er von seinen Auslandsreisen mitbrachte. Und nicht zuletzt haben viele von uns durch ihn verstanden, wie wichtig und fruchtbar für einen Kunsthistoriker die Verbindung von theoretischer, methodologischer und musealer Praxis ist, und (vor allem) dass man in einem politisch und kulturell von der freien Welt abgegrenzten Land mit dieser Welt in geistiger Verbindung und ohne Minderwertigkeitsgefühle agieren kann und soll.

Jan Białostocki war vor allem ein Gelehrter, kein politischer Mensch und keine kämpferische Natur. Als während der deutschen Besatzung Warschaus seine Altersgenossen in der Untergrundarmee kämpfen wollten, hat er an der Untergrunduniversität intensiv Philosophie studiert, fremde Sprachen gelernt und als Gebrauchsgrafiker gearbeitet. Die grausame Realität hat ihn trotzdem eingeholt: Nach dem Warschauer Aufstand 1944 wurde er in die Konzentrationslager Groß-Rosen, Mauthausen und Linz III deportiert.[13] Zurück in Polen legte er bereits im Herbst 1945

---

12 Seine Bibliografie umfasst 608 Titel. Vgl.: Ars auro prior. Studia Ioanni Bialostocki Sexagenario dicata. Warszawa 1981, S. 757–768; Rocznik Muzeum Narodowego XXXV (1991), S. 311–318.

13 Nawojka Cieślińska-Lobkowicz: Künstler im Konzentrationslager. Ein autobiographischer Text von Jan Białostocki. In: Kunstchronik 72 (2019) Nr. 2, S. 54–59.

an der Warschauer Universität seine Magisterarbeit über die »Rolle des Wissens in der kunsthistorischen Forschung« vor und arbeitete als Assistent an der Universität, parallel auch im Nationalmuseum. Während der stalinistischen Ära der frühen 1950er Jahre wurde er aus beiden Einrichtungen entlassen (nach der Verhaftung seines Vorgesetzten und Mentors Michał Walicki wegen dessen Zugehörigkeit zur Untergrundarmee; ein weiterer Grund war, dass seine Dissertation über »Manieristische Landschaft in Flandern 1520–1620« als verräterisch galt). Trotzdem hat er weiter intensiv recherchiert, ohne seine als verpönt geltenden Interessen zu ändern.

Nach dem politischen Tauwetter kehrte er zurück an die Warschauer Universität und ins Nationalmuseum. 1958 verbrachte er ein Jahr als Stipendiat der Ford Foundation in Princeton, wo er u. a., wie bereits erwähnt, Erwin Panofsky persönlich kennenlernte. Weder damals noch später wollte er aus Polen emigrieren, obwohl man es ihm wiederholt anbot (und obwohl er keine Illusionen bezüglich des politischen Systems der Volksrepublik Polen hatte). Seine Einstellung dazu war aufklärerisch rational: den Garten der Kunstgeschichte in Polen so gut und weit wie möglich von der Politik entfernt zu pflegen, die Gemeinschaft der polnischen Kunsthistoriker zu integrieren und intellektuell zu festigen und dem Publikum im Lande polnische und ausländische Kunst zugänglich zu machen. Er hat diese Aufgaben jahrzehntelang durchgeführt, ohne politische Zugeständnisse machen zu müssen. Er war nie an einer institutionellen Karriere interessiert, seine Forschung war eigentlich ideologisch neutral, der Kreis der Kunsthistoriker ohnehin ziemlich klein, exklusiv und meistens apolitisch. Die direkten Konfrontationsbereiche mit der offiziellen Parteipolitik waren relativ gering.

Gerade deswegen war Białostocki mit seinem internationalen Ruf lange Zeit ein besonderer Gewinn für die Regierenden, die ihn als eine Art Visitenkarte der Kulturpolitik des kommunistischen Staates vereinnahmten. Wenn es um die Beziehungen zu den beiden deutschen Staaten ging, war Białostocki seit den 1960er Jahren bis zum Jahr 1980 (neben anderen Kulturvertretern wie z. B. den Komponisten Witold Lutosławski und Krzysztof Penderecki) ein regelrechter kulturpolitischer Schatz. Dank Ausstellungen, die er mit Museen in der DDR wie in der Bundesrepublik veranstaltet hatte, der Teilnahme an Tagungen sowie Veröffentlichungen in beiden deutschen Staaten konnte man seine Erfolge politisch und propagandistisch nutzen: im Ostblock als Vorbild der echten brüderlichen Zusammenarbeit (obwohl man den »antikommunistischen« Herder-Preis oder den »revisionistischen«, im Springer Verlag herausgegebenen Band der Propyläen Kunstgeschichte in offiziellen Propagandaverlautbarungen nicht erwähnte); gegenüber dem Westen als Beweis der wissenschaftlichen Freiheit in Polen und des internationalen Erfolgs eines seiner Gelehrten.

In den späten 1970er Jahren hat man aus dem wachsenden oppositionellen Kreis der polnischen Intellektuellen manchmal Kritik an Białostocki gehört: Sein

Taktgefühl, seine Geradlinigkeit und sein Wille, zwischen Menschen und verschiedenen Standpunkten unermüdlich nach Konsens zu suchen, verleite ihn zu politischer Leichtgläubigkeit. Diejenigen, die ihn kannten, wussten aber, dass er gerade dank dieser Eigenschaften ein so großes persönliches Ansehen in den Fachkreisen genoss und dass seine moralische Orientierung nie versagte. Am besten konnte man sich davon überzeugen, als Białostocki Anfang 1981, während der Zeit der ersten »Solidarność«, einstimmig zum Vorsitzenden des Unabhängigen Komitees der Kulturellen und Wissenschaftlichen Verbände gewählt wurde. Ein paar Monate später leitete er den seit 1945 ersten freien Kongress der Kultur Polens, der am 13. Dezember 1981 durch den Kriegszustand abgebrochen wurde.

Białostocki wurde zwar nicht interniert, doch zum ersten Mal seit der Stalin-Ära bekam er seinen Pass nicht und durfte längere Zeit nicht ins Ausland reisen. Für einen Menschen, der im internationalen Wissenschaftsbetrieb fest verankert war, der seine Energie aus den persönlichen Kontakten und dem fachlichen wie freundschaftlichen Dialog mit anderen Wissenschaftlern zog (zu seinen Freunden im Ausland zählten u. a. Ernst Gombrich, Willibald Sauerländer, Otto Pächt, Otto von Simson, Julius S. Held, Gerd von der Osten, William Heckscher und Werner Hofmann), war dies eine besonders schmerzliche Erfahrung. Er, der zu sagen pflegte, im Leben wie in der Kunst interessiere ihn vor allem das, was Menschen, Gesellschaftsgruppen und Völker verbinde, der wie kein anderer über nationale und politische Grenzen hinweggeblickt und -gewirkt hatte, hat das Ende des Kommunismus in Polen und den Fall der Berliner Mauer nicht mehr miterlebt.[14] Er starb im Dezember 1988 im Alter von 67 Jahren.

Ich fühle mich verpflichtet, noch einige persönliche Bemerkungen hinzuzufügen. Meine Entscheidung, im Jahr 1990 als Botschaftsrätin für Kultur und Kunst in den diplomatischen Dienst der unabhängigen Republik Polen in der Bundesrepublik Deutschlands einzutreten, habe ich zweifelsohne dank Białostockis Lehre getroffen. Nicht nur aus dem Grund, dass ich mich unter seinem Einfluss für die deutsche Kunst und Kultur seit Jahren interessierte, sondern auch deshalb, weil seine offene Einstellung zu deutsch-polnischen Fragen und Beziehungen für mich ein Vorbild war. Dies zeigte sich nicht zuletzt in Białostockis musealer Praxis und seinem Umgang mit der Provenienz von Kunstwerken. Damals ging es nicht (wie heute vorrangig) um NS-Raubkunst, sondern um die in Polen lange Zeit streng tabuisierte deutsche Herkunft der Kunstwerke (z. B. aus Breslau und Niederschlesien), die sich in polnischen Museen befinden. Białostocki hat von Anfang an in Museums- und Ausstellungskatalogen offen und so detailliert wie möglich die Provenienz solcher Kunstwerke verzeichnet, was den offiziellen Erwartungen und Vorschriften nicht

---

14 Jan Białostocki: Renesans polski i renesans europejski. In: Tadeusz S. Jaroszewski (Hrsg.): Renesans. Sztuka i ideologia. Warszawa 1976, S. 179f.

entsprach und auch vielen Fachkollegen nicht gefiel. Białostocki hat nie vertuscht, dass es vor 1945 Polen nicht gehörte. Wenn sie zu finden waren, hat er auch die Namen der Vorkriegseigentümer aufgelistet.

Dabei hat er nie vergessen, den NS-Kunstraub und die Kulturverluste Polens während des Zweiten Weltkriegs und der deutschen Besatzung anzusprechen. Ich erinnere mich, dass er einmal aus den Vereinigten Staaten zurückgekommen war und uns hoffnungsvoll erzählte, Raffaels *Porträt eines jungen Mannes*, das seit dem Ende des Kriegs als verschollen gilt, wäre von seinem amerikanischen Kollegen vor Kurzem irgendwo gesehen worden, wie der ihm vertraulich mitgeteilt habe. Trotzdem hätte es ihm völlig fern gelegen, zu behaupten, dass die Beethoven- und Mozart-Manuskripte und andere Zimelien der ehemaligen Preußischen Sammlung in Berlin, die sich seit 1945 in der Jagiellonen-Bibliothek in Krakau befinden, dem polnischen Nationalerbe als Kompensation angehören. Was ihn in diesem Zusammenhang vor allem entrüstete, war die Tatsache, dass sein Land die Existenz bzw. den Besitz dieser Sammlung jahrzehntelang verheimlichte. Kein Zufall, dass gerade er den Fachleuten im Westen den Aufenthaltsort der Krakauer »Berlinka« Ende der 1970er Jahre bestätigt hat.[15] Für Białostocki war es unmöglich, Kunst und Kultur als ein Feld der Rache, des politischen Kalküls oder des nationalen Konkurrenzkampfes zu betrachten.

---

15 Włodzimierz Kalicki: Ostatni jeniec wielkiej wojny. Polacy i Niemcy po 1945 roku. Warszawa 2002, S. 393f.

Autor:innen und Herausgeber:innen

Sebastian Borchers M.A. ist Historiker, Musikwissenschaftler und wissenschaftlicher Mitarbeiter am Deutschen Polen-Institut, wo er das Projekt PolenMobil mitgestaltet. Er promoviert an der Folkwang Universität der Künste Essen. Sein Forschungsschwerpunkt ist die Musikgeschichte des 20. Jahrhunderts im deutsch-polnischen Kontext. Zu seinen Publikationen in wissenschaftlichen Zeitschriften zählen Artikel über deutsch-polnische Musikkontakte, insbesondere über die Verbreitung polnischer Musik in Deutschland.

Nawojka Cieślińska-Lobkowicz ist Kunsthistorikerin und unabhängige Provenienzforscherin mit Schwerpunkt auf nationalsozialistischer Raubkunst und Restitutionsfragen. Zu ihren weiteren Forschungsinteressen gehört die Geschichte der Kunst und der Kunstgeschichte in Polen nach 1945. Sie veröffentlichte zahlreiche Beiträge insbesondere zum NS-Kunstraub im besetzten Polen und zum aktuellen Umgang mit »schwierigem Kulturerbe« im deutsch-polnischen Kontext. In den 1990er Jahren war sie Botschaftsrätin für Kultur und Kunst der Republik Polen in der Bundesrepublik Deutschland.

Dr. Andreas Lawaty ist Historiker und Mitglied des Johann Gottfried Herder-Forschungsrates. Seine Forschungsschwerpunkte sind Kulturgeschichte, Begriffsgeschichte sowie die deutsch-polnischen Beziehungen. Zuletzt sind von ihm in Herausgeberschaft erschienen: *Herr Cogito im Garten. Zbigniew Herbert* (Osnabrück 2018) und *Karl Dedecius – Tadeusz Różewicz: listy 1961–2013* (zusammen mit Marek Zybura, Kraków 2017).

Prof. Dr. Kurt-Jürgen Maaß ist Wissenschaftler und Kulturmanager. Er war stellvertretender Generalsekretär der Alexander von Humboldt-Stiftung, Generalsekretär des Instituts für Auslandsbeziehungen und Herausgeber der Zeitschrift Kulturaustausch. Seine Schwerpunkte liegen in Fragen der internationalen Zusammenarbeit in Bildung, Wissenschaft und Forschung, der auswärtigen Kulturpolitik sowie der deutschen Bildungs- und Wissenschaftspolitik. Zuletzt erschien von ihm in Herausgeberschaft: *Rotary unter dem Nationalsozialismus* (Freiburg 2020).

Dr. Marianne Nowak ist Musikwissenschaftlerin und wissenschaftliche Mitarbeiterin am Institut für Geschichte, Theorie und Ethik der Medizin an der Universität Ulm. Ihr Forschungsschwerpunkt liegt in der Musikgeschichte Polens im 20. Jahrhundert mitsamt ihren Berührungspunkten mit dem Westen. Zuletzt ist von ihr erschienen: *Polnische Komponisten bei den Internationalen Ferienkursen für Neue Musik Darmstadt um 1960* (Köln 2020).

Dr hab. Anna Piotrowska ist Professorin für Musikwissenschaft an der Jagiellonen-Universität Krakau. Sie forscht und lehrt zu soziologischen und kulturellen Aspekten der Musik, besonders der europäischen und amerikanischen Musikkultur sowie der Gypsy Music. Erschienen sind von ihr u. a. *From Gypsy to Bohemian. A study in musical rhapsody* (Turnhout 2021) und *O muzyce i filmie. Wprowadzenie do muzykologii filmowej* [Über Musik und Film. Einführung in die Filmmusikwissenschaft] (Kraków 2014).

Dr. Rüdiger Ritter ist Osteuropahistoriker und Musikwissenschaftler und lehrt zurzeit an der Jacobs University Bremen. Zu seinen Forschungsschwerpunkten zählen Musik und Politik im 19. und 20. Jahrhundert und kulturelle Ost-West-Beziehungen, besonders die Jazz-Rezeption im Ostblock. Er ist u. a. Mitherausgeber der Reihe Jazz under State Socialism (Frankfurt am Main 2010ff.) und Autor von *Der Tröster der Nation. Stanisław Moniuszko (1819–1872) und seine Musik* (Wiesbaden 2019).

Julia Röttjer M.A. ist Osteuropahistorikerin, Kunsthistorikerin und Politikwissenschaftlerin. Ihre Schwerpunkte als wissenschaftliche Mitarbeiterin am Deutschen Polen-Institut liegen in den Bereichen Verknüpfung von Geschichte und Politik in Deutschland und Polen, Erinnerungskultur und materielle Kultur. Sie promoviert an der Universität Mainz zur Aufnahme von Auschwitz-Birkenau in das UNESCO-Welterbe 1979 und publiziert in wissenschaftlichen Zeitschriften und Sammelbänden u. a. zu Erinnerung in internationalen Kontexten.

Dr hab. Gabriela Świtek leitet den Lehrstuhl für Kunsttheorie am Institut für Kunstgeschichte der Universität Warschau. Sie ist Autorin und Herausgeberin zahlreicher Publikationen zur Geschichte und Theorie der Kunst und Architektur der Moderne und Gegenwart, zur polnischen Kunst seit 1945 sowie zur Geschichte von Kunstausstellungen. Erschienen ist von ihr zuletzt: *Grunt i horyzont. Interpretacje nowoczesnej architektury i sztuki* [Land und Horizont. Interpretationen moderner Architektur und Kunst] (Warszawa 2020).

Dr. Margarete Wach ist Filmhistorikerin und wissenschaftliche Mitarbeiterin am Institut für Medienwissenschaften der Universität Siegen. Ihre Forschungsinteressen liegen in der Film- und Mediengeschichte Polens. In ihrem aktuellen DFG-Forschungsprojekt beschäftigt sie sich mit »Visualisierungen des Unsichtbaren – Amateurfilm und seine kulturellen Praktiken in Polen 1953–1989«. In Herausgeberschaft ist zuletzt von ihr erschienen: *Erweiterung des Horizonts. Fotoreportage in Polen im 20. Jahrhundert* (zusammen mit Iwona Kurz, Renata Makarska, Schamma Schahadat, Göttingen 2018).

Dr. Regina Wenninger ist Philosophin und Kunsthistorikerin. Bis 2019 war sie wissenschaftliche Mitarbeiterin am Zentralinstitut für Kunstgeschichte in München und arbeitet jetzt als freie Lektorin und Wissenschaftlerin. Zu ihren Forschungsinteressen zählen die Verflechtungen von Kunst und Politik in der Nachkriegszeit, deutsch-polnische Kulturbeziehungen und hier insbesondere die westdeutsche Rezeption polnischer Kunst. Zuletzt ist von ihr erschienen: *Die Kunst der Stunde. Polnische Kunstausstellungen in der BRD 1956–1970* (Wien/Köln/Weimar 2021).

Prof. Dr. Paweł Zajas ist Literaturwissenschaftler an der Adam-Mickiewicz-Universität in Posen sowie *research fellow* an der University of Pretoria. Seine Forschungsinteressen liegen im Bereich des Literaturtransfers, der Soziologie der literarischen Übersetzung, der Verlagsgeschichte sowie der Zeitschriftenforschung. Zuletzt sind von ihm erschienen: *Verlagspraxis und Kulturpolitik. Beiträge zur Soziologie des Literatursystems* (Paderborn 2019) und *Kontinuitäten im Umbruch. Deutschpolnische Beziehungen nach dem Zweiten Weltkrieg* (zusammen mit Markus Krzoska, Darmstadt 2021).

Veröffentlichungen des Deutschen Polen-Instituts Darmstadt

Begründet von Karl Dedecius
Herausgegeben von Peter Oliver Loew und Agnieszka Łada-Konefał

39: Martin Dahl, Magdalena Lemańczyk,
Peter Oliver Loew, Agnieszka Łada-Konefał (Hg.)

Von der Versöhnung zur Alltäglichkeit

2022. VIII, 348 Seiten, 1 Abb., 5 Diagramme, br
170x240 mm
ISBN 978-3-447-11902-3
⊙*E-Book-ISBN 978-3-447-39317-1*
In Vorbereitung
ca. € 38,– (D)

Vor drei Jahrzehnten schlossen die Republik Polen und die Bundesrepublik Deutschland den Vertrag über gute Nachbarschaft und freundschaftliche Zusammenarbeit. Wie steht es heute um die Beziehungen der beiden Länder zueinander? Der Sammelband *Von der Versöhnung zur Alltäglichkeit?* widmet sich dieser Frage in mehreren Kapiteln: Es geht um Wirtschaft, grenznahe Zusammenarbeit, Zivilgesellschaft, Geschichtspolitik und Erinnerungskultur, Minderheitenpolitik und Sicherheitspolitik. In ihrem Schlusswort fordern die Herausgeberinnen und Herausgeber: „Die gegenseitigen guten Beziehungen müssen ununterbrochen gepflegt, ausgebaut und vertieft werden, auch und gerade weil dies im Interesse beider Länder liegt."

40: Dieter Bingen, Peter Oliver Loew (Hg.)

100 Jahre deutsche Polenpolitik, 1918 bis 2018

Tradition – Zivilisationsbruch – Verständigung – Partnerschaft

2023. Ca. 350 Seiten, br
170x240 mm
ISBN 978-3-447-11624-4
⊙*E-Book: ISBN 978-3-447-39113-9*
In Vorbereitung
je ca. € 34,80 (D)

Eine Gesamtschau deutscher Polenpolitik seit 1918: Die Autorinnen und Autoren dieses Bandes blicken zurück in eine ausgesprochen dynamische Beziehungsgeschichte. Seit der Aufnahme diplomatischer Beziehungen zwischen Deutschland und Polen Ende 1918 hat sich die deutsche Politik Polen einmal angenähert, einmal von Polen abgewandt, unterbrochen vom Zivilisationsbruch des Zweiten Weltkriegs. Zwischen traditionellem Polenbild, Verständigung in den Jahrzehnten nach 1945 und heutiger Partnerschaft bewegte sich politisches und diplomatisches Handeln.
Der von Dieter Bingen und Peter Oliver Loew herausgegebene Band dokumentiert eine Tagung des Deutschen Polen-Instituts im Auswärtigen Amt und bietet nicht nur einen Überblick über ein Jahrhundert deutscher Politik gegenüber Polen, sondern auch Porträts wichtiger Akteure sowie die Dokumentation eines Gesprächs mit ehemaligen Botschaftern.
Der Politikwissenschaftler Dieter Bingen war bis 2019 Direktor des Deutschen Polen-Instituts.
Der Historiker Peter Oliver Loew ist seit 2019 Direktor des Deutschen Polen-Instituts.

VERLAG PUBLISHERS
HARRASSOWITZ

Veröffentlichungen des Deutschen Polen-Instituts Darmstadt

Begründet von Karl Dedecius
Herausgegeben von Peter Oliver Loew und Agnieszka Łada-Konefał

41: Andrea Chartier-Bunzel, Marek Hałub, Olivier Mentz, Matthias Weber (Hg.)

Europäische Kulturbeziehungen im Weimarer Dreieck

Europejskie relacje kulturowe w ramach Trójkąta Weimarskiego
Les relations culturelles européennes au sein du Triangle de Weimar

Band II

2023. VIII, 270 Seiten, 22 Abb., 2 Tabellen, br
170x240 mm
ISBN 978-3-447-11961-0
⊙ E-Book: ISBN 978-3-447-39362-1
je € 32,–(D)

Die in polnischer, französischer und deutscher Sprache veröffentlichten Fallstudien verdeutlichen, inwiefern das kulturelle und historische Erbe den Austausch zwischen Polen, Frankreich und Deutschland, den Ländern des 1991 ins Leben gerufenen Weimarer Dreiecks, beeinflusst hat und welche Auswirkungen diese Verflechtungen gegenwärtig besitzen. Sie widmen sich den Mechanismen und Trägern trilateraler Kulturbeziehungen, insbesondere dem vermittelnden Charakter von Historiografie, Kunst- und Ideengeschichte, Literatur, Film und Presse sowie von immobilen materiellen Spuren der ,anderen' Kulturen in der jeweils eigenen. Untersucht werden neben der Rolle politischer Mythen und Stereotype auch die hemmenden Folgen nationalistischer Ansätze. Nicht zuletzt wird die Bedeutung von Personen (Künstler*innen, Schriftsteller*innen, Übersetzer*innen) und Einrichtungen (Bildungs- und Kulturinstitutionen) sowie von ideengeschichtlichen Debatten, pädagogischen, zivilgesellschaftlichen und kommerziellen Initiativen in den Blick genommen.

Band 1 erschienen bei de Gruyter Oldenburg,
ISBN 978-3-11-069975-3

42: Pawel Zajas

»Das Polenbuch!«

Polnische Literatur und deutsche Kulturpolitik im 20. Jahrhundert

2023. 248 Seiten, 44 Abb., br
170x240 mm
ISBN 978-3-447-12025-8
⊙ E-Book: ISBN 978-3-447-39398-0
je € 35,– (D)

In der Zeit des Ersten Weltkrieges waren nur wenige andere europäische Literaturen im politisierten deutschen Kulturgeschehen so präsent wie die polnische. Das immer wieder anvisierte »Polenbuch« machte der deutschen Leserschaft Werke polnischer Autorinnen und Autoren schmackhaft. In der deutsch-polnischen »Freundschaftsära« der Jahre 1934 bis 1939 wurde die polnische Literatur zum Objekt der polnischen wie deutschen Kulturpropaganda, nach 1956 spielte sie eine Vorreiterrolle im polnisch-westdeutschen Kulturaustausch und stand zugleich im politischen Machtkampf zwischen Ost und West. Bis 1970 fungierte die Vermittlung polnischer Werke nicht selten als Ersatz der ausbleibenden diplomatischen Beziehungen zwischen der Volksrepublik Polen und der Bundesrepublik Deutschland, in den späteren Jahren galten verlegerische Großprojekte, wie etwa die „Polnische Bibliothek", als ein Paradebeispiel der deutsch-polnischen Versöhnung.
In seinem Buch schreibt Paweł Zajas ein wenig bekanntes Kapitel der deutsch-polnischen Literaturgeschichte und schildert anhand unveröffentlichter Dokumente aus zahlreichen Archiven das Spannungsverhältnis zwischen Literaturtransfer und Kulturpolitik.

VERLAG HARRASSOWITZ PUBLISHERS